LES

TRIBUNAUX

SECRETS

PARIS. — TYPOGRAPHIE DE E. ET V. PENAUD FRÈRES
10, rue du Faubourg-Montmartre

LES

TRIBUNAUX SECRETS

OUVRAGE HISTORIQUE

PAR

PAUL FÉVAL

FRANCS JUGES. — FANATIQUES. — CONSPIRATEURS. — DRUIDES. — ASSASSINS. — THAUMATURGES. — INQUISITEURS. — PROPHÈTES. — MALLY MAGUIRES. — ENFANTS BLANCS. — PIEDS NOIRS. — ROIS. — TRIBUNS. — ESCLAVES. — CARBONARI. — TEMPLIERS. — CHEVALIERS DE MALTE, ETC., ETC.

ORIGINES MYSTÉRIEUSES, RÉVÉLATIONS HISTORIQUES
REVERS DES MÉDAILLES ILLUSTRES

ILLUSTRATIONS DE R. DE MORAINE, STAAL ET FERDINAND

TOME SEPTIÈME

PARIS
EUGÈNE ET VICTOR PENAUD FRÈRES, ÉDITEURS
10, RUE DU FAUBOURG-MONTMARTRE
1852

LES

TRIBUNAUX SECRETS

LES MOLLY MAGUIRES.

CHAPITRE PREMIER.

Les Molly Maguires. — La petite Kate Néale et le major des dragons de la reine. — Les amoureux de Kate : Mickley et Owen. — Les *Bogs*. — Une ferme irlandaise. — Les saints et les martyrs. — Convention entre amoureux. — L'explication du major Patrick.

La petite Kate Néale était, sans contredit, la plus jolie fille du Connaught; elle appartenait à une famille, sinon riche, du moins aisée, car il n'y a pas de familles riches dans le Connaught; elle n'avait ni frère ni sœur, et vivait près de son père, exclusivement occupée des soins de sa toilette, dont elle avait fait une étude toute particulière.

La jolie Kate était coquette, et elle aimait par-dessus tout les louanges qui chantaient sa beauté et sa grâce charmante; les jeunes garçons l'entouraient à l'envi, et bien qu'elle n'eût encore que seize ans à peine, elle n'aurait eu qu'à choisir, si elle l'avait voulu, parmi le groupe d'adorateurs qui l'entourait, et dans lequel se trouvaient les plus beaux et les moins pauvres jeunes gens de l'Irlande de l'ouest.

Mais si Kate Néale était coquette, elle n'était pas moins ambitieuse; bien souvent le soir, accoudée seule et pensive sur sa fenêtre qui donnait sur le lac Corrib, elle avait laissé sa pensée soulever le voile mystérieux qui lui cachait l'avenir, et Dieu seul sait les rêves d'or qu'elle faisait.

Son regard, chargé de langueurs, plongeait au loin dans la brume transparente qui s'élevait du lac, et, au milieu du silence recueilli de la nuit, elle écoutait les mille voix qui s'élevaient de son cœur ému, et qui troublaient sa raison.

Les rayons de la lune, réfractés par les nuages, dispersaient au loin leurs clartés blanchâtres et indécises. Elle avait sous ses pieds la grande vallée où s'assied le village de Knockderry. A sa gauche, les cimes noires des Mamturks découpaient le ciel gris; à sa droite, se dressaient les pics énormes du Moyher, qui regardent le comté de Clare.

Le lac Corrib étendait au loin ses eaux tranquilles que recouvrait une brume laiteuse. Le reste du paysage mêlait ses lignes confuses et prolongeait jusqu'à l'horizon des alternatives de lumière grisâtre et d'ombres épaisses.

Enfin, tout le long de la rive, il y avait dans les glaïeuls des petits bateaux de pêche appartenant aux paysans du village.

Malgré la beauté calme et reposée du paysage qu'elle avait sous les yeux, cependant la jolie Kate sentait son cœur troublé battre avec force.

Ce n'était pas les cimes noires des Mamturks, les pics énormes du Moyher, le lac Corrib et les glaieuls qui attiraient son regard et absorbaient son attention ; la pauvre enfant allait plus loin, et c'est vers le comté de Clare que sa pensée s'envolait sur les ailes ambitieuses de ses désirs.

Il n'y avait pas encore bien longtemps qu'il était venu au pays un certain major Patrick. Une sourde agitation régnait dans le Connaught depuis quelques mois ; on disait que les anciennes sociétés des *White boys* et des *Pieds noirs* s'étaient reconstituées sur de nouvelles bases, que la guerre de la torche et du poignard allait recommencer, et l'Angleterre s'était hâté d'envoyer quelques régiments pour comprimer ces tentatives de révolte qui paraissent se reproduire périodiquement au sein de l'Irlande désespérée.

Le major Patrick commandait un de ces régiments, et pendant une quinzaine de jours il avait occupé les environs de Galway ; souvent Kate l'avait vu passer près de la ferme de son père ; plusieurs fois même le major s'y était arrêté, et avait causé avec la jolie fille.

Le cœur de Kate Néale n'avait pu se défendre d'un certain mouvement d'orgueil en voyant le bel uniforme rouge du colonel, et depuis ce jour, bien que Patrick fût parti pour le comté de Clare, où il devait séjourner, bien qu'elle ne dût plus le revoir peut-être, Kate, la pauvre et charmante Kate ne songeait qu'à lui, ne rêvait que de lui.

Quant au major, il est bien vrai qu'il avait remarqué la beauté de la jeune fille ; mais il avait en ce moment bien d'autres préoccupations, et il était peu vraisemblable qu'il eût emporté au delà des monts un amour semblable à celui qu'il avait inspiré.

Kate pensait donc au major, et tous les soirs, après avoir reçu le baiser de son père, elle montait dans sa petite chambre, ouvrait sa fenêtre, et regardait au loin.

Qui sait ?

La présence des uniformes rouges n'avait pas suffi pour apaiser les troubles du Connaught; les sociétés continuaient leur propagande active, et il était probable qu'au premier jour l'incendie recommencerait.

Qu'importait à Kate le malheur du Connaught, si ce malheur devait ramener près d'elle l'homme qu'elle aimait?...

Elle entendait chaque jour son père parler des malheureux qui habitent les *Bogs;* les paysans qui venaient les visiter racontaient leur misère et leur désespoir; il était évident pour tous qu'une lutte allait s'engager et qu'elle serait terrible; on citait même les endroits où les réunions des catholiques se tenaient, et l'on ajoutait que la guerre commencerait dès que les malheureux auraient trouvé un chef assez audacieux pour se mettre ouvertement à leur tête.

Parmi les jeunes gens du Connaught que l'amour retenait autour de Kate Néale, il y en avait deux surtout qui passaient pour être les plus favorisés par la jeune fille, dont on était loin de connaître l'amour mystérieux.

De ces deux jeunes gens, l'un se nommait Owen, et l'autre Mickley.

Mickley avait trente-deux ans, il était grand de taille, il avait le visage rude et passionné, la tête chevelue, et paraissait doué d'une grande force de corps; Owen était peut-être moins vigoureux que son rival, mais il avait d'autres qualités physiques qui faisaient de lui un des plus beaux garçons du Connaught.

Owen avait un large front de penseur, son regard était profond et vif; il y avait de la distinction dans son sourire; il n'avait pas la taille herculéenne de Mickley, mais son visage annonçait une intelligence supérieure et une indomptable puissance de volonté.

Tous les deux aimaient Kate avec passion, et ni l'un ni l'autre n'eût cédé la place sans combat. Kate, malgré l'amour profond qu'elle ressentait pour le major, prenait plaisir à celui qu'elle avait inspiré aux deux jeunes gens, et elle se faisait un jeu d'enfant, un jeu cruel, d'allumer tour à tour et sans pitié, dans le cœur de Mickley et d'Owen, toutes les ardeurs de la jalousie.

Elle n'aimait cependant ni Owen, ni Mickley; mais ces deux hommes étaient en grande réputation dans le pays, et c'était pour elle une sorte de gloire, d'être courtisée par eux.

Ce n'était pas une très-bonne petite fille que Kate Néale. C'était une femme en herbe.

Au bout de quelques mois, Mickley et Owen s'ennuyèrent du rôle que leur faisait jouer la jeune fille, et comme après tout, ils ne pouvaient pas dire qu'ils fussent préférés l'un ou l'autre, un jour Mickley se rendit chez son rival, et lui fit une singulière proposition, à laquelle Owen était loin de s'attendre.

Owen demeurait avec sa sœur, dans les bogs qui commencent entre Headford et Carudulla.

Les bogs sont d'immenses marais où les *turf cutters* (coupeurs de tourbe) taillent la tourbe, qui est en Irlande le chauffage commun. Ces marais sont composés de terrains solides, entremêlés de terres meubles et de flaques d'eau croupissantes. On n'y peut faire un pas sans risquer de s'embourber, et les habitants du pays eux-mêmes, ne réussissent pas toujours à surmonter les dangers d'un voyage à travers les *bogs* en plein jour.

La nuit, ces dangers augmentent naturellement dans une proportion effrayante. Les longs bâtons ne suffisent plus à tâter les terrains nouveaux et à parer les fondrières.

Mickley franchit cependant sans difficulté la ligne des terres cultivées, et s'engagea résolument dans l'étroite langue de terre solide qui courait en zig-zag entre les fangeux précipices.

Il tournait les flaques d'eau, il doublait ces gazons perfides qui recouvraient des lacs de boue; il s'enfonçait intrépidement au milieu des forêts de joncs et de pins de marais.

C'était la nuit; la lune était sous un énorme nuage, et la vaste étendue des bogs se perdait dans une obscurité presque complète.

Enfin Mickley arriva au terme de son voyage nocturne, et il mit le pied sur la terre ferme. A quelques pas, il aperçut la ferme d'Owen.

La ferme d'Owen était située à deux cents pieds environ au-dessus des bogs, sur le versant du dernier mont de la chaîne de Mamiturcks, qui domine l'extrémité occidentale de la province de Connaught.

Sa situation pittoresque, et les joyeux bouquets d'arbres qui l'entouraient d'une verte ceinture, sur le flanc de la montagne nue, lui donnaient un aspect d'aisance et de bonheur. Elle était plus grande que ne le sont d'ordinaire les habitations des fermiers irlandais, surtout dans cette pauvre province de Connaught, où l'homme vit et meurt dans des cabanes indignes de servir d'asile à des brutes.

Dès que Mickley eut pris pied sur la terre ferme, il gravit rapidement la côte raide qui conduisait à la ferme, et frappa à la porte.

Ce fut Peggy, la sœur d'Owen qui vint lui ouvrir.

Malgré l'heure avancée de la nuit, Peggy était encore habillée; elle rougit jusqu'au front quand elle se trouva en face du jeune homme.

Celui-ci la salua avec une franche et cordiale amitié.

— La paix soit dans cette demeure, et Dieu vous fasse heureuse, Peggy, dit Mickley en entrant, je suis venu pour voir votre frère Owen, mon enfant, ne pourrais-je pas lui parler?

Peggy sourit, conduisit Mickley dans une grande salle, où elle le pria d'attendre, pendant qu'elle allait prévenir Owen.

Mickley remercia et s'assit.

La pièce dans laquelle on venait de l'introduire était grande; elle n'avait d'autres meubles que quelques siéges et une grande table.

A la muraille pendait une sorte de dressoir presque entièrement dégarni, et au-dessus de la cheminée, deux fusils rouillés croisaient leurs canons.

A droite de la table, qui n'occupait pas exactement le centre de la pièce, une corde tendue allait d'une muraille à l'autre.

Derrière cette corde, il y avait quelques animaux qui prenaient silencieusement leur nourriture.

C'était d'abord une vache d'assez belle venue qui semblait ménager l'herbe rare, étalée parcimonieusement devant elle.

C'était ensuite trois moutons à longues laines qui dormaient entassés dans un coin. C'était enfin un grand porc noir qui fourrait son museau en grognant, dans un amas de résidus de chanvre et d'épluchures de pommes de terre.

Ces hôtes divers étaient là chez eux, et n'essayaient point de franchir la limite imposée à leurs ébats.

Si les meubles manquaient dans cette pièce, il y avait en revanche profusion d'ornements aux murailles.

A la faible lueur de la chandelle de jonc, on voyait surgir de tous côtés les têtes enluminées d'une douzaine de saints, et les pâles figures de quelques victimes des luttes politiques, à qui le pieux souvenir de leurs frères avait fait une histoire et une célébrité.

Saints et martyrs formaient un cordon sans fin, et s'alignaient le long du mur, de manière à remplacer presque une tapisserie. Sous les estampes, on pouvait déchiffrer d'interminables légendes, les unes en vers, les autres en prose, qui racontaient la vie du saint représenté.

On voyait là, Saint-Patrick, le patron de l'Irlande, le compagnon de Saint Germain et de Lupus, le fondateur des nobles archevêchés d'Armagh; on voyait Saint Janvier, Saint Martin, Saint Gérald, et le fameux Fuin-Bar, *le saint à la blanche chevelure.*

Toutes ces vénérables images étaient entourées d'un nombre plus ou moins considérable de rameaux bénits aux grandes fêtes de l'année catholique; les plus illustres, Saint Patrick et Saint Fuin-Bar, avaient comme un cadre vert de buis et de laurier.

Quant aux héros politiques, on remarquait parmi eux John Keogh, le ferme et vaillant précurseur d'O'Connell, Wolf Tone, le chef des *Irlandais-unis;* et une foule d'obscurs martyrs à qui la poésie nationale avait tressé de belles couronnes.

Cette salle, malgré la naïve profusion des estampes grossières collées à ses murailles, malgré la pauvreté des meubles, malgré même le voisinage des animaux domestiques qui faisait de l'une de ses moitiés, une étable, conservait en son aspect, une sorte de grandeur sauvage.

Cela tenait beaucoup à la pièce elle même, dont la charpente élevée se perdait dans l'obscurité.

Mickley s'approcha de la cheminée dans laquelle fumaient encore quelques tourbes coupées dans les *bogs* voisins, et se mit à ranimer le feu.

Puis, il laissa tomber sa tête dans ses mains, et se prit à rêver.

Toutefois, il ne demeura pas longtemps dans cette attitude, car la porte de la salle s'ouvrit, et Owen entra.

Owen s'était habillé à la hâte; il portait, comme Mickley, l'uniforme du paysan irlandais : veste ronde en étoffe de laine, légèrement pelucheuse, dont la couleur noirâtre a de rouges reflets; culotte courte d'un jaune cendré, bas de toile bleue, sur lesquels se lacent des brodequins en cuir non tanné.

Ce costume, nous n'avons pas besoin de le dire, est celui des laboureurs aisés. La majeure partie des habitants des campagnes n'a guère pour vêtements que d'informes haillons, et pour chaussure que la peau durcie de la plante de ses pieds.

Dès que Owen fut entré dans la salle, Mickley se leva et alla à lui.

Puis après une poignée de main, comme Owen demandait avec étonnement la cause de cette visite inattendue, les deux jeunes gens s'assirent auprès de la cheminée, et Mickley s'expliqua.

— Nous sommes tous les deux, dit-il, amoureux de la jolie Kate, et pour rien au monde nous ne voudrions ni l'un ni l'autre renoncer à la place que nous croyons occuper dans le cœur de la fille de Jack Neale. Cependant, nous ne pouvons la posséder ensemble, elle ne peut appartenir qu'à l'un de nous deux, et je suis venu franchement vers vous, Owen, pour nous entendre à ce sujet, comme deux frères et deux bons catholiques doivent le faire.

— Sur ma foi ! répondit Owen, voilà une démarche à laquelle j'étais loin de m'attendre ; mais elle me plaît, Mickley, et je suis prêt à faire ce que vous voudrez, pourvu que votre proposition soit acceptable.

— Cet amour et notre rivalité, reprit Mickley, absorbent notre temps, notre attention, nos efforts, et cependant, vous n'ignorez pas quelle est en ce moment la véritable situation du pays ?

— Je le sais !

— Nous vivons dans un misérable temps, Owen ; voici que les orangistes relèvent leur bannière, et commencent leurs assemblées maudites ; ce sont des brigands et des scélérats qui semblent nous défier. D'un autre côté, vous n'ignorez pas que les *Enfants blancs* et les *Pieds noirs* ont reparu, et que de pauvres paysans, égarés sans doute, attirent à eux, sous le nom de *Molly Maguires*, tout ce que la province renferme de têtes exaltées et de cœurs souffrants ; la guerre est imminente, et il est bon que les hommes de cœur se tiennent prêts à tous les événements qui peuvent surgir !

— J'ai entendu parler de cela, Mickley, répondit Owen ; mais vous le savez, je vis fort retiré près de ma sœur Peggy, que je voudrais voir mariée ; je sais que les Molly Maguires sont des Irlandais et des catholiques, et que les orangistes n'attendent qu'une occasion pour nous massacrer sans pitié, comme ils l'ont déjà fait bien des fois.

— Eh bien ! c'est cela, Owen, c'est cela, il ne faut pas que pour l'amour d'une femme nous fassions défaut au pays, qui a besoin de nous; hâtons-nous donc d'en finir avec la petite Neale; mettons-la en demeure de se prononcer d'une manière péremptoire entre nous deux, et que celui qu'elle aura repoussé cède la place à l'autre sans murmurer : cela n'est-il pas votre avis?

Owen haussa la tête d'un air incrédule, et sourit.

— Voilà une singulière proposition, répondit-il; cependant, si elle est faite sincèrement, elle peut être acceptée; mais croyez-vous que la petite Neale se laisse ainsi forcer la main, et qu'elle consente à s'expliquer aussi nettement que vous le désirez? Elle est coquette, vous ne l'ignorez pas, Mickley, puisque ni moi ni vous ne savons à quoi nous en tenir sur ses sentiments. Pour moi, j'ai souvent pensé qu'elle vous préférait, et elle me dirait ajourd'hui que c'est moi qu'elle aime, que j'aurais bien de la peine à la croire.

— Aussi ne faut-il pas se contenter d'un simple aveu, repartit Mickley, en relevant la tête, voilà un an bientôt que la fille du vieux Neale nous retient à ses côtés comme deux enfants; pour moi, je suis las de ce rôle qu'elle nous force à jouer; il est indigne d'hommes comme nous, et si vous le voulez, avant deux jours elle aura choisi, et avant huit elle sera mariée à l'un de nous deux. Que dites-vous de cette résolution?

— Je dis qu'elle me plaît, quoique je compte peu sur le succès; à quand donc notre prochaine visite à Kate?

— Quand vous voudrez.

— Eh bien! que ce soit demain, dit Owen, je suis curieux de voir comment tout cela va tourner, et vers sept heures, je serai à la ferme du vieux Neale.

— A demain donc, dit Mickley en se levant.

— A demain, répondit Owen.

Peggy alla conduire Mickley jusqu'à la porte; elle lui souhaita un bon voyage, et le jeune homme s'éloigna.

II.

Peggy avait vingt ans. Elle était grande et son front pur, où se reflétait comme en un beau miroir l'inquiétude de son âme pensive, avait pour couronne les nombreux anneaux d'une magnifique chevelure. Ses traits gardaient dans leur exquise proportion le caractère de la race celtique. Sous les contours harmonieux de sa joue, on devinait la saillie de ses pommettes, et la ligne fière de ses sourcils surplombait au-dessus de son œil, dont elle ombrageait les rayons trop vifs.

Peggy avait dû être gaie aux jours de son enfance; elle savait encore sourire, et son sourire était bien doux; mais quelque chose, parmi la hautaine beauté de son visage, parlait de fatigue et de souffrance.

Il y avait un rêve au fond de ce cœur; la vierge avait perdu le repos des heures d'ignorance.

Autour de ses grands yeux, des larmes avaient coulé, de ces belles larmes amères et suaves qu'arrache la première angoisse d'amour.

Et pour pleurer, Peggy avait dû bien souffrir, car elle était forte, et son âme se dressait contre la douleur aussi vaillante que le cœur d'un homme.

Quand Mickley fut parti, Peggy monta à sa chambre, et le regarda longtemps à travers ses larmes; puis, quand il eut disparu dans le brouillard de la nuit, elle ferma doucement la fenêtre, et alla se jeter éplorée sur son lit.

Le lendemain, les deux jeunes hommes furent exacts au rendez-vous; ils franchirent les bois, traversèrent le lac, et arrivèrent chez Kate Neale comme la nuit commençait.

Kate était seule; le vieux Neale avait été obligé de s'éloigner; les jeunes gens demandèrent à parler à Kate, et la coquette jeune fille arriva rouge et joyeuse, car elle s'ennuyait bien depuis le départ du major Patrick.

Mickley était certainement beaucoup plus hardi que son compagnon : c'est lui qui devait porter la parole. Quoi qu'il fût bien résolu à la démarche dont il s'était chargé, cependant il ne put se défendre d'une certaine émotion, quand le moment fut venu de s'expliquer ; il tourna pendant quelque temps autour de la question, parla de tout un peu, des fêtes du pays, du vieux Neale, de l'Irlande et de l'Angleterre, et finit en dernier lieu par aborder franchement le motif de leur venue.

— Kate, dit il d'une voix tremblante, vous avez sans doute été surprise de nous voir venir, Owen et moi, à une pareille heure de nuit, quand jusqu'ici nous nous étions imposé le devoir de ne franchir ce seuil que pendant le jour, et votre père présent : il a fallu pour cela un motif puissant, Kate, et nous vous devons une explication catégorique.

Il y eut alors un moment de silence pendant lequel Kate regarda Mickley et Owen avec étonnement ; mais Mickley poursuivit :

— Vous n'ignorez pas, dit-il, que nous vous aimons tous les deux d'un amour qui ne finira qu'avec notre vie ; depuis un an, nous vous suivons partout, et tout le pays connaît aujourd'hui le sentiment réel, profond que vous nous avez inspiré. Jusqu'ici, Kate, vous vous êtes renfermée vis-à-vis de nous dans une réserve cruelle, et nous ignorons encore auquel de nous deux votre cœur a accordé la préférence... Cette situation, vous le comprendrez vous-même, j'en suis sûr, ne peut pas durer éternellement... et nous avons pensé à la faire cesser, avec tout le respect, tout l'amour que nous vous avons voué... Kate, nous voici tous les deux devant vous ; nous avons fait le serment d'accepter sans murmurer votre décision ; il n'y aura pas la moindre plainte de la part de celui que vous aurez repoussé, vous pouvez être assurée d'avance de son respect... Prononcez-vous donc enfin, sans arrière-pensée, avec franchise, et dites, Kate, dites sans détour lequel de nous deux a su toucher votre cœur, lequel est parvenu à vous plaire!

Pendant que Mickley parlait, Kate avait rougi et pâli plus de vingt fois; elle baissait les yeux et n'osait regarder ses deux amoureux. Durant quelques minutes, un silence profond régna dans la chambre, et Owen crut devoir prendre la parole à son tour :

— Vous vous taisez, Kate? dit-il d'une voix rude et sonore, et cependant la réponse à la proposition faite par Mickley, en son nom et au mien, est bien facile : c'est un oui ou un non; car c'est l'un de nous deux que vous aimez, n'est-il pas vrai?

— Et si ce n'était ni l'un ni l'autre? répondit la jeune fille tremblante.

Les deux jeunes gens relevèrent en même temps le front à cette question, et Owen pâlit.

— Si ce n'était ni l'un ni l'autre! dit-il avec un frisson, mais alors vous vous seriez jouée de nous, Kate! Ah! ce serait indigne, cela!

Kate ne répondit pas, et Mickley s'approcha d'elle, en proie à une violente émotion.

— Kate, lui dit-il d'une voix grave, vous venez de prononcer une parole cruelle, et, j'en suis certain, vous vous en repentez maintenant. Voyons, soyez franche; pourquoi entretenir ainsi dans nos cœurs une incertitude désespérante? c'est Owen que vous aimez ou c'est moi... répondez donc avec franchise, et, je vous le répète, aucun reproche ne tombera de nos lèvres après votre aveu.

Et comme Kate gardait encore le silence, il poursuivit:

— Kate, votre silence m'effraie, moins encore pour nous que pour vous-même. Serait-il donc vrai, comme l'a pensé Owen, que votre conduite envers nous n'ait été jusqu'ici qu'une indigne comédie, un mensonge? Ah! si vous vous êtes jouée de nous de la sorte,

Kate, soyez-en convaincue, nous saurons nous venger comme il convient à des Irlandais!

Kate n'avait pas trouvé une parole à répondre à ces reproches, elle se contenta de laisser tomber sa tête dans ses mains, et se prit à pleurer; mais ni Owen ni Mickley ne furent touchés de cette douleur qu'ils pensaient être feinte, comme l'amour qu'elle leur avait témoigné, et ils la regardèrent muets et calmes.

En ce moment, un bruit singulier se fit entendre au dehors. Le sol retentissait au loin sous les pas de nombreux chevaux lancés au galop, et, à chaque minute, ce bruit semblait se rapprocher de la ferme du vieux Néale.

Kate essuya rapidement ses larmes et écouta, tandis que les deux jeunes gens se précipitaient vers la fenêtre et regardaient.

Un coup d'œil leur suffit, et ils rentrèrent presque aussitôt dans la chambre.

— Les dragons du major Patrick! dit Owen.

— Le major Patrick! répéta Kate avec un éclair de joie dans les yeux.

Et elle s'élança vers la porte, sans prendre garde à Owen et à Mickley, que ce changement soudain avait frappés.

Mais déjà la troupe, commandée par le major lui-même, touchait à la ferme, et, quelques minutes après, Patrick baisait joyeusement la jeune fille au front.

Cependant, une fois cette caresse donnée à la jeune fille, le major s'arrêta et la considéra avec attention.

— Comment! s'écria-t-il alors, il y a un mois à peine que je vous ai quittée, chère enfant, et c'est pour vous retrouver tout en larmes! Par le diable! je voudrais savoir qui a pu vous faire du chagrin!

Et, en parlant ainsi, le major promena son regard provoquant sur les deux jeunes gens qui relevèrent fièrement le front.

Mais Kate vit promptement le danger, et elle se hâta de s'interposer.

— Personne, répondit-elle avec vivacité, personne... Ce sont deux amis d'enfance, et tous les deux seraient désolés...

Mais la pauvre Kate s'évertuait en vain à conjurer l'orage. Mickley et Owen avaient tout compris d'un regard, et ils n'étaient pas hommes à reculer ; le major, d'ailleurs, avait lui-même reconnu deux rivaux dans les jeunes gens, et un rayon de colère avait illuminé son regard.

— Qui sont-ils donc? demanda-t-il d'un ton suffisant, en se tournant vers Kate, qui commença à trembler.

— Deux hommes des montagnes, répondit Mickley, deux vaillants hommes, milord, qui ne craignent ni les orangistes, ni les Anglais, ni leurs dragons.

— Ah ! ah ! des catholiques, je pense !... fit l'Anglais, — des rebelles !...

— Ils ne le sont pas encore, major, répliqua Owen d'un air menaçant, mais ils pourront le devenir.

— Eh bien ! c'est bon à savoir, mes amis, dit le major, car on prendra ses précautions en conséquence... Hola ! Brazer !

— Qu'allez-vous faire? s'écria Kate prête à tomber aux genoux de son amant.

— Oh ! presque rien, répondit Patrick... une leçon qu'on leur donnera, et qui sans doute dégoûtera ces messieurs du rôle qu'ils veulent essayer.

A l'appel de son chef, Brazer, un dragon, était entré dans la ferme. Le major se leva, et désignant Owen et Mickley :

— Maître Brazer, dit-il d'une voix impérieuse, emparez-vous de ces deux hommes, et qu'ils reçoivent une correction exemplaire.

A cette injonction, les deux jeunes gens se relevèrent indignés, et voulurent tenter une courageuse défense. Mais que pouvaient-ils faire contre le nombre? vingt soldats firent irruption dans la ferme sur un signe de Brazer, et les malheureux Irlandais durent subir la correction qu'on avait ordonnée.

Owen se répandit en injures de toutes sortes, tandis que Mickley subit la honte d'une pareille humiliation sans mot dire.

Mais quand ils s'éloignèrent, ils avaient tous les deux dans le cœur une terrible soif de vengeance!

CHAPITRE II.

Suite des Molly Maguires. — Persécution protestante. — Avidité des Anglais. — Horrible code de ces mêmes anglais, libéraux et généreux. — Association irlandaise. — Tribunal de White Boys. — Misère irlandaise. — Une cabane dans les Bogs. — Le signal. — Les grottes de Muyr. — La galerie du Géant. — Les payeurs de minuit. — Le BRULEUR. — Owen et Peggy. — La maison des morts. — Londres et les Irlandais. — Trois hurrahs pour Londres. — Une nuit irlandaise. — La quittance de minuit.

Quelques années s'étaient écoulées, la jolie Kate-Neale était devenue la femme du major Patrick, et la pauvre Peggy, lasse d'attendre et de souffrir, s'était laissée épouser par un honnête irlandais qui l'aimait depuis longtemps, et qui avait plusieurs fois demandé inutilement sa main. Owen avait de son côté cherché, et il avait trouvé une charmante fille de Galway, auprès de laquelle il vivait sinon heureux, du moins calme et reposé.

Quant à Mickley, il avait disparu depuis un an environ, et on ignorait complétement ce qu'il était devenu. Ces quelques années avait suffi pour modifier profondément l'attitude des deux partis opposés; à l'instant où nous reprenons ce récit, la guerre était ouvertement déclarée entre les protestans et les catholiques et les Molly-Maguires; ces terribles descendants des *White Boys,* et des *pieds noirs,* avaient audacieusement pris la torche et le poignard.

L'Europe catholique a suivi, avec un vif intérêt, les progrès de la lutte soutenue par le peuple irlandais, contre la volonté et les préjugés de ses vainqueurs; c'est que cette lutte féconde en enseignements pour tous, doit amener tôt ou tard le triomphe des opprimés, et donner à toutes les tyrannies une éclatante leçon.

L'Angleterre a, pendant plusieurs siècles, gouverné avec une verge de fer un peuple dont le génie lui faisait ombrage, elle a voulu le dégrader et l'anéantir, et voici que ce peuple se relève aujourd'hui plus fort, plus nombreux et plus fidèle que jamais à sa divine religion. Cette lutte date de loin. Le XVIIe siècle avait été fatal à l'Irlande; la superficie de l'île contient environ douze millions d'acres irlandais, eh bien on a calculé que le roi Jacques Ier s'empara, à lui seul, de deux millions huit cent mille acres; sept millions huit cent mille furent sequestrés par ordre de Cromwel, et un autre million sous Guillaume III; l'Irlande fut donc confisquée tout entière pendant ce siècle, à l'exception de cinq ou six grandes familles qui échappèrent miraculeusement aux proscriptions.

La réaction protestante fut violente, basse et cruelle; les catholiques furent dépouillés et persécutés, comme au temps de la puissance des puritains, mais cette fois, ce n'était pas seulement le fanatisme, qui inspirait les persécuteurs, c'était plutôt l'intérêt, la cupidité qui les faisaient agir; la cupidité prenait partout le masque du zèle religieux; les prêtres catholiques poursuivis partout, traqués dans les forêts comme des bêtes fauves, déployèrent une constance et une résignation vraiment admirables; ils aimèrent mieux braver la mort et la misère, que d'abandonner leurs troupeaux. C'était la nuit, dans des souterrains ou dans les bois, dans les marais, dans les lieux les plus déserts, les plus abandonnés, qu'ils célébraient la messe, et exhortaient le peuple à demeurer fidèle à la religion de ses ancêtres.

Toutes les vexations, toutes les tyrannies, qui, jusqu'alors, avaient été imaginées pour torturer l'Irlande, la ruiner, et lui arracher son culte, furent inscrites dans un code infernal, œuvre de l'aristocratie protestante, inspirée et dirigée par le gouvernement anglais.

Pendant plusieurs règnes consécutifs, on ajouta sans cesse de nouvelles dispositions, de nouveaux raffinements aux réglements barbares qui opprimaient les catholiques. Les *lois pénales* formèrent un ensemble complet, et savamment combiné de mesures odieuses, qui, à toute heure du jour, atteignaient les catholiques.

Ainsi, il fut défendu aux catholiques d'acquérir des terres ou d'en prendre à bail, pour plus de trente-un ans. Dans les villes, tout marchand ou fabricant papiste ne put avoir plus de deux apprentis à son service; le fils d'un catholique qui se faisait protestant, devenait par le fait seul de son apostasie, mi-propriétaire des biens de ses père et mère, et ceux-ci n'étaient plus qu'usufruitiers. Le catholique au lit de mort ne pouvait choisir pour tuteur de ses enfants, qu'un protestant, la mère elle-même n'avait pas le droit d'être la tutrice.

En aucun cas, les catholiques ne pouvaient hériter ou recevoir une donation d'un protestant; il était interdit aux catholiques de posséder des chevaux valant plus de cinq livres sterling. La loi autorisait tout protestant à saisir sur le catholique le plus magnifique cheval en lui donnant cinq livres sterling.

Une récompensee de cinquante livres sterling, était promise à tout individu qui dénoncerait un archevêque, un évêque, ou un vicaire général; on donnait vingt livres à quiconque découvrait un curé ou un simple prêtre, et dix livres à celui qui livrait un maître d'école ou un instituteur catholique.

Les mariages entre protestants et catholiques étaient sévèrement défendus et déclarés nuls.

Les ministres protestants qui les eussent célébrés, eussent été condamnés à mort. Mais si la loi était impitoyable pour le catholique, qui restait attaché à sa religion, elle faisait toutes sortes d'avances à celui qui voulait se convertir au protestantisme : une rente de trente livres sterling était assurée à tout prêtre romain qui se faisait protestant; il était sûr en outre d'être promptement pourvu d'un bénéfice lucratif dans l'église anglicane. Les catholiques ne jouissaient d'aucun droit civil ou politique, d'aucune garantie ; ils ne pouvaient être ni membres du parlement, ni jurés; la magistrature, le barreau leur était fermés; toutes les carrières libérales, les professions industrielles même, leur étaient interdites par le fait.

La plupart des *lois pénales* furent exécutées à la lettre, quelquefois même elles furent dépassées dans l'application. Qui ne verra, en y réfléchissant un peu, que le catholique d'Irlande était trop écrasé par toutes les lois de persécution pour respirer librement le peu d'air que ces lois voulurent lui laisser. A défaut de lois tyranniques, l'opinion publique l'opprimait encore.

Partout et toujours, telle fut la conduite de l'Angleterre envers les nations plus faibles. Et songez que la presse anglaise et le parlement anglais passent leur vie à hurler d'absurdes diatribes contre la tyrannie des gouvernements étrangers!

Allez, bonnetiers! allez, marchands du cuvettes, allez au palais de cristal et admirez ce GRAND PEUPLE!

Tant de violences, tant d'outrages devaient lasser la patience des victimes; les catholiques les plus éclairés se réunirent pour préparer la résistance; quelques patriotes jetèrent les premières bases de cette *Association catholique* qui, plus tard, réorganisée et dirigée par

O'Connell, devait remporter d'éclatantes victoires sur les ennemis de l'Irlande.

De leur côté, les paysans qui, assurément, étaient les plus misérables, qui à toute heure du jour souffraient de l'organisation tyrannique du pays, se formèrent en bandes régulières et disciplinées, et sous les noms de *White boys* (Enfants blancs), *Right boys* (Enfants du droit), *Heartz of oak* (Cœurs de chêne), *Heartz of steel* (Cœurs d'acier), tirèrent vengeance des exactions du clergé anglais et des hommes de lois, et des cruautés de leurs seigneurs.

C'était la nuit que les *White boys* exécutaient leur justice sommaire envers leurs oppresseurs. Pour se connaître dans l'obscurité, ils portaient par-dessus leurs habits une chemise blanche; c'est de là que leur est venu leur nom d'*Enfants blancs.*

Pendant le jour, l'Irlande appartenait au gouvernement officiel, à l'aristocratie protestante; mais la nuit, le tribunal secret des *White boys* régnait dans tout le pays, et faisait exécuter de terribles sentences. Ce fut au tour du protestant de trembler pour ses biens et sa vie.

C'était principalement dans les districts septentrionaux de Tipperary que se montraient, de temps à autre, ces bandes d'aventuriers nocturnes, liés entre eux par des serments mystérieux. Plus tard, sous le nom de *Ribbon men*, ils se répandirent dans les campagnes, pénétrèrent chez les propriétaires isolés, se firent livrer les armes et les provisions, menaçant des plus atroces châtiments ceux qui oseraient les dénoncer. Tous les efforts réunis de l'armée, de la yeomanry et des nombreux agents de la police ne purent aboutir à purger le pays de ces bandes redoutables. Les défenses si énergiques de M. O'Connell lui-même ne purent empêcher des centaines de malheureux affamés de se laisser enrôler dans ces troupes. surtout à l'époque connue sous le nom de *Buying times*, alors que, les provisions de l'année précédente étant épuisées, le paysan est obligé, en attendant la récolte nouvelle, de pourvoir comme il peut à sa subsistance. — Les Anglais disent : « Qu'ils s'arrangent ! » — Et les Anglais dînent trois fois.

Assurément, il est impossible d'excuser les attentats des *Ribbon men;* mais ceux qui gouvernent l'Irlande doivent-ils s'étonner que des gens exténués par la faim, privés de tout moyen de travail, exaspérés souvent par l'inhumanité des propriétaires et des *middlemen*[1] qui les ont expulsés de leurs chaumières, prêtent l'oreille aux mauvais conseils, et finissent par se livrer sans frein au brigandage et à la passion de la vengeance?

C'est l'histoire des Molly Maguires.

Les Molly Maguires étaient, ainsi que nous l'avons dit plus haut, les descendants directs des White boys, des Ribbon men, des Cœurs de chêne, etc.; ils avaient pris à ceux-ci leur principe et leur symbole, et, comme leurs devanciers, ils allaient semant partout la mort et l'incendie. A la tête de ces hommes, il y avait un chef mystérieux que nul ne connaissait, dont nul encore n'avait vu le visage éternellement emprisonné sous un masque noir.

Il y avait de tout un peu parmi les Molly Maguires : il y avait des voleurs, des aventuriers, des bandits, des assassins, mais il y avait aussi de pauvres paysans irlandais que l'Angleterre avait tenus longtemps courbés sous son joug, et qui, abreuvés d'humiliations, d'outrages, de hontes de toutes sortes, s'étaient un jour relevés dans toute leur fierté native, et s'étaient armés au hasard, les uns d'une torche, les autres d'un poignard.

On sait le misérable sort qui a été fait de tout temps aux paysans de l'Irlande; ces malheureux pourraient peut-être trouver ailleurs le pain qui leur manque dans leur patrie, mais l'Irlandais a l'amour du pays profondément gravé dans le cœur : la plupart d'entre eux

[1] On appelle middlemen, des spéculateurs qui sous-louent aux paysans les biens des propriétaires en les fractionnant pour en tirer de plus gros bénéfices.

aiment mieux souffrir, être à jamais pauvres et nus, et même périr de faim dans les solitudes désolées des *bogs*, plutôt que d'abandonner le sol qui les a vus naître, la terre sacrée où reposent leurs aïeux.

Cet attachement religieux pour la patrie chez les plus misérables des hommes est quelque chose de sublime ; malheureusement l'Irlande est loin de pouvoir nourrir tous ses enfants, et ceux qu'épargne la colère de l'Angleterre sont impitoyablement décimés par la faim.

Les Molly Maguires avaient de terribles vengeances à exercer, et ils s'acquittaient de leur mission avec un zèle cruel. On ne savait d'ailleurs où les prendre, ils échappaient à toutes les recherches, on ignorait où se tenait leur mystérieux tribunal, et l'on eût dit qu'un voile impénétrable couvrait leur association, comme un voile couvrait leur visage. Le major Patrick avait tout mis en jeu pour parvenir à les saisir ; mais, jusqu'alors, ses efforts avaient été impuissants, aucun résultat n'était venu les couronner.

Une toute petite maison s'élevait au milieu des bogs solitaires, entre Carndulla et Ballinderry, à une bonne lieue de la ville de Tuam. On l'avait bâtie sur un petit tertre fondé de main d'homme, qui dominait de quelques pieds la fange voisine ; tout alentour, il y avait un fossé profond rempli de boue liquide au-dessus de laquelle la végétation des marais commençait à jeter son perfide voile de verdure.

La maison était construite de façon à représenter extérieurement l'aspect d'une guérite écrasée. Son toit, formé de mottes de gazon disposées en écailles, était taillé à quatre pans, et gardait à son centre un trou carré, sans tuyau, par où s'échappait la fumée du feu de tourbe dans les mauvais jours de l'hiver.

Les murailles étaient en terre battue ; nulle poutre, nul pieu n'en protégeait la chancelante décrépitude. L'atmosphère humide et dissolvante des *bogs* avait miné les angles de la cabane, où manquaient çà et là de grosses mottes de terre; on voyait partout des crevasses le long des murailles, qui restaient néanmoins molles au toucher, et suintaient continuellement des gouttelettes d'eau à travers la mousse verdâtre qui les tapissait en quelques endroits.

A part la porte étroite et basse, fermée à l'aide d'une claie, la maison ne présentait qu'une seule ouverture qui regardait le midi. L'intérieur était une chambre unique. Au milieu de la chambre se trouvait une excavation correspondant avec le trou du toit : c'était la cheminée.

L'hiver, la vapeur épaisse de la tourbe s'élançait de ce foyer et remplissait la hutte avant de s'échapper par l'ouverture supérieure; un peu à gauche de cette cheminée, une corde de paille, tendue d'une muraille à l'autre, séparait la pièce en deux compartiments inégaux, l'un était l'asile des bestiaux, l'autre celui des créatures humaines.

Mais l'asile des bestiaux était vide, il n'y avait rien au delà de la corde tendue, sinon la couche souillée, émiettée, réduite en poussière immonde d'une truie étique morte de faim l'année précédente.

Impossible de se figurer une nudité plus froide, une misère plus absolue. Point de table auprès du foyer central, point d'escabelles à l'entour, pas même aux murailles crévassées ce pauvre luxe si cher à l'Irlandais catholique : l'image vénérée de son patron, le bon saint qui prie pour lui dans le ciel; rien! un air épais, mouillé, fétide; de l'eau sur le sol, de l'eau découlant le long des parois raboteuses!

Dans un coin, une haute pyramide de tourbe taillée, auprès de laquelle brillait une de ces larges bêches tranchantes et droites qui servent à couper le gazon des tourbières; à côté de cette pyramide, un homme.

Cet homme avait les deux coudes appuyés sur les genoux et la tête posée dans ses mains. Depuis combien de temps était-il plongé dans cette profonde méditation? Il serait impossible de le dire; mais, à un moment donné, il se leva brusquement, secoua les cheveux épais qui inondaient son visage par un geste prompt et énergique, et marcha vers la claie qui fermait la porte de la hutte.

Puis, le mystérieux habitant de la hutte des bogs jeta un regard rapide sur le paysage qui l'entourait; la lune montait lentement au ciel, et passait sous de petits nuages floconneux dont elle blanchissait la masse transparente; il contempla un moment les profils noirs des Mamturcks, qui mêlaient leurs lignes confuses à l'horizon. Les monts de Kilkerran grandissaient devant lui, et au sommet de quelques-uns de ces pics escarpés s'allumèrent de rouges et flamboyantes lueurs.

De loin, ces feux apparaissaient comme des phares; de près, c'étaient de vastes brasiers dans lesquels un homme, caché parmi les pins des montagnes, jetait à intervalles des branches séchées.

A cette vue, l'homme du bog rentra dans sa hutte, jeta sur ses épaules un carrick en lambeaux, fixa sur son visage un masque de toile noire, saisit dans la *cheminée* un tison ardent, mit le feu à la pyramide de tourbe, et s'éloigna. Quelques minutes plus tard, la hutte ne formait plus qu'un vaste foyer d'où s'échappaient de brillantes clartés qui teignirent toute la nuit de sanglantes lueurs les eaux bourbeuses du bog.

L'homme ne se donna pas la peine de regarder en arrière pour jeter un dernier regard sur sa hutte incendiée, il continua son chemin, et au bout d'une heure d'une course rapide il arriva à l'entrée d'un souterrain naturel, connu dans le pays sous le nom de *Grotte de Muyr*.

Pour parvenir à cet endroit, il avait suivi un sentier taillé presque à pic, qui descendait tortueusement le flanc de la falaise, et le long duquel de pauvres arbrisseaux brûlés par le vent du large enchevêtraient leurs branches rabougries; on ne pouvait guère s'y tenir debout, il fallait s'accrocher tantôt aux rameaux des buissons, tantôt à la dent du rocher qui perçait à chaque instant le sol maigre.

Les grottes de Muyr n'étaient visitées à de longs intervalles que par les hardis chasseurs de boucs sauvages, elles servaient d'asile à ces animaux blancs qui pullulent sur les côtes d'Irlande, et qui apparaissent d'en bas comme des taches de neige sur les flancs noirs des montagnes de granit; notre homme passa sans s'arrêter devant la bouche des grottes de Muyr, et continua de descendre. Il gagna ainsi les rescifs, et entra par une sorte de porte dans la plage circonscrite entre les deux lignes d'écueils, la haute muraille du cap et la mer.

Une fissure pratiquée dans le rocher, et si étroite qu'un homme seul pouvait à peine y passer, s'offrit alors devant lui; notre homme se retourna vers le pays qu'il venait de parcourir, et après avoir jeté un dernier regard satisfait sur ces divers brasiers qui couronnaient les montagnes voisines d'un diadème de feu, il saisit une longue pique cachée dans les anfractuosités du rocher, et disparut dans le corridor bas et humide, auquel la fissure dont nous avons parlé donnait accès.

Après ce corridor, qui s'avançait en tournant dans le flanc de la montagne, il y avait une montée de dix à douze pas.

Après, encore, c'était quelque chose d'inouï, une sinuosité sombre et resplendissante à la fois, des magnificences pareilles à celles qui entourent, au dire des poëtes, le trône d'ébène de l'archange déchu, une nuit pleine de miracles, une de ces fantasmagories surhumaines, qui grandissait sous le hardi pinceau de Martins.

Cela n'avait point de forme, l'œil plongeait partout dans le vide, et partout rencontrait l'infini : point de limites, nulle paroi pour arrêter le regard, nulle voûte pour borner la vue. Des colonnes, qui brillaient comme si leurs fûts avaient été parsemés de paillettes, s'allongeaient dans la nuit. Il y en avait deux, trois, quatre rangs qui fuyaient à perte de vue, et semblaient se repandre au loin, comme les arbres d'une longue avenue.

A droite, à gauche, devant, derrière, des grappes de cristaux scintillaient dans le vide. D'innombrables girandoles pendaient à la voûte invisible, et allumaient tour à tour leurs facettes étincelantes à la lueur rouge d'un feu de *bog-pine*, qui brûlait sur une grille à vingt pas de l'entrée.

Il n'y avait point d'autres lumières que celle de ce brasier dont la fumée montait, épaisse et blanchâtre, pour perdre ses spirales confuses dans les ténèbres de la voûte.

Tout autour du foyer s'asseyaient des hommes diversement vêtus; la plupart portaient d'informes haillons; d'autres s'enveloppaient dans des carricks grossiers; quelques-uns, enfin, se drapaient dans ces mantes plucheuses, vêtement ordinaire des Irlandais de l'ouest.

Un espace vide restait entre eux et le feu.

Derrière le brasier, à droite, par rapport à l'entrée, on voyait une sorte d'estrade inoccupée.

Sur le même plan, se trouvaient une vingtaine de personnages, dont la figure disparaissait dessous des carrés de toile.

Tout cela recevait en plein la lueur du feu : le second et le troisième rangs étaient assez vivement éclairés.

Le quatrième disparaissait déjà dans un pénombre vague.

Les autres, et il y en avait beaucoup, demeuraient cachés complétement. Impossible d'évaluer, même approximativement, le nombre des assistants.

On entendait la foule bruire au loin entre les colones diamantées, mais on ne la voyait point.

Seulement, lorsqu'un nouveau tronc de pic de marais jeté dans le brasier soulevait en gerbes les étincelles, la nuit tressaillait en quelque sorte, l'ombre s'illuminait pour une seconde, et des centaines de visages, sortant tout à coup des ténèbres, peuplaient ces fantastiques profondeurs.

En même temps, les mille cristaux des voûtes et de la colonnade s'allumaient.

Durant un instant, on distinguait la forme des piliers symétriques et quelques hautes parois parsemées d'étoiles.

Puis tout s'éteignait.

La nuit retombait opaque, cette foule pressée semblait s'abîmer dans le ténèbres.

Ce lieu s'appelait la *Galerie du Géant.*

Et l'on disait que Ranach, Connor, Donnel, Diarmid, et tous les géants de la mythologie irlandaise, y avaient fait souvent orgie, longtemps avant les jours où saint Patrick étendait sur le Connaught ses pacifiques conquêtes.

Les gens rassemblés autour du feu étaient les *payeurs de minuit.*

Et pour faire descendre notre description des hauteurs poétiques à la réalité vivante, nous sommes forcés d'avouer que le *meeting* des Molly Maguires n'était point en rapport complet avec la féerique magnificence de la galerie du Géant.

L'odeur âcre du tabac se mêlait à la fumée des *bog-pines*, et formait un nuage lourd au-dessus des têtes; on sentait à plein nez, dès l'entrée, le subtil parfum de Whiskey, la rosée bienheureuse des montagnes, et les émanations du *potteen.*

De tous côtés, on entendait dans l'ombre le bruit des verres choquant les pots d'étain.

Il s'élevait peu de cris parmi la foule, c'était un murmure sourd et continu qui se prolongeait au loin entre les pilastres, rebondissait contre la paroi invisible, et retombait multiplié par les échos des voûtes.

Ce murmure était gai plutôt que menaçant.

Cette grande foule, rassemblée sous les voûtes sombres de la galerie du Géant, était composée d'éléments divers; la plus grande partie des comtés de l'ouest et du midi y avait ses représentants.

Dans l'ombre de la vaste enceinte, et le long des colonnes chargées de stalactites brillantes, s'asseyaient de bons garçons, venus des cantons les plus éloignés.

Il y avait des pêcheurs de la baie de Bautry, des pâtres de Cork, des tenanciers de Waterford, et des montagnards de Wiklow. Le noyau de la réunion restait cependant composé de gens du pays même, la plupart fermiers, riverains de la Moyne, ou coupeurs de turf entre le seick et les lacs.

Le Connemark, cette sauvage contrée, que les touristes ont baptisée les highlands de l'Irlande, fournissait surtout un nombreux contingent, ainsi que les monts Parmnamore et les côtes entre Claygan et Killery.

Tous ces gens étaient affiliés et avaient prêté le serment. Tous avaient juré sur le poignard ou sur la torche, et ces serments n'étaient point ici de vains jeux d'enfants; les ruines des vieilles abbayes, les salles basses des châteaux croulants, les humides cavernes où les oiseaux du large cherchent un abri durant la tempête, telles sont les vastes loges où se mènent les pratiques mystérieuses des Vengeurs.

C'est un serment terrible que celui qui engage à tenir une torche, que celui qui oblige à prendre en main le couteau, quand l'incendie peut avoir lieu demain, quand la victime est désignée déjà peut-être. C'est un serment terrible, surtout, lorsque le meurtre et l'incendie sont de tous les jours, lorsqu'il peut n'y avoir qu'une heure entre la promesse et le crime.

Ils avaient tous juré pourtant.

C'est que leur misère est si grande! c'est qu'ils souffrent de la faim, du froid, de tous les maux qui peuvent accabler l'homme si cruellement, et si près des folles magnificences de leurs maîtres.

C'est qu'il y a tant de haine au fond de leurs cœurs!

Leur tête s'est courbée si longtemps sous la tyrannie lourde de la conquête. Autour de leur misère bourdonne une main si âpre d'usuriers, de middlemen, d'agents qui s'engraissent de leur sang et vivent de leur mort.

Qu'un cri de vengeance tombe du haut des montagnes ou surgisse des vastes solitudes des bogs, il va trouver des milliers d'échos; chaque chaumière va tressaillir à ce signal attendu; toutes les têtes d'hommes vont se redresser, secouant leur grande chevelure, et la prière des femmes va monter vers le ciel, intercédant pour la vengeance de leurs époux et de leurs frères.

Les efforts combinés d'O'Connell et du gouvernement de la reine, la parole puissante du tribun et les carabines des dragons, ont pu comprimer le whiteboysme, ou ses différentes expressions, durant un jour, durant une année, mais rien n'est capable de le tuer.

Il ne meurt pas, il se cache, et quelque nuit noire, vous voyez surgir tout à coup sa tête masquée.

La torche s'allume dans sa main, son cri retentit formidable, et, de proche en proche, l'Irlande entière s'agite, et les ténèbres s'éclairent à la lueur funeste de l'incendie.

Le bien arrive ici au secours du mal pour grandir le fléau. Au-dessus de la vengeance brutale et sanguinaire, il y a la dévotion à la patrie, le culte de l'honneur national outragé, l'immense amour de la religion des aïeux.

Parmi ces hommes égarés qui ne marchent que la nuit, et dont la tâche est un crime, parmi les Molly Maguires, il est de vaillants cœurs qui se dévouent noblement.

Cette révolte nocturne est pour eux une guerre déclarée; ils veulent reconquérir leurs antiques priviléges, rétablir la richesse de l'île et ses splendeurs perdues, rebâtir la maison de Dieu, et replacer dans les châteaux les fils des nobles seigneurs chassés par la conquête anglo-saxonne.

Pendant quelque temps, le désordre continua de régner dans

l'assemblée, les cris des matelots de la baie de Bautry, des pâtres de Cork et des tenanciers de Waterford se croisèrent sous les voûtes sonores jusqu'au moment où l'homme qui se tenait près du brasier eut jeté de nouveaux aliments au feu.

La flamme s'éleva plus vive et éclaira les plus sombres profondeurs de l'immense salle. Au même instant, une immense clameur faite par mille voix ébranla les colonnes de la galerie du Géant, tous les assistants se levèrent, et tous les regards se portèrent vers la porte d'entrée.

— Le Brûleur ! le Brûleur ! cria la foule.

Et les mains se levèrent, les chapeaux s'agitèrent, le tumulte devint formidable.

L'homme au carrick sombre se dressait de toute sa haute taille sur le seuil de la porte, et promenait tranquillement son regard parmi tous ces hommes sur le visage desquels il semblait lire comme en un livre.

Cette scène ne manquait assurément ni d'originalité ni de grandeur ; tout était confusion, la foule enthousiaste semblait prête à se précipiter vers celui que l'on venait d'appeler le *Brûleur;* mais lui, toujours immobile et droit, le visage caché sous son masque noir, écoutait avec impassibilité les expressions folles, exagérées de cet enthousiasme qu'il éveillait autour de lui.

C'est que le *Brûleur* était leur chef ; ils le suivaient et le soutenaient. La plupart d'entre eux savaient que cet homme avait pris une haute mission politique : qu'il voulait changer les incendiaires et les assassins en soldats, relever au rang d'hommes les esclaves révoltés.

Cependant le *Brûleur* n'avait pas fait un pas ; il étendit la main vers la foule, et aussitôt le silence se rétablit ; tous les assistants, le corps penché, la bouche ouverte, s'apprêtèrent à écouter.

— Mes amis, dit alors le *Brûleur* d'une voix éclatante, les *payeurs de nuit* ont été réunis aujourd'hui pour un motif important, et je viens vous demander si vous êtes prêts?

— Nous sommes prêts! nous sommes prêts! répondirent mille voix.

— En venant de Galway, j'ai vu tout à l'heure de la lumière au château du major Patrick... Milord est à se reposer des fatigues du voyage... Mes garçons, nous avons un compte bien long et bien chargé à régler avec milord!

Il se fit, à ces paroles, entre les colonnes un mouvement général; on ne riait plus; les voix se mêlaient dans la nuit sur un mode plaintif, et les menaces se croisaient avec des gémissements.

— Nous savions bien qu'il allait venir, disait-on, car son agent a jeté bien des pauvres tout nus par les chemins.

— La vieille Madge est morte la nuit dernière de froid et de faim, parce que l'agent l'a chassée de sa tenance.

— Elle n'avait pas pu payer le *fowl-duty* [1].

— Saunder, ajouta un troisième, est couché sur l'herbe au coin de son champ.

— Milord a besoin d'argent.

— Ah! ah! poursuivit le *Brûleur* qui écoutait en souriant, vous faites bien du bruit pour peu, mes amis! Ce qu'il faut à milord, c'est de l'argent; qu'importe donc que les fermiers meurent de froid et de faim!

Il s'arrêta. On faisait silence autour de lui.

— Mes fils, ajouta-t-il tôt après, un peu de cœur!... Si nous allions cette nuit signer la quittance de lord Patrick?

Encore le silence.

[1] *Droit de volaille.* — Exaction passée en usage dans la plupart des comtés de l'Irlande; quand un pauvre fermier ne peut solder l'arriéré de sa rente, il donne à l'agent une certaine quantité de produits en nature; faute de quoi il est mis dehors.

Il n'y avait pas un cœur sous la voûte du Géant qui n'eût froid à la seule pensée d'attaquer le major.

On le détestait, on le méprisait, mais on le redoutait.

Entre lui et ces pauvres tenanciers, dont les sueurs faisaient sa richesse, il y avait comme une barrière de superstitieuse terreur.

— Eh quoi! reprit le *Brûleur* en s'animant, vous vous taisez!... et vous savez bien cependant que si nous n'en finissons pas, il boira notre sang jusqu'à la dernière goutte; répondez donc, le voulez-vous?

— Oui! s'écria alors une voix de femme émue et agitée au milieu de ce silence sinistre; il faut que le Saxon meure!

— Il le faut! il le faut! répétèrent quelques voix.

Puis, comme si ces voix avaient suffi pour rendre le courage à toute l'assemblée, le murmure grandit, s'enfla, et vint à former un grand cri :

— Mort! mort!

— Mais qui se chargera d'attaquer le major Patrick?

— Il y en a tant qui sont morts à la tâche!

— Tant et tant!... Cet homme est sous la main du démon!

Puis le grand cri s'abaissa, s'étouffa, mourut, jusqu'à redevenir un craintif murmure : les mots sortaient rauques et sourds des poitrines oppressées. Une terreur indicible pesait sur la cohue; tous ces hommes s'effrayaient, comme eussent fait des enfants.

Le *Brûleur* gardait le silence depuis quelques secondes; il fit le tour du foyer, et se prit à attiser le feu tranquillement.

Deux troncs de *bog-pine* tombèrent dans les cendres. Un joyeux tourbillon d'étincelles monta vers la voûte; la galerie s'embrasa.

Aux lueurs qui jaillirent, on aperçut la forte et vigoureuse silhouette du *Brûleur,* et la crainte s'enfuit, comme s'échappent les terreurs nocturnes de l'enfance aux premiers rayons du soleil.

— Eh bien! dit-il d'une voix éclatante, voyons, mes amis, qui donc se chargera d'incendier la ferme de milord? qui donc se chargera de frapper le major Patrick?

Et alors, au milieu du silence de tous, deux voix s'élevèrent et allèrent frapper les voûtes sonores.

— Moi! dit une voix de femme.

— Moi! dit une voix d'homme.

Tous les regards se tournèrent en même temps du côté d'où étaient partis ces deux cris, et l'on vit un homme et une femme qui, se tenant par la main, venaient de s'arrêter sur le seuil de l'immense salle.

II.

L'homme n'était autre qu'Owen, la femme était Peggy.

Peggy s'était mariée depuis le moment où nous l'avons perdue de vue, elle avait épousé un brave et honnête garçon du comté qui l'aimait depuis longtemps, et elle l'avait suivi avec résignation dans la ferme qu'il tenait du major Patrick.

Les affaires du brave Dickens, mari de Peggy, allaient bien encore à cette époque; mais celles du major allant fort mal, les middlemens s'étaient mis de la partie, et on avait pressuré le pauvre Dickens.

Les middlemens sont des hommes qui tiennent à bail une partie considérable des domaines des lords, qu'ils sous-louent, subdivisés en microscopiques tenances, à des centaines de malheureux.

La plupart du temps, il existe même entre le lord et le tenancier plus d'un intermédiaire.

Londres possède plusieurs agences qui prennent à bail des quantités de terres irlandaises, et les font gérer par des intendants domiciliés dans quelque grande ville des quatre provinces. Ces intendants ont des sous-agents sur les lieux; ceux-ci sont vis-à-vis des intendants ce que les intendants sont à l'égard des banquiers, ce que les banquiers sont pour les landlords. De sorte que tel misérable champ de pommes de terre, à peine suffisant pour nourrir le fermier qui le cultive, doit servir encore des bénéfices aux sous-agents, des bénéfices à l'intendant, des bénéfices au banquier, et la rente principale du landlord.

Mais Londres fait des ovations à l'avocat Kossuth, mais Londres tient des meetings libéraux, mais Londres est une noble ville, soyez-en bien convaincus.

Trois hurrahs pour Londres! trois grognements pour ceux qui disent que Londres est l'usurier le plus effronté, l'hypocrite le plus souillé de l'univers!

Cependant le pauvre tenancier meurt à cette tâche impossible; les entremetteurs s'engraissent ou sont assassinés : c'est la règle.

Quant au lord, il touche sa rente, et ne va point sonder vraiment cet abime de misère où se puise l'or qui emplit incessamment ses coffres.

Dès que Dickens s'était vu entre les mains des middlemens, il avait bien pensé qu'il était perdu. Il avait une enfant, frêle et charmante créature, et il s'était mis au travail avec une ardeur nouvelle, pour lui épargner les tortures de la misère qu'il prévoyait.

Mais que faire contre la fatalité?

Les pauvres économies qu'il amassait avec tant de peine s'épuisaient avec une rapidité qui le jetait souvent dans un sombre désespoir; il devenait morose, rêveur, et plus d'une fois il partit de la ferme avec l'idée du suicide.

Mais que deviendrait sa petite fille, que deviendrait la jolie Peggy, s'il venait à mourir?... Il songeait alors à l'affreuse misère qui les attendait, son courage abattu se relevait, et il partait.

Dickens descendit ainsi un à un tous les degrés de cette échelle fatale dont le dernier échelon aboutit à la misère... la misère irlandaise!

Puis, quand il se vit enfin sans ressources, épuisé par les travaux de toutes sortes auxquels il s'était condamné, miné déjà par une fièvre lente, Dickens n'eut plus la force de lutter contre le malheur qui l'accablait, et il se laissa mourir.

Hélas! le malheur de la pauvre Peggy ne devait pas s'arrêter là, car le lendemain même de la mort de son mari, sa fille retournait au ciel.

Dans ce cruel moment, Peggy n'eut pas une larme devant le berceau vide; elle considéra froidement ces deux cadavres à peine froids, et, la tête dans ses mains, sombre, sourdement agitée, l'œil fixe et hagard, les cheveux répandus en désordre sur ses épaules nues, elle récapitula toutes les tortures que lui avaient fait endurer le middlemen et le major Patrick.

Peggy ne raisonna pas sa douleur; dans son désespoir aveugle, elle ne vit que le major, l'accusa de tous ses maux, et une colère sanglante s'éleva de son cœur.

Et puis, à côté du major, il y avait une autre personne encore... il y avait Kate!

Kate sa rivale, Kate qui lui avait enlevé l'amour de Mickley.

Un frisson passa rapide sur ses chairs.

Mickley... Sans Kate Néale, Peggy aurait pu être la femme heureuse et enviée de Mickley... elle aurait vécu, sans lutte amère, dans tout l'épanouissement de son cœur; les enfants qu'elle aurait eus de cet hymen béni de Dieu ne seraient pas morts de faim.

Peggy pressa ses deux bras sur son cœur pour en comprimer les battements; un rugissement de rage gronda dans sa poitrine en feu, un nuage de sang passa sur ses yeux, elle secoua énergiquement ses cheveux, et se releva droite et menaçante.

Peggy avait tant souffert! aux jours les plus heureux de son mariage, elle avait tant versé de larmes! elle avait été si cruellement éprouvée ! Un sauvage désir de vengeance ébranla son être tout entier, et elle abandonna les deux cadavres.

Elle jeta à la hâte un long vêtement sur ses épaules, agrafa sur sa robe la mante rouge des filles du Connaught ; puis elle marcha vers la porte.

Cependant, au moment où elle mettait le doigt sur le loquet de la porte, un suprême mouvement de pitié l'arrêta tout à coup ; elle se retourna vivement, et courut presser, une dernière fois, dans ses bras son mari et sa fille, et, ce devoir accompli, elle s'éloigna en courant.

Elle marchait d'un pas ferme et ne tremblait pas.

Derrière elle, la lune montrait son disque pâle entre les cimes échancrées des Mamturcks.

La campagne était solitaire ; le chemin que suivait Peggy était à peine tracé, l'herbe y croissait, et de fréquentes fondrières lui barraient bien souvent le passage.

Mais elle ne s'arrêtait pas, et l'instinct de la vengeance lui faisait deviner sa route.

Son pas, toujours égal et rapide, foulait le sol avec légèreté. A la voir, ainsi drapée dans les plis larges de sa mante rouge, glisser sans bruit sur les sentiers déserts, on l'eût prise pour quelqu'une de ces poétiques apparitions qui descendent parfois des vieilles montagnes du Connaught, et montrent à l'Irlandais superstitieux les fières divinités qu'adoraient ses pères.

Malgré la préoccupation profonde qui dominait et absorbait l'esprit de Peggy, à plusieurs reprises, cependant, son oreille crut saisir des sons indistincts dans la partie du sentier qu'elle venait de parcourir.

— C'est l'écho ! se disait-elle.

Et elle n'y faisait pas davantage attention.

Mais ces sons se reproduisent de nouveau, et cette fois d'une façon plus distincte.

Peggy pressa le pas et redoubla de vitesse.

Enfin elle parvint, après plusieurs heures d'une course rapide et haletante, à l'entrée de la *Galerie du Géant;* mais au moment où elle allait y pénétrer, elle s'arrêta.

Elle venait d'entendre, à quelques pas derrière elle, le même bruit qu'elle avait entendu un instant auparavant, mais ce bruit était plus distinct, c'était un son lourd et pesant qui s'avançait rapidement du côté des rescifs par où elle était venue.

La lune éclairait en ce moment la plage; Peggy se retourna, et elle vit une forme humaine gravir les rochers et venir à elle.

La forme devenait d'instant en instant plus appréciable, elle sortit enfin du pêle-mêle des roches entassées, et Peggy put voir un homme de haute stature se dresser à plusieurs centaines de pas.

Cet homme venait de bien loin sans doute, car la fatigue paraissait l'accabler; le dur galet blessait ses pieds nus endoloris; presque à chaque pas il s'arrêtait pour serrer sa poitrine à deux mains, comme s'il eût senti son cœur défaillir.

En ce moment, l'escalier du Ranach détachait vivement sa grande colonnade éclairée par la lune qui avait rejeté son voile de vapeurs. Le vent dispersait les dernières flamèches du feu de Ranach-Head; une dernière lueur vint frapper le nouvel arrivant à pleine poitrine, en plein visage, et la pauvre Peggy poussa un cri de surprise et de compassion : elle venait de reconnaître son frère.

— Owen! s'écria-t-elle en tendant ses deux bras défaillants vers le jeune homme.

— Peggy! Peggy! répondit Owen.

— Toi, ici!... que viens-tu y faire?

— Me venger! dit Owen; et toi?

— Venger mon mari et mon enfant! répondit Peggy.

Et comme si ce souvenir, subitement évoqué, avait tout à coup rappelé la sensibilité dans son cœur brisé, elle prit sa tête dans ses mains, et fondit en larmes.

Owen la regarda un moment avec tristesse et compassion ; puis, secouant aussitôt le front, par un mouvement altier et brusque, il saisit énergiquement le bras de sa sœur.

— Allons! dit-il d'une voix âpre et rude, allons, Peggy, ce n'est pas ici le moment de nous attendrir sur notre sort ; essuie tes larmes, ferme ton cœur et marchons.

— Où allons-nous ? fit douloureusement la jeune femme.

— Voici la *Galerie du Géant ;* entrons.

Et ils partirent en se tenant par la main.

Si Peggy avait été cruellement éprouvée par le sort, Owen avait eu, lui aussi, sa part terrible de douleurs.

Après l'humiliation qu'il avait éprouvée en présence de Kate, il était parti, il s'en était allé à Londres.

Londres! le centre des lumières, du comfort, de la civilisation intelligente et libérale : le paradis des classes populaires enfin!

Hélas! Owen avait parcouru lentement tous les degrés de la misère ; il avait d'abord travaillé avec courage, avec une sorte de frénésie ; mais il ne suffit pas, à Londres, qu'un homme soit actif, laborieux, et doué de facultés intellectuelles en rapport avec la profession qu'il embrasse pour qu'on lui donne, en échange de son travail, je ne dis pas l'aisance, mais seulement le pain quotidien.

Owen avait commencé assez bien ; mais il avait fini comme finissent à peu près tous les pauvres Irlandais que l'espoir de la fortune attire incessamment dans la capitale de la Grande-Bretagne.

Il y a à Londres une paroisse où la misère atteint des proportions si monstrueuses, que l'esprit se refuse à y croire.

Au bout du noble Oxford street, on arrive, sans transition aucune, à une ruelle infecte appelée Bainbridge; c'est la porte de *Saint-Gilles.*

C'est une des particularités de Londres, que le sans-façon étrange avec lequel la misère s'étale auprès du luxe.

Il n'y a point de nuances.

Le maître de cette maison mange vingt mille livres sterling chaque année. Sortez, passez le ruisseau, et vous trouverez tout une rue dont les habitants meurent de faim.

De sa fenêtre, le riche pourrait voir ses pauvres voisins accroupis dans la fange, au seuil de leurs masures.

Mais ne murmurez pas! ce riche est un libéral; *by good!* il soutient le libre-échange et la ligue des céréales; il tresse des couronnes à M. Kossuth, tout en soutenant M. Pacifico. — Saluez l'Anglais! saluez!

C'est partout dans Saint-Gilles un dédale de ruelles non pavées, et de ténébreux passages dont rien ne peut donner une idée, où l'on ne respire qu'un air lourd, épais et fétide.

Cependant il y a quelque chose de plus triste que Saint-Gilles lui-même, c'est la population malade, famélique, atrophiée qui s'agite dans cette boue.

A la porte de chaque maison, ce sont des enfants dont on voit la peau jaunie par les trous de leurs haillons. Il n'entre guère d'étrangers dans Saint-Gilles, et j'ai connu de dignes gentlemens qui révoquaient en doute bravement l'existence de ce quartier néfaste.

Owen avait fini ses pérégrinations par le quartier Saint-Gilles.

C'était une triste histoire.

On ne pouvait pas dire qu'Owen eût jamais reculé devant le travail. Il avait essayé de tout : il avait travaillé dans les fabriques de coton et de laine, dans les brasseries; il avait été forgeron et modeleur en terre; il avait été tanneur de Richemond, et manœuvre dans les chantiers de Greenwich. A chaque fois qu'il commençait à gagner, la maladie venait : ces fièvres de l'Irlande qui suivent les Irlandais loin du pays, et on le chassait sans pitié, comme c'est la coutume.

Alors, un malheureux penchant s'était déclaré : le gin !

Le gin fortifie dans le moment, et le pauvre Owen croyait bien faire ; d'ailleurs l'ivresse lui versait l'oubli, et quand il oubliait, Owen redevenait presque heureux.

Cependant le malheureux finit par tomber si bas, la maladie le mit un moment si près de la tombe, qu'il prit son courage à deux mains, et un beau jour, pieds nus et tête nue, les vêtements en lambeaux, la figure hâve et l'œil hagard, il sortit de Londres et reprit le chemin de l'Irlande.

Sur la route, il demanda l'aumône ; on lui refusait rarement un morceau de pain et quelques pommes de terre. L'air vif de la campagne activa son sang ; en quelques jours, les fièvres le quittèrent, il sentit sa poitrine respirer plus à l'aise, et quand il revit le Connaught, il chantait à pleins poumons :

> Kathléen est ma chère,
> Kathléen est la fille Néale,
> Le tenancier des bogs.
> D'autres l'aiment, parce qu'elle est la plus belle,
> Mais Owen ne craint pas de combattre des hommes.

Il n'avait pas oublié la jolie Kate Néale ; mais Kate ne pensait guère à lui.

D'ailleurs, Owen chassa bien vite ce souvenir. Il avait emporté de Londres une haine profonde de la civilisation anglaise ; il apprit, en outre, que le major Patrick avait réduit sa sœur à la plus affreuse misère, et nous venons de voir comment il entendait se venger.

Dès que les deux voix sonores d'Owen et de Peggy eurent frappé les voûtes de la galerie du Géant, un hurrah fut poussé en leur faveur, et le tumulte le plus désordonné régna un moment dans toute les parties de l'immense salle.

— Mort! mort! criait-on de toutes parts; à mort l'Anglais assassin! que l'incendie nous venge enfin de ses cruautés!

Cependant le *Brûleur* avait jeté un regard pénétrant sur Peggy et sur Owen, qui s'étaient recouvert le visage d'un morceau de toile; il imposa silence à la foule d'un geste impérieux, et se tourna vers les deux inconnus.

— Qui que vous soyez, leur dit-il d'une voix formidable, vous sentez-vous le courage d'accomplir la sentence de notre tribunal?

— Oui! répondirent Peggy et son frère.

— Vous vous rendrez demain chez le major Patrich.

— Demain, à minuit.

— Et pendant que l'un incendiera la ferme, l'autre tuera le major.

— C'est moi qui mettrai le feu! dit la femme.

— C'est moi qui frapperai! ajouta l'homme.

— Vous le jurez?

— Nous le jurons!

— Qu'il soit fait ainsi! reprit aussitôt le *Brûleur;* et c'est moi qui vous le dis, c'est moi qui en prends l'engagement solennel ici, vous ne serez pas seuls à accomplir votre œuvre des ténèbres! A demain donc, mes amis, et à pareille heure! que chacun soit exact au rendez-vous que je donne ici à tous les *Payeurs de nuit!*

Toute l'assemblée se dispersa sur ces paroles, et chacun se retira, en prenant la direction, les uns des bogs, les autres des villages, ceux-là des fermes qu'ils louaient des middlemens du major.

Une heure après, la *Galerie du Géant* était déserte et sombre, et l'on n'y entendait plus que les raffales du vent, qui se plaignaient mélancoliquement dans les grandes salles vides.

Le *Brûleur* était resté un des derniers, et quand il eut quitté le lieu de la réunion si bruyante qu'il venait de présider, il monta quelques degrés, et s'assit, pensif et rêveur, dans une anfractuosité du rocher.

III.

Le lendemain de cette scène, vers la onzième heure de la nuit, le *Brûleur* descendait l'escalier pyramidal de la *Galerie du Géant*, et se dirigeait vers Carudulla.

La course qu'il avait à fournir était longue, mais au pied même de l'escalier qu'il descendait il rencontra un troupeau de poneys couchés dans l'herbe.

Le *Brûleur* n'ignorait pas cette particularité ; il saisit par la crinière un de ces chevaux nains dont la race est bien connue chez nous, et sauta sur son dos.

Le *Brûleur* était de grande taille, les reins du poney fléchirent un instant sous ce lourd fardeau ; mais le petit cheval secoua sa crinière, raidit ses muscles vigoureux, et montra qu'il était de force à porter son cavalier, dont les jambes pendaient et touchaient presque le sol.

Le *Brûleur* lui chatouilla le col doucement, en murmurant quelques paroles caressantes. Le poney bondit en avant, laissant là ses compagnons endormis, et partit au galop.

Les terres cultivées furent franchies en quelques minutes ; le poney allait comme le vent. Malgré la disproportion qui existait entre lui et son cavalier, il redressait la tête avec la fierté d'un cheval de race, et ne s'arrêtait devant aucun obstacle.

Le *Brûleur* le flattait de la main ; il lui parlait pour soutenir son ardeur. Tout en parlant, il avait la tête penchée dans l'attitude de la méditation.

Il était en ce moment à quatre ou cinq milles déjà de la lisière des terrains cultivés qui avoisinent Carudulla.

A un mille en avant de lui, coulait la rivière de Moyne.

— Hardi! *ma bouchal*, murmurait-il, employant le patois familier des campagnes; ferme! mon bijou; arrah! arrah!

Tout à coup, il se tut, et sa tête se redressa vivement.

Des bruits sortaient de l'ombre et arrivaient jusqu'à son oreille.

La nuit noire arrêtait l'œil du *Brûleur;* il ne voyait rien, mais les bruits se rapprochaient de lui insensiblement, comme s'ils eussent tendu à un but commun.

Entre le mont Corbally et la rivière de Moyne, le bog qu'il venait de franchir aboutit à un passage étroit et unique.

Les bruits qu'il entendait ressemblaient au trot de plusieurs chevaux, et il devait les rencontrer dans quelques instants au passage situé entre la montagne et la rivière.

Le *Brûleur* ouvrit son carrick qui sert de manteau à tout fermier irlandais, et tira de sa poche un carré de toile noire qu'il fixa sur son chapeau à bords étroits.

Les plis de la toile retombèrent de manière à masquer entièrement son visage.

D'une main, il soulevait ce voile pour garder sa vue libre, de l'autre, il continuait à flatter son poney, qui redoublait d'ardeur et allait comme le vent.

Un demi mille se fit encore de la sorte.

La lune arrivait au rebord d'un grand nuage, aux extrémités duquel ses rayons mettaient une frange argentée; une lumière confuse et grise se répandait lentement par les bogs.

Le *Brûleur* regardait de tous ses yeux, voulant profiter de cette éclaircie; il aperçut d'abord une forme fugitive aussi noire que l'ombre, et qui tranchait à peine dans l'obscurité.

Cette sorte de fantôme était à cheval comme lui, et comme lui, courait en zig-zag dans la tourbière.

La lune montra un coin de son disque au delà du grand nuage.

Le bog sortit de l'ombre; une autre forme noire apparut, puis deux, puis trois; les sombres cavaliers semblaient surgir comme autant de spectres dans la nuit.

Le *Brûleur* en compta vingt, puis trente, puis des quantités innombrables; t tous ces cavaliers mystérieux suivaient les sinuosités capricieuses du terrain, tantôt se rapprochant, tantôt s'éloignant, et toujours courant de toute la vitesse de leurs chevaux.

A la lueur pleine de la lune, les objets paraissaient vivement; le *Brûleur* distinguait parfaitement les cavaliers qui semblaient être une exacte reproduction de lui-même.

Il respira...

Sans doute, les cavaliers mystérieux apercevaient le *Brûleur*, comme le *Brûleur* les apercevait, car ils parurent précipiter encore davantage leur course.

Ils arrivèrent presqu'en même temps, au défilé situé entre la rivière du Moyne et le mont Corbally.

Le *Brûleur* qui s'y engagea le premier, entendait sur ses talons le pas du second poney. Il pressa le galop de son cheval, et disparut en un clin d'œil derrière les saules qui bordent le cours de la rivière...

Le second cavalier s'arrêta brusquement, celui qui venait ensuite l'imita.

— Qui êtes-vous? demandèrent-ils à la fois sans lever leurs voiles.

— *Pyaer of Miguight!* répondirent-ils d'une seule voix.

— Peggy!

— Owen!...

— Voici l'heure!

— Et nos amis nous suivent de près.

Et les premiers Irlandais qui survinrent se mirent en cercle, et se prirent la main.

— Que Dieu sauve l'Irlande! dit un des nouveaux arrivants, c'est ici le lieu du rendez-vous... Qui va nous montrer le chemin?...

— Laissez-nous faire, répondit Owen, en s'emparant de la main de Peggy, et dans une heure, au coup de minuit, la flamme qui s'élèvera de la ferme du major Patrick, vous annoncera que vous pouvez venir.

Et en parlant ainsi, Owen et Peggy disparurent, prenant le chemin qu'avait suivi le *Brûleur* un quart d'heure plus tôt.

Cependant le *Brûleur* avait une bonne avance, quelques minutes à peine après avoir quitté le lieu du rendez-vous, il arrivait à l'habitation du major, la tournait à pas de loup, et s'introduisait, en escaladant un mur de clotûre, dans le potager de la ferme.

Tout dormait; une seule fenêtre était éclairée; c'était celle de Kate qui veillait auprès de son enfant.

Le *Brûleur* alla droit à une petite cabane, élevée dans le coin du jardin, et réveilla rudement un homme qui y dormait étendu sur une méchante botte de paille.

— Qui va là? demanda l'homme qui se releva effrayé.

— *Payer of Mïguight*, répondit le *Brûleur*.

L'homme ouvrit de grands yeux, et regarda le mystérieux personnage qui lui parlait.

— Ah! ah! dit-il enfin... c'est vous... au fait, je l'avais oublié... que me voulez-vous?

— Je veux que tu me conduises à la chambre de Kate.

— Mais elle est éveillée encore...

— Qu'importe.

— Au fait, puisque vous le voulez, je n'ai rien à répliquer... venez!

C'était là un méchant gardien qu'avait le major. Le *Brûleur* et lui, partirent, s'abritant de leur mieux derrière les arbres fruitiers, et tâchant d'étouffer le bruit de leurs pas sur le gazon.

Ils arrivèrent à la façade intérieure de la ferme, après avoir traversé l'enclos et tout le jardin.

Aucun accident ne vint à l'encontre de leur expédition. — Ils entrèrent.

La nuit était noire, dans les escaliers et dans les corridors de la ferme ou château occupé par le major Patrick.

Dans l'ombre épaisse, nos deux compagnons crurent entendre le bruit sourd de plusieurs voix contenues et inquiètes, qui s'entretenaient.

Ils arrivèrent cependant sans encombre, au but de leur excursion.

— Voici la chambre de la femme du major, dit le gardien. Celle du major est à l'autre extrémité du bâtiment... depuis longtemps, les deux époux ne se voient guère. Le major s'enivre, et la jolie Kate pleure auprès de son enfant. Puis-je me retirer, mon maître?

— Non, répondit le *Brûleur*, tu vas rester dans les environs, et s'il vient quelqu'un tu m'avertiras.

— Est-ce tout?

— C'est tout.

Le *Brûleur* tourna alors le bouton et entra.

La chambre dans laquelle il pénétra n'était éclairée que par une chandelle de jonc placée sur la cheminée. Au fond de la chambre, il y avait un berceau; près du berceau, sur une chaise sculptée, Kate était assise.

Kate avait bien changé depuis qu'elle était unie au major Patrick; elle avait pâli et maigri, et ses joues naguère si fraîches, avaient été bien souvent sillonnées par les larmes.

Au bruit que fit la porte en s'ouvrant, Kate releva la tête, et porta ses deux bras sur son cœur...

Le *Brûleur* avait toujours son voile noir sur la figure : il s'avança jusqu'à elle, mit son doigt sur ses lèvres, et sembla réclamer le silence de la jeune femme.

— Qui êtes-vous, que voulez-vous? demanda Kate, en tremblant de tous ses membres.

Mais le *Brûleur* porta sans répondre, la main à son visage, il s'était encore approché de la jeune femme, il rejeta son masque.

— Mickley! s'écria Kate, en rougissant tout à coup.

— Oui, Kate, moi, Mickley, répondit l'ancien amant de la femme du major, moi, que vos dédains, que la colère de votre époux ont réduit au desespoir, et qui suis aujourd'hui le chef des Molly Maguires...

— Vous, Mickley!

— Moi-même, poursuivit le jeune homme avec un triste et amer sourire. Ah! vous ne savez pas, vous, Kate, vous ne savez pas ce que c'est que le désespoir; tenez, je vous aimais avec frénésie, avec un entier oubli de toutes choses; avec vous, j'aurais vécu honnête, heureux, mettant ma joie dans votre amour; sans vous, je me suis laissé aller à tous les entraînements de la colère, et je me suis uni à ceux qui incendient et qui tuent!...

— Mais qu'êtes-vous donc venu faire ici? demanda Kate, en jetant un regard sur son enfant.

— Je suis venu vous sauver, répondit Mickley.

— Me sauver; mais je suis donc menacée?

— Non pas vous, peut-être, Kate, quoique l'on puisse craindre, cependant, que le desespoir n'aveugle les assassins et les incendiaires, mais votre époux, votre château.

— Le major?...

— Il est condamné.

— On veut le tuer?

— Cette nuit!

— Et vous êtes venu pour nous sauver!

— Non pas lui! répondit Mickley, car entre le major et moi, vous le savez, Kate, il y a un vieux compte à régler, et cette nuit, il faut qu'il meure ou que je meure, mais vous, mais votre enfant, car malgré vos dédains, malgré le malheur que vous avez jeté dans ma vie, Kate, je le sens bien, je vous aime encore, comme au premier jour.

— Et vous avez cru que je vous suivrais, dit Kate.

— Je le crois encore, Kate.

— Mais qui me dit que vous êtes sincère ; qui m'assure que vous ne trompez pas?

— Les flammes, qui tout à l'heure vont dévorer votre demeure.

— Mon enfant!

— Les flammes sont sans pitié, Kate, elles tueront votre enfant...

— O Mickley, Mickley!...

Mais le *Brûleur* n'avait pas le temps de s'abandonner à l'émotion de son cœur, il saisit vivement la main de la jeune femme.

— Kate, lui dit-il, hâtons-nous, le temps presse, croyez-moi, le moindre retard peut être fatal à cet enfant que vous voulez sauver... Jetez cette mante sur vos épaules, prenez votre enfant dans vos bras, et partons!

— Mais où me conduisez-vous?

— Loin d'ici!...

— Mais encore...

— Qu'importe! venez...

Et déjà la jeune femme se disposait à suivre Mickley, quand le major parut sur le seuil de la porte.

Le major était ivre!

Son regard incertain parcourut un instant la chambre, et s'arrêta sur le visage de Mickley : il fronça le sourcil.

Mickley de son côté, avait fait quelques pas en avant, et venait de tirer son couteau.

— Quel est cet homme? demanda enfin le major, et que vient-il faire ici?

— Major Patrick! répondit Mickley, voilà plusieurs années déjà que j'ai subi par votre ordre, une humiliation dont le souvenir m'est encore présent comme un remords, il faut aujourd'hui que je me venge...

— Un Irlandais...

— Un Molly Maguire...

— Un assassin!

— Le *Brûleur*.

— Eh bien! comme vous voudrez, mon ami, dit le major d'un ton railleur, et en tirant lui-même son épée du fourreau, allons, je dirai à Londres, que j'ai moi-même corrigé quelques-uns de ces insolents qui se permettent de nous traquer, comme des bêtes fauves; allons maître *Brûleur*, défendez-vous.

Et les deux fers se croisèrent, et un combat furieux s'engagea.

Mais à peine les deux adversaires avaient-ils fait quelques passes, qu'une immense clameur s'éleva du dehors, et mit fin au combat.

— Quel est ce bruit? dit le major en pâlissant.

— Voyez! répondit le *Brûleur* d'un air de triomphe.

Et au même moment, les premières flammes de l'incendie jetèrent dans le ciel, d'ardentes lueurs.

Les Molly Maguires attendaient toujours dans le défilé, entre Corbally et la Moyne.

Ils entendirent alors un bruit dans les grands saules qui bordent la rivière, et un cavalier se montra aux pâles rayons de la lune.

— Qui va là? lui demanda-t-on.

— *Payeur de minuit!* répondit le cavalier.

C'était Owen; il avait trouvé l'habitation du major, mais l'habitation était défendue; l'éveil avait été donné, on avait besoin de tout le monde.

— Le temps presse, dit-il, celui qui doit vous guider est venu... suivez-moi!...

Minuit approchait; toute la bande s'ébranla, et se mit en mouvement dans la direction de la maison du major.

Entre Corbally et Meu-Lough, à mille pas environ du lit de la Moyne, la lune montrait une grande masse noire, dont les lignes indécises et heurtées tranchaient sur le ciel blanc.

La cavalcade se dirigea vers ce lieu.

A mesure que l'on approchait on pouvait distinguer de longs pans de muraille, percés de symétriques ogives, qui fuyaient au loin, et se perdaient dans l'ombre.

C'étaient les ruines de l'abbaye de Glaumore, — une de ces merveilles catholiques, dont les débris traversent des siècles.

Les Molly Maguire entrèrent à cheval dans un long cloître, dont la voûte ouverte laissait apercevoir le ciel.

Ils ne mirent pied à terre, qu'au centre des bâtiments de l'abbaye, dans une grande salle presque entièrement conservée, à un angle de laquelle s'ouvrait un large escalier souterrain.

Les Molly Maguire descendirent les marches de cet escalier ; — les poneys, libres, cherchèrent, dans les cloîtres, un lieu où l'herbe croissait plus dru, et se couchèrent pantelants sur le sol.

Le voyageur attardé qui eût passé devant la ruine séculaire, aurait pu admirer les restes majestueux de la vieille abbaye, et s'y croire dans la plus complète solitude.

Un silence absolu régnait dans les vastes corridors, et dans les salles immenses dont les fenêtres, dépourvues de vitraux, laissaient passer le vent humide de la nuit, avec les pâles rayons de la lune.

Çà et là, quelque saint mutilé apparaissait dans sa niche profonde.

Les colonnettes jaillissaient du sol, en faisceaux, et s'arrêtaient à mi-chemin de la voûte, brisées par la main du temps.

Le lierre et la mousse pendaient aux arêtes des corniches qui s'avançaient au-dessus du vide, et demeuraient soutenues par une force inconnue, après la chute de leurs appuis.

C'était une scène de désolation, grande et poétique. La lune qui jouait dans les arceaux brisés, éclairait les jours délicats de ces vieilles dentelles de pierres — le temple semblait sommeiller et s'arrêter parmi ces splendeurs d'un autre âge; nul bruit n'en troublait le silence solennel, si ce n'est le chant plaintif de la bise, qui gémissait en frôlant les pierres mousseuses.

Mais tout à coup, un fracas mystérieux se fit. C'était comme une exclamation formidable sortie des entrailles de la terre. Ce sol des vieilles salles trembla, et les mille échos des ruines retrouvèrent leurs voix endormies.

Une lueur sanglante apparut à l'orifice de l'escalier par lequel les Molly Maguire étaient descendus.

Le bruit avait cessé...

L'instant d'après, la foule, masquée de noir, fit irruption dans la salle, et traversa les ruines de l'abbaye.

En avant de cette foule, il y avait un homme et une femme.

La femme tenait à la main élevée au-dessus de sa tête, une branche de *bog-pine* enflammé; — l'homme agitait un long couteau.

La foule sortit ainsi des ruines, et se mit à marcher au pas de course, sans prononcer une parole.

Elle arriva ainsi à l'habitation occupée par le major Patrick, et un immense cri sortit alors de toutes les poitrines.

Mais les serviteurs du major étaient à leur poste.

— Qui êtes-vous? demanda une voix énergique à l'intérieur de la maison.

— *Musha!* grommela Owen, ils nous attendent comme de braves coquins!

Une voix grave sortit de la foule masquée.

— Nous sommes les *payeurs de minuit*, répondit-elle.

— N'avançez pas, au nom de Dieu! cria-t-on de l'intérieur de la maison.

Les Molly Maguire ne tinrent aucun compte de cet ordre.

R. Demoraine del	Ferdinand sc

LA REINE DES MOLLI-MAGUIRES

Trois ou quatre coups de feu retentirent à la fois. Deux hommes tombèrent dans les rangs des *payeurs de minuit.*

— Feu! mes chéris, hurla Owen qui brandit son énorme couteau.

— Feu! répéta Peggy, en agitant sa torche.

Uue décharge générale suivit ce commandement, des plaintes déchirantes se firent entendre dans la maison du major Patrick...

Une demi-heure après, un violent incendie que tout secours humain eût été désormais impuissant à éteindre, dévorait le riche château du major.

Les vives lueurs de l'incendie éclairaient un cordon de formes noires qui entouraient, impassibles et silencieuses, les bâtiments dévoués aux flammes, et regardaient s'achever l'œuvre de destruction.

Le lendemain, on retrouva les corps du major Patrick, d'Owen et de Peggy, au milieu des ruines fumantes.

Au centre des débris, on voyait un pieu fiché en terre qui supportait un écriteau, et sur cet écriteau on lisait, au dessus du nom de Molly Maguire, en lettres d'un demi pied de haut :

QUITTANCE DE MINUIT.

LES ÉTRANGLEURS.

Le major Hogarth, sa femme et sa fille. — La quakeresse. — La traversée. — Djorhât. — La mère et la fille. — Le marquis d'Oxford. — Lady Barbara songe à marier sa fille. — Portrait d'une lady accomplie. — Mister William Digby. — Amour anglais. — Fragments de chansons patriotiques. — Situation morale et hygiénique de William Digby. — Ses bons rapports avec le major Hogarth. — Dispositions heureuses de miss Hogarth. — Les castes hindoues — Anecdotes attachantes. — La collation. — Les Phanségars et leur déesse sanguinaire. — La chasse à l'homme. — Sa supériorité sur la chasse au tigre. — L'orage dans la forêt. — Inquiétudes. — L'attaque. — Les prisonniers. — Le camp de Ragoba. Les trois conditions des Étrangleurs. — La rançon de deux femmes. — La fête de Bothwanio. — La bibliothèque des Phanségars. — Exploits de William Digby. — Dénoûment.

Le major Hogarth avait en main, vers l'année 1834, le gouvernement de la province de l'Assam, dans les Indes-Orientales. L'Assam était au pouvoir des Anglais depuis 1825, et l'Angleterre y entretenait, à grand frais, un gouverneur et quelques régiments formés mi-partie d'Anglais de la Grande-Bretagne et *demi-Indiens*. On appelait ainsi les métis provenant du mariage des Anglais avec les femmes indigènes.

Le major Hogarth avait deux résidences, l'une placée à Djorhât, capitale de la province, où il demeurait une bonne partie de l'année; l'autre située au village de *Maravis*, à vingt lieues de là, dans une des vallées les plus fécondes de ce pays béni du ciel.

Pour le moment, le major est à Maravis, et il a près de lui sa femme, lady Hogarth et sa fille Nelly, délicieuse vignette anglaise, aux cheveux blonds comme la soie, aux yeux bleus comme le ciel; mais le major Hogarth s'occupe peu de ces détails; les devoirs de sa charge absorbent en entier son temps et ses pensées, et nous verrons plus loin quelles graves raisons peuvent porter un gouverneur de province à négliger ainsi les affections de la famille.

Lady Barbara Hogarth était une très-grande femme sèche, maigre, au nez pointu, aux bras longs, aux cheveux mi-partie gris et blonds: longtemps lady Barbara avait vécu à Londres, loin de son mari, qui respirait très-bien privé de sa chère moitié; et sans doute les choses auraient continué sur le même pied, si une âme charitable n'était allée troubler la douce quiétude dont jouissait ce ménage séparé par une distance de plusieurs milliers de lieues.

Un jour, milady voit venir chez elle une femme d'un certain âge, quakeresse émérite, et qui jouissait d'une réputation de bonté parfaitement établie. Cette trembleuse s'insinua adroitement dans la confiance de l'épouse du major, lui apprit qu'elle avait reçu récemment des nouvelles des Indes, que le major était en excellente santé, et qu'il ne songeait pas à revenir à Londres.

Milady soupira et répondit que cependant elle verrait arriver avec bonheur le jour de son retour, que sa fille Nelly atteignait un âge où il faudrait bientôt songer à son établissement; qu'éloignée de son mari, elle craindrait d'engager sa parole; qu'enfin elle allait se décider vraisemblablement à écrire au major pour l'engager à revenir à Londres, ne fût-ce que pour y passer une année.

— N'en fais rien, ma sœur, dit la quakeresse, n'en fais rien, car ce serait une démarche inutile.

— Et pourquoi cela? fit lady Hogarth étonnée.

— Parce que le major repousserait ta démarche.

— Sous quel prétexte?

— Ne trouve-t-on pas toujours des prétextes?

— Mais vos réticences m'inquiètent, ma sœur, s'écria lady Barbara; que se passe-t-il donc? Le major serait-il malade?

— Plût à Dieu, s'écria la quakeresse.

— Comment... parlez! au nom du ciel.

— Eh bien! poursuivit l'amie, on m'a dit, mais tu penses bien que je n'ai pas ajouté foi à ce bruit ridicule, on m'a dit que le major Hogarth se plaisait beaucoup à Djorhât, et qu'il avait ses raisons pour s'y plaire, que malgré toute l'affection qu'il a pour toi, ma sœur, il fait comme les autres gouverneurs.

— Quoi donc!...

— Qu'il avait pris une femme de ce pays, puis deux femmes, puis trois... un sérail, enfin.

Lady Hogarth ne répondit pas, mais elle ressentit cruellement le coup : elle se dit bien, à la vérité, pour se consoler, que la quakeresse avait jadis voulu épouser le major qui l'avait repoussée, qu'elle en avait conservé un profond dépit, et qu'elle s'était fait un malin plaisir de piquer le cœur de son ancienne rivale; mais toutes ces raisons n'apaisèrent pas ses soupçons, et un beau jour elle partit avec sa fille sur un trois mâts de la Compagnie des Indes, et fit voile pour Calcutta.

Ce départ eut du moins un avantage, ce fut de la débarrasser de la quakeresse. — Ce n'est pas aller trop loin que de doubler le cap de Bonne-Espérance pour se débarrasser d'une quakeresse!

La traversée fut longue, et bien souvent lady Hogarth éprouva des regrets amers de s'être ainsi embarquée, sans avoir préalablement attendu l'autorisation de son mari. Mais il n'y avait aucun moyen de revenir sur ses pas, et quelques mois après les deux femmes abordèrent à Calcutta, et se dirigèrent avec une escorte vers Djorhât.

Certes, le cœur de lady Hogarth battit bien fort quand elle approcha de la capitale de l'Assam ; elle se disait que son mari ne l'attendait pas, qu'elle allait avoir à essuyer sans doute ses reproches, rencontrer peut-être une rivale ; mais la vue de sa fille Nelly, qui l'accompagnait, releva son courage, et elle prit résolument son parti.

Les choses d'ailleurs se passèrent beaucoup mieux qu'elle ne l'avait espéré. Le major ne s'abandonna pas, il est vrai, à une joie immodérée, il se contenta de baiser au front lady Barbara, et de presser sa fille Nelly contre son cœur, mais il ne fit entendre aucun reproche, et lady ne trouva aucune femme indigène installée au siége du gouvernement.

Son cœur se rassura donc bien vite, et malgré la taciturnité importante de son époux, elle ne regretta point d'être venue. D'ailleurs, la vie qu'elle mena à Djorhât, la dédommagea amplement des ennuis qu'elle avait éprouvés dans son veuvage forcé ; elle avait trois mille esclaves et cent cinquante éléphants ; quand elle sortait, toute la population de la ville se prosternait en criant : voilà le soleil qui passe. En outre, sa fille Nelly était recherchée par tout ce que les régiments renfermaient d'officiers distingués ; elle donna des fêtes, elle anima enfin le séjour habituellement monotone de Djorhât ; enfin elle fit de son mieux.

Le climat était si favorable, la nature était si riche et si variée, que Nelly ne tarda pas à en ressentir l'influence, et six mois s'étaient à peine écoulés depuis son arrivée, qu'elle était méconnaissable. Ses épaules s'étaient arrondies, sa gorge naissante s'était développée, elle était belle, douce, nonchalante, et semblait n'avoir jamais habité que l'Assam. Seulement le climat de l'Inde ne pouvait diminuer ses grands pieds d'anglaise. — Ces instruments disgracieux résistent à toutes les températures.

On dirait que la nature a pris plaisir à combler cette heureuse contrée de ses dons les plus précieux. Sous un ciel pur et un soleil toujours éclatant, le sol produit des fruits exquis et des moissons abondantes; d'innombrables rivières tempèrent la chaleur et portent partout la fécondité. Soit que l'on voyage dans les montagnes, soit que l'on pénètre dans les terres, on rencontre à chaque pas des sites enchanteurs, des paysages d'une beauté ravissante.

Si quelqu'un de vous n'a rien à faire l'été prochain, que ne part-il pour l'Inde? c'est un voyage agréable. On peut rapporter un cachemire pour madame et de forts jolis coquillages.

On peut en outre aller voir comment les Anglais, généreux et libéraux, saignent à blanc les indigènes. — C'est fort curieux. — Sans parler des animaux intéressants qui peuplent ces parages, et des fakirs qui dorment debout sur une patte comme les poules de nos contrées.

Nelly était heureuse au milieu de cette nature riche et variée; son regard semblait ébloui de tant de beautés, jamais elle n'avait vu un tel climat. Elle avait seize ans et quatre mois, alors sa taille était souple et élégante, ses dents d'une blancheur éblouissante et très-saines. Elle vivait simple et candide à côté de sa mère, et ne demandait au ciel que de continuer cette existence. Heureux âge où l'on ne chante même pas encore : *Ah ! vous dirai-je maman?*

Quand l'hôtel du gouvernement s'illuminait de toutes ses bougies économiques, quand la musique emplissait les salons encombrés, que la danse jetait la jeune fille aux bras de quelque bon danseur, Nelly s'abandonnait tout entière à la joie, au plaisir, et ne gardait pas même, le lendemain, dans son cœur, une faible trace des émotions de la veille; elle se retrouvait aussi calme, aussi reposée, que si aucune émotion ne l'eût fait frissonner.

Cette belle enfant avait d'ailleurs reçu de sa mère un regard hautain qui suffisait à la préserver de toute indiscrétion amoureuse;

jamais encore aucune parole dangereuse n'avait été prononcée à son oreille, et dans sa candeur, elle ne voyait rien au delà des plaisirs qu'elle goûtait chaque jour.

Mais si Nelly passait indifférente au milieu des excitations du bal, il n'en était pas de même de lady Barbara Hogarth.

L'épouse du major comprenait que Nelly était une charmante enfant, ravissant trésor qui devait faire le bonheur d'un époux, et dans sa tendresse maternelle, elle avait cherché avec attention, auquel des hommes qu'elle recevait, elle pourrait en toute confiance remettre le soin de l'avenir de sa fille.

En dernier lieu, elle était tombée d'accord avec elle-même, qu'un seul homme au monde était digne d'obtenir la main de sa fille, et cet homme était le marquis d'Oxford, colonel du régiment alors en garnison à Djorhât. Vous pensez bien qu'il n'y a point de marquis d'Oxford dans le *peerage* d'Angleterre. Nous choisissons ce nom par discrétion.

Or, le marquis d'Oxford avait une quarantaine d'années; c'était le dernier descendant d'une des meilleures familles de l'aristocratie anglaise, et qui eût peut-être regardé comme bien au-dessous de lui de devenir l'époux de la charmante Nelly, qui n'était ni grande, ni sèche, et qui avait déjà emprunté aux femmes du pays qu'elle habitait, une attitude indolente et pleine de grâces un peu molles. — N'était le regard, on l'eût prise volontiers pour une créole. — Le type de la beauté que le marquis avait rêvé toute sa vie, n'était qu'à Londres : une femme longue, maigre et sévère, comme pouvait l'être lady Hogarth elle-même. Une femme de race, — une femme pur sang, tout en muscles, tout en nerfs, buvant du rhum comme toute *peeress* doit le faire et mangeant de la viande crue avec plaisir.

Mais qu'importait à lady Barbara les goûts du marquis? Elle avait arrêté que le marquis épouserait sa fille; le moyen que les choses ne se passassent pas comme elle l'avait arrêté!

Quant au major Hogarth, il s'occupait peu de tout cela ; les devoirs de sa charge absorbaient tout entiers son temps et sa pensée.

Nous sommes à la fin du mois de mai ; les premières ombres du soir envahissent peu à peu les bosquets délicieux de Maravis ; le silence et le calme se font de toutes parts, les étoiles s'allument au ciel, la lune se lève lentement à l'horizon.

Le major, lady Hogarth et miss Nelly sont réunis dans un salon dont les fenêtres ouvertes donnent sur un jardin où les oiseaux chantent leurs dernières prières ; on vient de servir le thé : milord lit les journaux de Calcutta, milady trempe le bout de ses lèvres dans une tasse d'un travail exquis pleine de thé sw-chong mêlé de pé-kha-oa délicieux, miss Nelly plonge de temps à autre son regard rêveur dans le jardin baigné de lumière douce et d'ombre vaporeuse.

Malgré l'attention soutenue que le gouverneur semble apporter à la lecture de ses journaux, cependant il est facile de remarquer que l'impatience des nouvelles s'empare parfois de lui, car il rejette le journal sur la table sans prononcer une parole, et se promène avec agitation à travers le salon.

Enfin, il marcha vers la table, et agita vivement une sonnette d'argent.

Un domestique parut aussitôt.

— M. William ? demanda le gouverneur à voix basse.

— M. William est ici, milord, du moins il était, il n'y a qu'un instant, dans le jardin.

— Qu'il vienne sur-le-champ.

Le domestique sortit, et quelques instants après, M. William entrait ; il salua profondément lady Hogarth et miss Nelly, puis il se tourna, respectueux et soumis, vers le major.

M. William était un jeune homme de vingt-cinq ans environ, grand, bien pris dans sa taille, d'une tournure distinguée. Sans être précisément un beau garçon, M. William avait une physionomie qui attirait tout d'abord le regard; son œil était vif, ses traits vigoureusement accentués témoignaient d'une résolution peu commune, et son attitude fière sans affectation annonçait un caractère ferme et élevé.

William Digby était le dernier venu d'une nombreuse famille; sa mère était morte en lui donnant le jour, et son père avait quitté ce monde avant d'avoir pu assurer un sort convenable à chacun de ses enfants: William s'était donc trouvé entre les mains de son frère aîné, avait grandi dans l'isolement, sans connaître les joies du foyer paternel, et était parvenu à l'âge d'homme, se demandant quel avenir misérable allait lui être offert.

Son frère lui acheta alors une lieutenance dans le régiment du marquis d'Oxford, qui allait aux Indes, et William partit pour ces contrées lointaines, heureux encore en songeant que le sort des combats le délivrerait bientôt d'une vie qui lui était à charge.

Comme on voit, ce jeune militaire avait un caractère mélancolique et peu divertissant. Nous ne savons pas pourquoi ces caractères saugrenus viennent avec acharnement sous notre plume.

Celui là était un Anglais. Français, contentez-vous de cette excuse.

William avait fait, depuis qu'il était dans l'Assam, tout ce qu'il avait pu pour en finir avec l'existence. Il y avait trois ans qu'il était dans les Indes, et, pendant ce laps de temps, les occasions ne manquèrent pas, et il les saisit toutes avec une sorte d'avidité fiévreuse.

Mais les Afghans, les Sickes et autres, qui n'épargnaient personne, semblaient craindre de l'atteindre.

Bien des fois il se jeta avec une faible épée contre les hordes fanatisées, bien des fois il les avait poursuivies jusque dans leurs villages d'où jamais un prisonnier n'était revenu; les coups pleuvaient autour de lui, il se défendait à peine, il affrontait la mort avec une témérité sans exemple, et cependant il revenait toujours sain et sauf de ces combats sanglants, laissant ses ennemis et ses amis étonnés de son courage et de son bonheur.

Trois années s'étaient passées de la sorte, sans que William Digby songeât à prendre plus de soin de sa personne; mais, au bout de la troisième année, un changement complet devait s'opérer en lui; Miss Nelly Hogarth était arrivée à Djorhât, et miss Nelly fut pour le malheureux jeune homme comme une révélation de la beauté, comme une initiation à l'amour.

C'était un soir, William errait solitaire à travers les jardins du palais de Djorhât; il pensait aux dangers qu'il avait courus, et dont jusqu'alors il était sorti victorieux et sauf, et hâtait de tous ses vœux le moment où son devoir l'appellerait à de nouveaux combats. William était de plus en plus triste, de plus en plus désespéré; il ne se sentait dans le cœur aucun attachement, dans la tête aucune ambition; il voulait mourir, car l'existence vide et solitaire qui lui était faite pesait à son cœur.

Tout à coup, Nelly Hogarth vint à passer comme une blanche vision; William s'arrêta stupéfait et confondu.

Nelly était si jeune, si belle! Nelly marchait nonchalamment dans les sentiers pleins d'ombre, et on eût dit qu'elle laissait après elle comme un rayon lumineux.

William porta ses deux mains sur sa poitrine, pour en comprimer les battements.

Les peuples sont pour nous des frères, mais jamais, jamais en France, jamais l'Anglais ne régnera... non!!! il est trop assommant, l'Anglais! Pour l'empêcher de regarder notre colonne, ma famille et moi nous appellerions plutôt les Polonais à la baïonnette; nous irions plutôt contre leurs canons, à travers le fer, le feu des bataillons, appelant le sort le plus beau, le plus digne d'envie, qui est de mourir pour la patrie!

A partir de ce jour, l'espoir sembla renaître dans le cœur de William, et le calme dans son esprit. Il savait bien que jamais il ne pourrait raisonnablement prétendre à la main de la jeune fille, que son amour ne devait jamais recevoir aucune satisfaction, mais cela ne le regardait pas : cet amour avait suffi pour apaiser les douleurs qu'il éprouvait, et c'en était assez; voir Nelly, surtout au clair de la lune, la suivre partout où elle allait, la protéger en tous lieux, à tous les moments contre les tigres et les moustiques, William n'en demandait pas davantage, cela satisfaisait son cœur. Il mangeait mieux, il avait moins mal à la tête.

Nelly, la charmante fille, ne semblait pas s'être aperçue du sentiment qu'elle avait inspiré au jeune officier, elle ne savait même pas probablement qu'il existât; elle passait près de lui, orgueilleuse et indifférente, sans lui faire l'aumône d'un regard. Mais William, peu exigeant et pas fier, se contentait pour le moment de la contempler, et la vie lui eût semblé douce, s'il avait pensé que cet état de choses pût durer éternellement.

Telle était la situation attachante de William.

Malheureusement des tourments de plus d'un genre vinrent bientôt troubler la quiétude d'esprit dont jouissait ce bon William; il n'avait pas été longtemps, en effet, sans s'apercevoir de l'insistance que lady Hogarth apportait à circonvenir le marquis d'Oxford; il avait d'abord pensé que milady était amoureuse du marquis, — cela arrive quelquefois aux femmes de cet âge, grandes, sèches, jaunes et imbibées de thé sw-chong, — mais l'invraisemblance d'une pareille supposition lui sauta bientôt aux yeux, et il découvrit tout.

Milady ne voulait faire la cour au colonel que dans le but de préparer un mariage brillant pour sa fille.

Sans doute, William avait mille raisons de se rassurer; l'attitude du marquis, son goût prononcé pour les femmes étiques et à ressort de la *joyeuse Angleterre*, mille autres raisons encore donnaient à penser que lady Barbara en serait pour ses frais; néanmoins, la jalousie pénétra le cœur du pauvre officier, et y développa cet amour insensé qui n'y reposait encore qu'à l'état de germe.

Il comprit alors quels liens l'attachaient à Nelly, combien il souffrirait si jamais l'hymen devait la lui enlever. Il faillit devenir fou à cette seule pensée, et quand nous y songeons, cela nous fait frémir.

Chaque jour, le malheureux William formait quelque projet nouveau qu'il était aussitôt obligé d'abandonner, et jusqu'alors il n'avait pu trouver encore la solution de ce problème qu'il s'était posé.

Non-seulement cet état de choses le taquinait profondément, mais il perdait ses cheveux, et des signes précoces annonçaient qu'il aurait de bonne heure la vue tendre.

Il avait tant pleuré à la lueur des étoiles et dans le silence du cabinet!

— Ah! c'est vous, monsieur Digby, dit le major, dès qu'il vit entrer le jeune homme; je vous attendais, mon jeune ami, car j'ai besoin de vous.

— M. le gouverneur a besoin de moi! fit William en s'inclinant avec respect; ma vie est au major Hogarth, et tout ce qu'il commandera, je l'exécuterai.

— Je sais cela, mon jeune ami, répondit le major avec bonté. — Car le jeune William était de tous les officiers de son gouvernement celui qu'il affectionnait le plus. — Je sais avec quel dévouement vous servez votre pays, avec quel courage vous avez rempli toutes les missions que je vous ai confiées; eh bien! monsieur Digby, je veux vous donner aujourd'hui une nouvelle preuve de la confiance que j'ai mise en vous, et je vais vous charger d'une mission périlleuse, mais dont vous vous acquitterez à votre honneur, j'en suis certain d'avance.

— Et quelle est la mission que M. le gouverneur veut bien me confier?

William n'appelait jamais le major Hogarth que M. le gouverneur, et c'était sans doute là le motif secret de la bienveillance que ce dernier lui portait.

Nous ne cachons pas au lecteur que cette observation, jetée là en passant, nous paraît pleine de finesse. Enfin, nous faisons de notre mieux.

— Vous savez, reprit le major après quelques secondes de silence, vous savez que depuis 1825, époque à laquelle le pays tomba au pouvoir des Anglais, le dernier Maha-Radjah de cette province a été exilé; à plusieurs reprises depuis cette époque, et jusqu'à sa mort, il a tenté de rentrer en possession du trône de ses pères; mais, grâce au courage de nos régiments, nous avons maintenu l'intégrité du territoire que nous avions glorieusement conquis.

La mort du dernier Maha-Radjah semblait devoir nous accorder un peu de repos, mais il n'en est rien ; son fils Ragoba, le seul descendant qu'il ait laissé, a repris en main l'œuvre de son père, et l'on assure qu'il s'est mis à la tête d'une horde d'exécrables assassins, et qu'il menace nos frontières par le fer et par le feu. Telle est donc la situation. A chaque instant, Ragoba peut faire une irruption sur Maravis, et alors nous serions exposés à de réels dangers; j'ai longuement réfléchi à toutes ces choses, et à beaucoup d'autres encore; je resterai, moi, sur le lieu menacé, comme il convient à un représentant de l'autorité britannique, mais milady et miss Hogarth iront attendre à Djorhât que le danger soit passé.

— Comment, M. le gouverneur, interrompit lady Hogarth, vous nous renvoyez?

— Ce ne sera pas pour longtemps, je l'espère, milady, répondit le major, le marquis d'Oxford doit faire une tournée dans les environs, il ira, s'il le faut, jusqu'à la frontière, et quand nos ennemis auront été repoussés, qu'il n'y aura plus rien à craindre, je m'empresserai de vous faire revenir, si je ne vais pas moi-même vous rejoindre à Djorhât.

— Cependant, voulut dire lady Hogarth.

— Cependant, milady, répliqua le major, tout est bien arrêté dans mon esprit, toutes mes mesures sont prises, je ne reviendrai pas sur ma résolution : ainsi, M. Digby, vous comprenez dès ce moment ce dont il s'agit. Demain, milady et miss Hogarth quitteront Maravis, et c'est vous que je charge de les accompagner jusqu'à Djorhât. Vous emmenerez dix cipayes bien armés avec vous, et mon domestique Jacques Tekell, qui est une moitié d'Indien, et connaît l'Assam, comme vous pouvez connaître Londres. Je ne vous recommanderai pas la prudence, le courage, ce serait vous faire injure ; je vous ai vu à l'œuvre, et je sais comment vous justifierez la confiance que je place en vous.

Ainsi parla le major. — Nous ferons remarquer que ces généreux et libéraux Anglais appellent les Indiens des *assassins exécrables,* parce que ceux-ci voulaient reprendre leur pays. C'est un grand crime.

William ne savait comment remercier le major, il lui jura de se faire tuer mille fois, plutôt que de ne pas mener cette entreprise à bonne fin ; puis il prit congé du gouverneur, salua encore une fois milady et miss Hogarth, et sortit pour aller présider aux apprêts du départ.

William était heureux comme jamais il ne l'avait été ; de Maravis à Djorhât, il y avait une vingtaine de lieues, c'était au moins trois journées de voyage, trois journées pendant lesquelles il ne quitterait pas la jeune miss, pendant lesquelles il pourrait lui parler, et vivrait pour ainsi dire de la même vie qu'elle.

Les préparatifs ne furent pas longs, du moins en ce qui le concernait, mais il passa une bonne partie de la nuit à stimuler le zèle de ceux qui devaient l'accompagner, et surtout à s'entendre avec Jacques Tekell, espèce de cicerone que le major Hogarth lui avait imposé.

Jacques Tekell avait bien près de soixante ans, c'était un homme maigre et sec, précisément comme le marquis d'Oxford aimait les femmes; il avait toujours vécu dans l'Assam, il s'y était marié, il avait mené pendant de longues années la vie des Hindous; il savait leurs mœurs par cœur, connaissait leur langue, et comme le major l'avait fait observer, l'Assam lui était plus familier que Londres ne pourrait l'être à un Anglais.

C'était assurément un précieux guide pour un tel voyage.

Toutefois, William ne pensait point qu'il y eût quelque gloire à accomplir la mission dont on l'avait chargé. La route qu'ils allaient suivre n'était pas menacée; il y avait de loin en loin des villages soumis depuis longtemps à la domination anglaise, et qui n'auraient jamais tenté de se soulever; il emmenait d'ailleurs avec lui une dizaine de cipayes bien armés. Le voyage devait durer à peine trois jours; le danger n'était pas assurément sur la route, il était bien plutôt à Maravis qu'ils quittaient.

Aussi le jeune officier ne songea-t-il qu'au bonheur que devait lui procurer la compagnie de miss Hogarth; il dormit à peine quelques heures d'un sommeil agité, plein de rêves, et dès que le soleil parut à l'horizon, il s'habilla, s'arma à la hâte, et se rendit près du major qui l'attendait.

Les dix hommes étaient déjà prêts, Jacques Tekell avait endossé la tenue de voyage; quand milady et miss Hogarth eurent fait leurs adieux au major, la petite troupe s'ébranla et se mit en route...

Au bout d'un quart d'heure, on eut passé les dernières habitations de Maravis; quelques minutes après, la caravane se trouvait en pleine campagne.

II.

La petite colonne s'avançait à pas tranquille et lent sur la route. Elle était ainsi disposée par l'ordre même du gouverneur de l'Assam.

Devant, marchaient cinq soldats armés d'un long sabre, d'une carabine et de pistolets ; immédiatement après, venaient lady Hogarth et sa fille, montées sur deux beaux chevaux de race, et suivies de William Digby et de Jacques Tekell ; derrière, marchaient les hommes qui conduisaient le chariot chargé de provisions et de vêtements de femmes ; enfin, la procession était fermée par cinq hommes armés comme les premiers, d'un sabre, d'une carabine et de pistolets.

Durant les premières heures, le plus profond silence régna dans la petite troupe, milady cachait son dépit de quitter Maravis, et d'aller à Djorhât, où elle ne verrait plus le marquis d'Oxford ; miss Nelly regardait à droite et à gauche les sites ravissants qui venaient se placer sous ses beaux yeux ; Jacques Tekell observait le chemin et William Digby rêvait.

Les autres hommes de l'escorte ne songeaient à rien.

Cependant, peu à peu, quelques paroles furent échangées entre les voyageurs ; milady se plaignit de la chaleur, et demanda un parasol ; Jacques Tekell répondit que le chemin n'offrait pas beaucoup d'abri de Maravis à Djorhât, mais que cependant si milady le désirait, on pourrait, en faisant un détour de quelques milles, passer par la forêt d'arbres à thé ; Nelly, de son côté, s'enquit des noms de quelques villages qu'elle apercevait de loin en loin, à travers les bouquets d'arbres, et William se mit en devoir de les lui apprendre. Si bien qu'au bout de quelques heures, une conversation suivie s'établit, d'une part, entre milady Hogarth et Jacques Tekell, et de l'autre, entre miss Nelly et William Digby.

Comme les paroles échangées entre les deux jeunes gens sont celles qui intéressent le plus les populations, nous les rapporterons sans rien changer.

Elles sont du reste remarquables.

— Ce village, disait William, en répondant à une interpellation de la jeune fille, ce village que vous voyez à votre gauche et qui se cache comme un nid entre les branches touffues des arbres qui l'environnent, c'est l'ancienne résidence des Maha-Radjah de ce pays; tout à l'heure, la route que nous suivons va nous en rapprocher, et vous pourrez voir encore quelques monuments, qui, bien que grossiers, ne manquent pas cependant d'une certaine grandeur.

— Et ce village est aujourd'hui abandonné? fit la jeune fille.

— Il n'est plus guère habité que par quelques Indiens inoffensifs et quelques brames qui n'ont point voulu fuir le temple de leurs dieux.

— Quel splendide pays pour un si misérable peuple: je me suis souvent demandé à quelle cause pouvait tenir l'abrutissement dans lequel est tombé un peuple qui a sous la main une nature si féconde...

— Cela tient, répondit le jeune officier, à une infinité de causes diverses que l'histoire de ce pays seule pourrait vous apprendre, cela tient, je crois, à la division de ce peuple en différentes castes, dans lesquelles chacun se trouve pour ainsi dire parqué et dont nul ne peut sortir, soit pour monter, soit pour descendre, sans s'exposer à tous les anathèmes d'une religion cruelle et impitoyable.

— J'ai souvent entendu parler de ces castes, objecta la jeune fille, mais jamais encore on ne m'a suffisamment renseignée sur les limites dans lesquelles elles renferment les Hindous, et sur les singulières mœurs qui sont attribuées à chacune.

C'est avec plaisir et orgueil que nous vous présentons cette jeune fille avide de s'instruire et cherchant à perfectionner son éducation dans les voyages. — Cet exemple intéressant, nous en avons l'espérance, ne sefa pas perdu.

— Si ces explications ne devaient pas ennuyer miss Hogarth, je me ferais un devoir de les lui donner, dit William.

— Je vous écoute, répliqua Nelly.

— Eh bien, voici à peu près ce que l'on sait sur l'Assam, mademoiselle. Brama a divisé, dit-on, les Hindous en quatre castes principales : la première est celle des *Brames ;* la deuxième celle des *Chettris,* qui comprend les rajah et les militaires ; la troisième celle des *Vaiscia,* qui se compose des agriculteurs et des marchands ; la quatrième, enfin, est celle des *Soudres,* ou des artisans et ouvriers de toutes espèces. Mais cette division générale est loin de donner une idée de cette multitude de castes, classes ou tribus, dans lesquelles les Hindous sont partagés ; on dit qu'elles montent à près d'une centaine, et les distinctions qui les séparent sont si nombreuses et si variées, que les Hindous et les Brames eux-mêmes sont quelquefois fort embarrassés de déterminer les divers degrés de cette longue échelle.

Les *Brames* naquirent, assure-t-on, de la tête, d'autres disent de la bouche de Brama ; les *Chettris* de ses bras ; les *Vaiscia* de son ventre, et les *Soudres* de ses pieds. Cette origine des castres une fois admise, il est tout naturel que le *Brame,* né de la tête, soit plus noble et plus grand que le malheureux *Soudre* à qui le sort ne donna que le pied pour père.

Et comme miss Nelly souriait à ces explications :

— Ne vous y trompez pas, miss, ceci est grave, car les distinctions des Hindous n'ont pas souvent de causes moins puériles.

La deuxième caste, celle des *Chettris,* se nomme aussi *Raggiaput* ou caste des rajahs ; elle est divisée en deux classes principales, dont l'une descend du soleil et l'autre de la lune.

Les castes des *vaiscia* et des *soudres* se subdivisent en une multitude d'autres castes qui n'ont entre elles aucune communication; chacune doit se borner invariablement à exercer la profession ou le métier assigné à la caste dont il fait partie; le fils suit la profession du père, il y a peu d'exceptions, et la nécessité seule les autorise.

Les *parias* ne forment pas une caste particulière, comme on l'a cru longtemps; ils sont le rebut de toutes les autres.

Les castes même les plus basses ont entre elles des distinctions ridicules, et que l'on a peine à s'expliquer quand on a habité un pays civilisé. Ainsi, le *couli* ou portefaix qui porte un fardeau sur la tête, refuserait de le charger sur ses épaules; dans plusieurs contrées, celui qui vend du grain ne peut vendre de l'huile; celui qui vend du sel ne peut vendre du vinaigre... Toute sentence qui exclut un Hindou de sa caste, est irrévocable : point d'expiation, point de services qui pussent faire recouvrer les droits qu'il a perdus : aussi la dégradation est-elle le châtiment le plus redouté des Hindous; c'est en quelque sorte un exil au sein de la patrie; et le coupable est séparé de ses amis et de ses parents par une barrière éternelle. On perd sa caste lorsqu'on néglige d'observer certaines pratiques et certains rites extérieurs; qu'on habite, qu'on vit familièrement, qu'on mange avec quelqu'un d'une caste inférieure, qu'on contracte un mariage ou qu'on a des liaisons intimes avec une personne de cette caste; enfin, lorsqu'on se nourrit d'aliments prohibés.

On raconte, à ce sujet, qu'un brame de Calcutta, tourmenté d'une maladie cruelle, s'était fait porter sur les bords du Gange, pour y trouver la mort la plus sainte aux yeux des Hindous; une compagnie d'Anglais passe en bateau près du lieu où le brame, sans donner signe de vie, attendait que la haute marée vînt l'entraîner dans les flots sacrés.

L'un d'eux, touché de compassion à l'aspect d'un homme qu'il croit victime de quelque accident, fait approcher le bateau, y entraîne le brame, le rappelle à la vie en lui versant dans la bouche un flacon d'eau de Cologne, et l'emmène à Calcutta. Aussitôt les autres brames le déclarent infâme et déchu de sa caste. En vain l'Anglais prouve-t-il que lui seul est coupable, puisqu'il l'avait trouvé sans connaissance. Il a bu avec un étranger, il en a reçu des aliments; ce crime lui fait perdre, selon les lois hindoues, tous ses moyens de subsistance, il est frappé de mort civile, comme en Europe, les excommuniés du moyen âge.

Abandonné de tous les siens, poursuivi des marques de mépris et d'indignation, le malheureux brame traîne pendant trois ans une misérable existence; enfin, une maladie nouvelle lui inspire le désir de se donner la mort, et son bienfaiteur, dont la bourse était épuisée, se garda bien cette fois de le détourner de son dessein.

— Voilà d'affreuses lois, dit Nelly, et l'on s'honore d'être Européen quand on a habité ces contrées sauvages.

— Oh! les moindres infractions de ce genre sont punies avec la plus grande sévérité. Un autre brame, en voyage, se sentant pressé par la soif, rencontre une femme de condition qui portait un vase plein d'eau sur sa tête; il lui demande à boire; mais pour ne pas recevoir l'eau d'une main impure, il trace dans la terre un petit sillon, la femme verse l'eau à une extrémité, et le brame la boit à l'autre. Cependant, malgré ce luxe de précautions ridicules, le brame fut, dit-on, dénoncé au grand conseil, et peu s'en fallut qu'on ne prononçât contre lui une sentence d'exclusion.

— Ce sont de singulières mœurs, dit encore Nelly, et tout ce que j'apprends me fait bien vivement désirer que la civilisation pénètre chaque jour davantage dans ce pays.

Charmante jeune fille! combien ses paroles étaient raisonnables!

— Mais dites-moi, monsieur Digby, ajouta-t-elle, quel est donc ce Maha-Radjah dont mon père paraît si fort se préoccuper, et qui nous prive de la résidence de Maravis pour quelque temps?

— Ce Ragoba, miss, reprit William, est un des plus redoutables ennemis de l'Angleterre ; il a réuni autour de lui les parias de toutes les classes, les a armés, et, à leur tête, il parcourt depuis un an ce pays, dans lequel il répand partout la terreur ; c'est un homme impitoyable, dur, cruel, qui se plaît dans la désolation qu'il sème de toutes parts sur ses pas, et qui s'enorgueillit de faire une chasse à l'homme, comme les autres font la chasse au tigre, au lion, à l'éléphant.

— Et vous êtes bien certain que nous ne sommes point exposés à le rencontrer ?

— Ragoba est extraordinairement audacieux, miss ; s'il était dans ces parages, et qu'il se doutât de votre passage, nul doute qu'il ne tentât de vous enlever ; mais rassurez-vous, nous sommes ici, à vos côtés, douze hommes dévoués, et je jure Dieu qu'il nous tuerait tous avant d'arriver jusqu'à vous.

— Cette assurance est loin d'apaiser mes craintes, répondit la jeune fille avec un sourire ; car, enfin, si le Maha-Radjah venait avec des forces supérieures, il se rirait bien de la résistance que vous pourriez lui opposer avec votre faible escorte, et ne s'emparerait pas moins de nos personnes.

Pendant qu'ils s'entretenaient ainsi, la petite caravane était arrivée à un endroit où lady Hogarth jugea à propos de faire prendre un peu de repos aux hommes et aux chevaux. On dressa aussitôt une tente, et ces dames invitèrent Jacques Tekell à les faire servir.

La forêt d'arbres à thé s'étendait à quelque distance seulement de l'endroit où ils venaient de s'arrêter ; et comme lady Hogarth continuait de se plaindre de la chaleur excessive, il fut convenu que l'on abandonnerait le chemin que l'on avait suivi jusqu'alors et que l'on prendrait par la forêt. C'était d'ailleurs un détour insignifiant, et, en considération du bien-être qui devait en résulter pour tous, nul n'éleva la moindre objection.

Après la collation, composée de mets variés, on se remit donc en marche dans le même ordre qu'avant, et l'on prit une nouvelle direction.

William avait momentanément quitté son poste près de miss Nelly, et était revenu se placer, comme au départ, à côté de l'honnête Tekell.

William était heureux au delà de toute expression ; ce voyage lui avait déjà procuré des satisfactions plus grandes qu'il ne l'avait espéré ; il avait causé près d'une heure avec Nelly, elle avait quitté pour un moment cette allure altière qu'il lui avait si souvent reprochée dans son cœur, et, soit illusion, soit réalité, il lui avait semblé que l'expression de son regard s'était adouci ; c'était comme un rêve, et ce rêve devait durer trois jours.

A vrai dire cependant, il n'y avait pas dans tout cela de quoi faire tourner la tête à un homme. Nelly s'était ennuyée un instant, et elle avait trouvé à propos d'adresser quelques paroles et de demander quelques renseignements à Digby ; c'était un entretien puisé entièrement dans la géographie de Malte-Brun et dans les ouvrages élémentaires sur l'Inde. Une fois la conversation finie, la jeune fille n'avait plus pensé au jeune officier, et c'est à peine même si elle se rappelait ces longues explications qu'il lui avait données sur les castes des Hindous.

Elle marchait maintenant près de sa mère, lady Hogarth, et les paysages qui passaient devant ses yeux charmés absorbaient toute son attention.

Mais qu'importait à William ! la veille encore il était séparé de miss Nelly par un abîme infranchissable, et maintenant il marchait à ses côtés, il était chargé de veiller sur elle, il causait avec elle, et elle ne le repoussait pas.

Cependant Jacques Tekell venait de se rapprocher de lui, il se pencha à son oreille :

— Monsieur Digby, dit le bon valet, voilà que nous allons entrer dans la forêt; vous feriez bien, je crois, de disposer vos hommes autrement qu'ils ne l'ont été jusqu'à présent.

— Et pourquoi cela? demanda William en le regardant avec étonnement.

— Parce qu'il peut y avoir du danger, répondit Tekell, et qu'avec d'autres dispositions nous pourrons y faire face.

— De quels dangers voulez-vous donc parler?

— Que sait-on!

— Mais encore?...

— Ragoba n'est-il pas dans le pays?

— On n'a rien de bien certain à ce sujet.

— Pardonnez moi, monsieur Digby, pardonnez-moi, dit Jacques; voici la grande fête des *Thugs* ou *Phanségars* qui approche, et je ne parierais pas ma tête que Ragoba ne saisisse cette occasion de s'approcher de Maravis avec des forces formidables.

— Quand donc a lieu cette fête?

— Dans trois jours.

— Mais, s'il en est ainsi, il serait peut-être prudent de sortir de cette forêt et de prendre une route plus fréquentée, où sur laquelle, dans l'hypothèse d'une attaque, nous pourrions plus avantageusement nous défendre.

— J'ai songé à tout cela, monsieur Digby, répliqua Jacques après quelques moments de silence, j'ai songé à tout cela, et je crois qu'après tout il n'est pas hors de propos de passer par cette forêt. Si Ragoba est dans ces parages, nous saurons bientôt, en effet, à quoi nous en tenir, et nous pourrons prendre des mesures en conséquence; dans le cas contraire, nous trouverons ici contre le soleil un abri que nous chercherions vainement ailleurs. Seulement, monsieur Digby, disposez vos hommes de manière à ne pas nous laisser prendre à l'improviste; c'est une précaution qui n'est point déplacée dans la position où nous nous trouvons.

William Digby se hâta de faire ce que disait Tekell, et revint aussitôt vers lui.

— Ainsi, lui dit-il à voix rapide et basse, vous pensez que les *Phanségars* pousseront l'audace jusqu'à venir en ces lieux, quand ils savent que les régiments anglais ne sont qu'à quelques heures de chemin?

— Les *Phanségars*, répondit Tekell, n'ont peur de rien, et ils ne demandent que l'occasion de se rencontrer avec quelques-unes de vos compagnies, pour pouvoir les décimer à leur aise. Tous les ans, à pareille époque, ils se réunissent dans la partie orientale de cette forêt, à une lieue environ de l'endroit par lequel nous allons passer; là, ils ont ce qu'ils appellent leur tribunal secret, composé de juges pris parmi les parias qui ont le plus assassiné d'hommes, Hindous ou Européens, peu leur importe. Chaque membre de cette terrible association est obligé d'énumérer les crimes qu'il a commis pendant le cours de l'année écoulée, et celui qui en a commis le moins est impitoyablement mis à mort, comme un membre indigne.

— J'avais souvent entendu parler de cette association terrible, de ce sanglant tribunal, fit observer William Digby, mais j'avais toujours cru que c'était autant de contes inventés pour effrayer les Européens.

— La communauté des *Thugs* ou *Phanségars* (Étrangleurs), répliqua Jacques, existe cependant; elle a pour but l'extermination complète de la race humaine, et croit, en égorgeant, satisfaire aux désirs d'une divinité sanguinaire, qu'ils appellent Bohwanie. Cette société repose donc sur une croyance religieuse : le culte de Bohwanie. Les plus agréables sacrifices que l'on puisse offrir à cette sombre divinité, sont des sacrifices humains; plus chaque membre aura, dans ce monde, immolé de victimes humaines, plus la terrible Bohwanie le récompensera dans l'autre, par toutes les joies de l'âme et des sens, par des femmes toujours belles, et par des jouissances toujours nouvelles. Aussi, quand un membre de l'association est pris et conduit à l'échafaud, il marche à la mort avec enthousiasme. Pour obéir à sa déesse, il égorge, sans colère et sans remords, femme, enfant, vieillard. Charitable, humain, généreux envers ses coreligionnaires, il mettra en commun tout ce qu'il aura volé aux profanes. La destruction de ses semblables, dès qu'ils n'appartiennent plus à sa communauté, la diminution de l'espèce humaine, voilà l'objet même qu'il poursuit. Ce n'est pas un moyen de fortune; le butin n'est que l'accessoire. La destruction, voilà son but, sa mission céleste, sa vocation.

— Mais comment n'est-on pas parvenu à atteindre ces misérables, à les exterminer?

— Il y a quatre ans à peu près, dit Jacques, les principaux chefs furent pris, et on en fit périr un bon nombre. Je me rappellerai toujours l'épouvante que la découverte de cette machine infernale répandit à Djorhât et à Calcutta; c'était plus que de l'effroi, c'était de la stupeur; personne ne voulait y croire. Cependant, les chefs étaient pris, ils comparurent devant les juges, et soutinrent avec un orgueil incroyable leurs abominables doctrines.

— Vous trouvez un grand plaisir, disait un des condamnés à ceux qui l'entouraient, vous trouvez un grand plaisir à poursuivre la bête féroce dans sa tanière, à attaquer le sanglier, le tigre, parce qu'il y a des dangers à braver, de l'énergie, du courage à déployer. Songez donc combien cet attrait doit redoubler, quand la lutte a lieu avec l'homme, quand c'est l'homme qu'il faut détruire. Au lieu d'une seule faculté, le courage, c'est tout à la fois, courage, finesse, prévoyance, éloquence, diplomatie; que de ressorts à faire mouvoir, que de moyens à développer...

— Jouer avec toutes les passions, disait il, faire vibrer même les cordes de l'amour et de l'amitié pour amener la proie dans vos filets, c'est une chasse sublime, c'est un plaisir énivrant, c'est un délire, vous dis-je!...

Ce même chef devient bientôt le dénonciateur de tous les Phansé-gars, et en moins d'un mois, ils furent massacrés en partie.

Mais depuis cette époque, Ragoba a parcouru le pays de nouveau, il a recruté de nouveaux soldats à cette œuvre de destruction, et lui, le dernier Maha-Radjah de l'Assam, il s'est fait leur chef.

— Voilà pourquoi, M. Digby, acheva Tekell, il se pourrait faire que, cette année, les *Phanségars* se réunissent dans cette forêt, où sont encore les débris de leur ancien temple; les bruits qui ont couru dernièrement à Maravis, donnent lieu du moins de supposer que Ragoba n'est pas loin.

William Digby avait écouté avec un intérêt puissant, ce que venait de lui apprendre Tekell; ce n'était pas la première fois qu'il entendait parler des *Phanségars* et de leur sanglante mission. Mais, ainsi qu'il l'avait dit à Jack, il avait toujours considéré ces récits comme des contes bons tout au plus pour effrayer les enfants; cependant Tekell paraissait être sincère en lui donnant tous ces détails, et il pensa alors qu'il serait peut-être imprudent d'aller plus avant dans cette forêt, où les Phanségars étaient déjà réunis; qu'enfin, il valait mieux, à tout hasard, ne pas s'exposer davantage, en considération du précieux dépôt qui lui avait été confié.

William fit aussitôt part de ses observations à lady Hogarth et à miss Nelly, et comme ni milady, ni sa blonde fille n'étaient très-braves, elles approuvèrent le conseil qu'il leur donna de prendre par un chemin de traverse, et de gagner ainsi en toute hâte la route de Maravis à Djorhât.

Mais quand ils voulurent mettre ce projet à exécution, le ciel s'était couvert tout à coup de nuages lourds et noirs, et Jacques Tekell annonça qu'ils auraient très-probablement à essuyer un orage avant peu de temps. Il en conclut que la journée étant fort avancée déjà, il valait mieux se résoudre à passer la nuit dans la forêt même, et que le lendemain matin ils retrouveraient leur chemin avec plus de facilité.

Malgré l'extrême frayeur qu'inspirait aux deux femmes l'idée de passer la nuit dans la forêt, elles durent cependant se ranger à l'avis de Tekell. Le ciel devenait, en effet, de plus en plus sombre; bientôt on ne distingua plus les objets à quinze pas devant soi, et des éclairs qui se mirent à déchirer la nue, annoncèrent le commencement de l'orage.

On se hâta de dresser une large tente pour milady et miss Hogarth, on la couvrit de tout ce qui pouvait les préserver de la pluie qui commençait à tomber; puis William Digby alla poster ses hommes à quelques pas de là; quand il leur eut adressé toutes les recommandations qu'il croyait nécessaires dans la circonstance, il revint prendre les ordres de lady Hogarth, et il se disposait à se retirer, quand la mère de Nelly le retint:

— Restez! monsieur William Digby, lui dit-elle, cette tente est assez large pour que vous puissiez y demeurer, et d'ailleurs nous aurons moins de frayeur en vous voyant près de nous.

William Digby ne répondit pas, mais une grande joie pénétra son cœur à cette proposition.

La pluie commençait à tomber par gouttes larges et bruyantes; le tonnerre grondait au loin, le vent tourmentait les cimes des arbres qu'il faisait craquer avec un bruit formidable. Un désordre affreux régnait de tous côtés; les oiseaux poussaient des cris sinistres, et l'on voyait de temps à autre passer près de la tente, quelques tigres ou quelques sangliers qui, chassés par la peur, allaient chercher au loin un abri contre l'orage.

Pendant une heure environ, le tonnerre ne cessa de gronder violemment, et les éclairs de sillonner la nue. Miss Nelly était fort pâle, elle serrait les mains de sa mère, se pressait tremblante et effarée contre sa poitrine; et parfois son regard se posait sur le front calme de William Digby.

Lady Hogarth cherchait à rassurer sa fille, mais elle avait au moins

LES ÉTRANGLEURS.

autant de faveur qu'elle, et si le jeune officier ne s'était pas trouvé là, elles seraient mortes de peur.

William Digby n'entendait pas l'orage, ni les cris des bêtes féroces, ni les violents murmures du vent, tout avait disparu autour de lui, il n'était plus de ce monde, il regardait miss Nelly, et il était heureux.

Les arbres brisés par l'orage tombaient autour de la tente, les lions épouvantés passaient en rugissant à quelques pas de là, tout était dévastation et désordre, mais que lui importait?

Cette convulsion de la nature servait son amour, et le regard de miss Nelly venait à lui, effrayé mais doux et sympathique.

Au bout d'une heure, cependant, l'orage parut se calmer, mais ce fut pour reprendre bientôt avec une nouvelle fureur : on eût dit que le ciel allait s'ouvrir dans toutes ses profondeurs, et engloutir la terre. Les deux femmes se rapprochèrent de William Digby, et miss Nelly, hors d'elle même, lui tendit la main.

— Rassurez-vous, miss, dit le jeune homme, en saisissant cette main qu'on lui tendait, rassurez-vous, la violence même de l'orage doit vous en annoncer la fin...

— J'ai peur! balbutia Nelly.

— Et ne sommes-nous pas près de vous, miss, ne vous protégerons-nous pas?

— Et que faire contre la foudre?... contre tous les éléments déchaînés? Vous n'avez donc pas peur, vous, monsieur Digby?

William eut un sourire calme.

— Peur, répondit-il, et de quoi voulez-vous donc que j'aie peur?

— Mais de mourir.

— Je suis seul au monde, mademoiselle, répondit William, avec un accent triste, personne ne s'enquerra de moi, quand je ne serai plus; je ne regretterai pas la vie, moi, pourquoi craindrais-je de la perdre?

— Vous êtes donc malheureux?

— Oh! si vous saviez, mademoiselle, c'est une triste histoire que la mienne, et j'ai bien souffert déjà, quoique je sois encore bien jeune ; aussi, je vous le dis, si je crains en ce moment, ce n'est pas pour moi, mais pour vous, et si un tel marché pouvait se proposer au hasard, je donnerais bien volontiers ma vie pour sauver la vôtre...

— Vous êtes bon, monsieur Digby, et croyez bien que je saurai reconnaître...

William baissa la tête.

Cependant il tenait toujours dans ses mains la main de Nelly, que celle-ci ne songeait pas à lui retirer.

— Si vous saviez, poursuivit le jeune officier, depuis mon enfance, je n'ai pas eu un seul jour de bonheur, j'ai toujours été repoussé par ceux que j'aimais, je n'ai trouvé nulle part l'affection sainte que je cherchais, et je suis arrivé à vingt ans, sombre, désespéré, doutant de tout, de Dieu et de moi!... Depuis un mois seulement, mademoiselle, depuis un mois, et j'en remercie le ciel, cette solitude qui s'était faite autour de moi, s'est peuplée d'êtres que depuis longtemps j'invoquais dans mes rêves, et qui me fuyaient toujours, quoique je fisse ; l'espoir, la confiance, l'amitié, l'amour sont entrés dans mon cœur, et moi, que le malheur a si rudement éprouvé, je me suis laissé reprendre à toutes ces illusions de l'enfance! Mais pardon, oh! pardon, je m'oublie, je me complais dans ces souvenirs douloureux mais chers du passé, et je ne songe pas que vous souffrez...

Chose étrange, miss Nelly avait presque complétement oublié l'orage ; c'est à peine si elle écoutait le bruit du tonnerre, les mugissements désolés du vent, si elle voyait les lumineux déchirements de l'éclair ; elle entendait William, et en parlant, la voix du jeune homme était si franchement émue, il y avait dans son regard tant de tendresse, sur son front tant de naïveté chaste, que malgré elle, miss Nelly se sentit remuée jusqu'au fond de son cœur ; ses craintes disparurent, la confiance, la sérénité brillèrent sur son visage.

Malheureusement, pour William Digby, l'orage devait finir, et quand les premières lueurs du jour parurent à l'horizon, tous les bruits s'étaient calmés. Nelly se réveilla, assise sur un pliant, le front lourd, sa main dans celle de Digby.

Toute la nuit elle avait sommeillé ainsi, sans le savoir, et William n'avait pas quitté sa place : il avait passé huit heures à la contempler, à écouter sa respiration douce et pure.

Cependant, quand Nelly revint à elle, et qu'elle se vit ainsi auprès du jeune officier, et dans cette attitude presque familière, elle rougit jusqu'au front, et s'éloigna rapidement en retirant sa main, comme si ce contact l'eût brûlée.

Puis elle alla vivement vers sa mère qu'elle réveilla, et lui demanda si on ne devait pas bientôt partir?

Lady Hogarth rappela un instant ses esprits, puis fit venir Tekell, et enfin, donna l'ordre de s'éloigner au plus tôt, et de gagner la route de Maravis à Djorhât.

En un instant les désirs de lady Hogarth se trouvèrent satisfaits, et la petite troupe se remit en marche, heureuse d'avoir échappé au danger de la veille.

III.

Dès qu'ils se furent mis en marche, Tekell s'approcha confidentiellement de William, et lui dit qu'il désirait lui parler en particulier, afin de ne pas être entendu de lady Hogarth et de miss Nelly, sa fille.

William laissa la petite caravane prendre en conséquence quelque avance, et dit alors à Tekell :

— Voyons, qu'y a-t-il, maître Jacques? vos airs d'importance n'ont rien de rassurant... que se passe-t-il, et pourquoi cette conférence mystérieuse?

Jacques secoua la tête d'un air embarrassé.

— Mon jeune maître, répondit-il, il faut que le major Hogarth ait perdu l'esprit le jour où il a consenti à se séparer de sa femme et de son enfant, malgré les craintes qu'il nourrissait, et les bruits qui devaient être arrivés jusqu'à lui. Cette nuit, monsieur Digby, j'en ai eu la certitude, il n'y a plus de doute possible à avoir, Ragoba est dans les environs.

— Est-ce possible? s'écria William qui pâlit.

— Cela est, répliqua le vieux Tekell. Cette nuit, pendant que j'étais à mon poste d'observation à quelques pas de la tente, j'ai vu distinctement, comme je vous vois, à la lueur des éclairs, les *Phanségars* qui passaient, se rendant au lieu de leur fête annuelle.

— Il faut que ces hommes soient bien audacieux! fit William.

— Ils le sont, monsieur Digby, croyez-le... Aussi y a-t-il mille raisons pour que nous ne nous laissions pas surprendre par eux.

— Mais à quelles précautions avoir recours?

— D'abord, dit Tekell, il y a une mesure préalable à prendre. Nos guides ont passé toute la nuit sous la pluie, leurs armes sont mouillées, il importe qu'à la première halte que nous ferons, vous leur donniez l'ordre de recharger leurs armes, qui, dans l'état où elles sont, ne pourraient leur servir à rien.

— Vous avez raison.

— Et puis, il faut suivre les routes les moins connues, jusqu'à ce que nous soyons sortis de la forêt. Malheureusement, l'orage a déraciné un grand nombre d'arbres, nous allons être obligés à bien des détours, et c'est là ce que je crains le plus. Les *Phanségars* ne sont pas seulement cruels, ils sont encore adroits; il suffirait que l'un d'eux nous vît, pour que Ragoba fût instruit en moins d'un quart d'heure.

— Il est donc près d'ici?

— Fût-il loin, ce serait la même chose, repartit le vieux valet;

les *Phanségars* ont placé, j'en répondrais sur ma tête, des sentinelles de distance en distance ; il suffit d'un cri répété par chacun de ces hommes pour prévenir le Maha-Radjah en quelques minutes. Ah ! c'est une organisation parfaitement établie que celle des *Phanségars !*

— Je le vois, dit William, et je vous avoue que je commence à craindre...

— Ne nous effrayons pas d'avance d'un danger qui n'existe peut-être pas, mon jeune maître ; mais agissons cependant comme s'il existait...

— Mais à quel signe avez-vous reconnu que c'était des Étrangleurs que vous voyiez passer dans l'ombre?

— Aux crânes qu'ils portaient suspendus à leur ceinture, répondit le vieux Tekell en faisant un geste de dégoût.

Après ces paroles, échangées en beaucoup moins de temps qu'il n'en faut pour les lire, William et Jacques allèrent reprendre leur place à côté de lady et de miss Hogarth. Cependant, quoiqu'il fût passablement épouvanté des révélations de Tekell, William ne pouvait arracher de son esprit le souvenir charmant de cette nuit délicieuse qu'il venait de passer. Quoi qu'il fît, il revoyait toujours la gracieuse image de Nelly dormant à ses côtés, et il sentait le contact de sa petite main dans la sienne. William pouvait mourir maintenant, il avait eu sa nuit d'amour.

Nelly, de son côté, n'était pas complétement calme, bien que pour des raisons différentes.

Elle se rappelait confusément ce qui s'était passé la nuit dernière, et, à vrai dire, elle pensait qu'elle avait rêvé. Mais d'où venait qu'à son réveil les émotions de la nuit s'étaient en quelque sorte trouvées justifiées par la présence inexplicable de William Digby auprès d'elle? d'où venait que ce jeune homme, qu'elle ne connaissait pas, tenait sa main dans les siennes, et la contemplait d'un regard dont elle se rappelait encore en frémissant l'expression rêveuse et tendre?

Il y avait là tout un mystère.

Nelly avait oublié ses frayeurs de la nuit, ou quand elle se les rappelait, elle ne pouvait penser que ses frayeurs eussent été assez réelles pour lui faire oublier ce qu'elle se devait à elle-même. En réalité, elle ne savait que penser de tout cela, et, à défaut d'autre objet, elle s'en prenait à l'audace et à l'insolence de William Digby.

Pendant plus d'une heure, le souvenir du jeune officier occupa ainsi sa pensée, et elle ne put s'empêcher toutefois de regretter qu'il se fût ainsi oublié, et l'eût mise par là dans la nécessité de se priver de sa conversation. Car miss Nelly se souvenait au moins que William Digby savait parler de bien des choses, et qu'il possédait à fond les mœurs, les coutumes, l'histoire, enfin, de ce pays qu'elle traversait. Elle ne s'était point trop ennuyée la veille en l'écoutant, mais elle n'eût voulu pour rien au monde solliciter un semblable service, puisque M. Digby s'en autorisait pour oublier toutes les convenances.

Quant à milady Hogarth, elle regrettait du plus profond de son cœur d'être privée de la compagnie du marquis d'Oxford; elle regrettait aussi de n'être point accompagnée par le régiment entier du marquis. Il y avait déjà une heure qu'elle voyageait à travers les sentiers détrempés de la forêt, et elle commençait à s'inquiéter de n'en point être dehors. Les explications qu'elle recevait à ce sujet étaient loin de la satisfaire, et, sans savoir pourquoi, elle se sentait gagner par une épouvante que rien ne pouvait calmer.

Elle appela William Digby près d'elle.

— Monsieur Digby, lui dit-elle d'une voix émue, j'espère bien que vous savez où nous allons, et pourquoi, malgré une heure de marche, nous nous trouvons encore dans la forêt?

— Milady, répondit le jeune officier, je voudrais pouvoir vous donner à ce sujet une réponse satisfaisante, mais je vous avoue que je ne connais pas les sentiers de la forêt, et que nous suivons la route indiquée par Jacques Tekell.

— Mais lui, du moins, connaît le chemin?...

— Il le connaît, milady; mais l'orage a déraciné bien des arbres cette nuit, et nous sommes contraints de changer fréquemment de direction; c'est ce qui explique pourquoi, malgré le temps que nous avons déjà passé, nous nous trouvons encore ici...

— Tout cela est fort peu rassurant, vous en conviendrez, et si le major Hogarth savait...

— Le major Hogarth, milady, a dû être inquiet de l'orage de cette nuit, peut-être même a-t-il envoyé quelques hommes après nous; mais comme nous nous sommes détournés de notre route, on ne nous trouvera point.

— Eh bien! hâtez-vous donc de rejoindre la route de Djorhât, monsieur Digby, car j'avoue que cette forêt commence à m'ennuyer fort, et que je voudrais en être sortie, ainsi que ma fille.

William se tourna vers miss Nelly, mais miss Nelly regardait du côté opposé ; elle en voulait trop au jeune officier, pour lui laisser croire qu'elle voulût avoir rien de commun avec lui.

William s'inclina, et fit quelques pas en arrière. Mais au moment où il allait rapporter à Tekell les paroles de lady Hogarth, les deux femmes poussèrent un cri, et vinrent se réfugier vers William.

Un coup de feu venait de partir, un homme de la bande venait de tomber aux premiers rangs, les autres battaient en retraite, se repliant sur leur centre.

William essaya de rassurer les craintes des deux femmes par quelques paroles rapides. Ce n'était peut-être qu'un chasseur maladroit; tout allait s'expliquer, il allait voir.

— Mais c'est vous exposer à la mort! s'écria miss Nelly en pâlissant.

— C'est le métier d'un soldat, répondit William en souriant tristement, et nous n'avons pas tous les jours le bonheur de nous faire tuer pour une pareille cause.

Il poussa son cheval en avant, et alla s'arrêter à trente pas environ.

Deux nouveaux coups partirent sans l'atteindre, et il revint vers le groupe qu'il venait de quitter.

— Cernés ! s'écria-t-il avec l'accent du désespoir ; il y a là une troupe de deux cents Indiens environ, il est probable que nous en avons autant derrière.

— Mais nous sommes perdues alors ! balbutia lady Hogarth.

— Il n'y a plus qu'un moyen, repartit le jeune officier avec des éclairs dans les yeux ; si nous nous laissons prendre, nous sommes perdus, il vaut mieux, dussions-nous même périr, tenter de sortir de cette impasse. Il faut faire une trouée ; nous enverrons en avant nos dix hommes, qui se feront tuer, et nous passerons, ou du moins vous passerez... Milady, nous n'avons pas de temps à perdre, montez sur le cheval de Tekell ; miss, montez sur le mien ; nos hommes vont charger leurs armes, et nous allons partir.

Les deux femmes étaient plus mortes que vives ; elles obéirent machinalement à l'injonction de William, et quelques secondes après, lady Hogarth se trouvait placée près de Tekell, tandis que William Digby tenait miss Nelly entre ses bras.

Puis, quand tout fut prêt, William donna le signal, les dix hommes se précipitèrent en avant avec une ardeur aveugle, et allèrent se jeter dans les rangs des Indiens dont ils essuyèrent le premier feu presque à bout portant.

C'était ce qu'attendait William ; dès que les deux premières décharges eurent été échangées, il partit au galop avec Tekell, et tenta de se frayer un passage avec son précieux fardeau. La route de Djorhât était à quelque distance, en un quart d'heure ils pouvaient l'atteindre.

Malheureusement, les Indiens s'étaient massés en cet endroit pour empêcher leur proie d'échapper; ils en connaissaient sans doute l'importance, car malgré les efforts surhumains de William, de Tekell et des hommes qui les accompagnaient, il durent succomber, et furent faits prisonniers.

Deux hommes étaient morts dans la lutte, on emmena ce qui restait, et William, lady Hogarth et miss Nelly furent conduits vers l'endroit où ils devaient trouver Ragoba.

Le trajet s'effectua lentement, et ce ne fut que vers le soir qu'ils arrivèrent au rendez-vous général des *Phanségars.*

Ragoba était là, il reçut ses prisonniers avec une certaine dignité et comme il convenait à leur rang.

William Digby n'avait rien perdu de son assurance, il resta fier et debout devant le Maha-Radjah, et quand ce dernier eut fini de parler il prit la parole à son tour.

Il dit au Maha-Radjah que la fortune avait trahi leurs efforts, et qu'il regrettait pour son compte de n'avoir pas perdu la vie dans le combat. Que puisqu'il était prisonnier, il fallait bien se résigner, qu'il n'ignorait pas le sort qui lui était réservé, et qu'il s'y soumettait d'avance, que, cependant, il voulait lui adresser un conseil avant de mourir : lady Hogarth et miss Nelly étaient en son pouvoir, cette nouvelle allait jeter le deuil dans le cœur du gouverneur, il donnerait tout pour payer leur rançon; il l'engageait à profiter d'une pareille situation, en adressant sans tarder des propositions dans ce sens au major.

Ragoba ne répondit pas à cette proposition, et donna l'ordre de reconduire les prisonniers dans la tente qui leur était destinée.

Le premier moment fut déchirant pour les malheureuses victimes; milady prit sa fille dans ses bras, et elles pleurèrent longtemps toutes les deux; William Digby se tenait debout dans un coin et les regardait, le front baissé, l'œil abattu. Quant à Tekell, il n'avait pas prononcé une parole, et s'était jeté à quelques pas, et, la tête dans les mains, il paraissait réfléchir profondément.

Enfin, William s'approcha des deux femmes.

— Milady, dit-il d'une voix ferme, ne vous abandonnez pas ainsi au désespoir, peut-être la position deviendra-t-elle meilleure, et qui sait, Raboga...

— Cet homme est cruel, monsieur Digby, interrompit lady Hogarth, il nous tuera, il tuera ma fille. — Ah ! si le marquis d'Oxford était ici avec son régiment !...

— Sans doute, répliqua William, le régiment d'Oxford nous serait d'une grande utilité, je n'en disconviens pas, mais il faut tâcher de nous sauver avec nos propres ressources.

— C'est impossible ! s'écria Nelly, en cachant sa tête sur le sein de sa mère.

— Pardonnez-moi, miss, pardonnez-moi, tout est possible, et je crois même que Ragoba n'est pas éloigné d'accepter la proposition que je lui ai faite : d'abord, elle est toute dans son intérêt ; avec les otages que le hasard vient de lui livrer, il peut obtenir tout ce qu'il voudra du major Hogarth ; c'est important ; en vous tuant, au contraire, il soulève contre lui toute la contrée par ce nouveau crime, il compromet tout à fait une situation qui peut être bonne : Ragoba est intelligent ; bien qu'il soit entouré de gens cruels et impitoyables, il exerce sur eux une autorité sans bornes, et s'il veut agir dans le sens que je lui ai indiqué, nul obstacle humain ne pourra l'arrêter... Rassurez-vous donc, miss, rassurez-vous, milady, je me plais à croire qu'avant peu vous reverrez Maravis et le gouverneur.

William parla longtemps de la sorte, et il réussit à calmer les inquiétudes, les épouvantes des deux femmes ; il fit si bien, que lady Hogarth lui tendit la main, et le remercia avec effusion, tandis que Nelly lui jetait un regard de reconnaissance.

— Mais vous, dit lady Hogarth, que deviendrez-vous ? Ragoba

n'a pas le même intérêt à vous épargner, il vous tuera sans pitié.

William sourit.

— Quant à moi, répondit-il, le sacrifice de ma vie est fait : si je peux réussir à vous sauver, que m'importe de mourir? D'ailleurs, je n'ai personne au monde, et nul ne me regrettera quand je ne serai plus.

— Oh! le major Hogarth parlera pour vous!... fit milady.

William Digby secoua tristement la tête.

— Non! répondit-il, non, milady; je ne tiens pas à la vie, il y a longtemps que je cherchais une occasion semblable; cette occasion se présente, je la saisis avec empressement.

— Mais voulez-vous donc mourir!...

— Une seule chose aurait pu me faire désirer la vie, et cette chose m'a manqué, c'est un rêve!... personne ne le connaîtra. Ne vous inquiétez donc pas de moi, milady, et si je meurs, j'emporterai du bonheur pour l'éternité.

Comme William achevait ces mots, un Indien vint le chercher de la part de Ragoba.

— Oh! ne partez pas! ne partez pas, fit Nelly, en allant à lui et en lui prenant les mains, si vous partez nous sommes perdues... vous êtes notre notre seul appui, notre seul espoir!...

— Mes pressentiments ne m'avaient pas trompé, répondit William, Ragoba a réfléchi, et il me fait demander; ayez confiance et soyez sans crainte jusqu'à mon retour.

Puis il suivit l'Indien et disparut.

William ne s'était pas trompé en effet, et Ragoba, comme il l'avait pensé, avait mis à profit les quelques instants qui venaient de s'écouler; la mort de milady et de sa fille n'aurait rien fait à sa cause, il pouvait obtenir bien plus en les laissant vivre, et en proposant au major Hogarth de les rendre à la liberté.

— Monsieur Digby, dit-il au jeune officier dès qu'il le vit, j'ai songé à vous charger d'une importante mission, et j'espère que vous vous en acquitterez comme il convient.

— De quoi s'agit il, demanda William?

— Il s'agit de sauver lady Hogarth et sa fille.

— Et comment cela?

— D'une façon fort simple : vous allez partir dans une heure, avec une escorte que je vous donnerai pour le village de Maravis; vous irez trouver le gouverneur, vous lui direz que sa femme et sa fille sont entre les mains de Ragoba, et que le conseil des *Phansé-gars* les a condamnées à la mort.

— A la mort! fit William surpris.

— Les *Phanségars* ne transigent jamais avec leurs principes, répondit Raboga, tout prisonnier est un homme mort, et il est même bien rare qu'ils fassent des prisonniers.

— Mais alors! fit le jeune officier, pourquoi aller vers le major?

— Le conseil des *Phanségars*, poursuivit Ragoba, a condamné les deux femmes à la mort, mais je lui ai fait comprendre cependant qu'il importait de surseoir provisoirement à leur exécution, et de tenter près du major une démarche qui, je l'espère, ne sera pas inutile.

— Voyons donc!

— Ragoba consent à rendre au major sa femme et sa fille, à la condition rigoureuse qu'il donnera aux *Phanségars* ce qu'ils demandent.

— Et que demandent les *Phanségars?*

— Trois choses?

— Lesquelles.

— D'abord, avant huit jours, on leur livrera la forteresse de Nersingpour.

— Mais c'est la plus importante de l'Assam!

— Je le sais; ensuite on leur rendra tous les prisonniers qu'on leur a faits; enfin, on s'engagera à ne leur faire aucun mal, à ne les poursuivre d'aucune façon pendant l'espace d'une année.

— Est-ce tout?

— C'est tout?

— Et quand partirai-je?

— A l'instant.

— Pourrai-je au moins prévenir milady et sa fille de ce qui se passe et de ce que vous avez résolu.

— Allez! dit Ragoba, mais dans un instant, l'escorte qui doit vous accompagner sera à votre porte!

Quand milady et Nelly apprirent qu'elles allaient être délivrées; que dans quelques jours elles seraient peut-être près du major, elles s'abandonnèrent à une joie délirante, et pressèrent avec transport les mains de William.

Cependant Nelly s'arrêta tout à coup dans l'effusion de sa joie, et fixa sur le jeune homme un singulier regard.

— Mais vous, monsieur Digby, s'écria-t-elle, vous, ne devez-vous pas nous suivre?

— Je ne le pense pas, répondit simplement William.

— Mais si vous restez, cependant, vous êtes exposé à la mort!

— Peut-être.

— Cela ne peut pas être; je veux que mon père vous comprenne dans la rançon; songez-y, ces hommes vous tueraient sans pitié.

William Digby allait répondre, et remercier miss Nelly du tendre intérêt qu'elle lui témoignait; mais l'escorte annoncée par Ragoba était déjà à la porte de la tente, et le jeune officier dut s'arracher aux sollicitations des deux femmes.

William partit donc, et le lendemain matin même il était auprès du major.

Comme on le conçoit facilement, les conditions offertes par Ragoda furent acceptees sans difficulté par le major Hogarth; la forteresse de Nersingpour fut livrée aux *Phanségars*, leurs prisonniers leur furent rendus, et le gouverneur prit solennellement l'engagement de ne point poursuivre les *étrangleurs* pendant une année.

Le major fit plus, il tenait à William Digby, pour lequel il avait une affection toute particulière, il offrit quelques concessions supplémentaires pour obtenir la rançon, et quand tout fut bien réglé, il le congédia, en le priant de hâter le plus possible la conclusion de cette affaire.

William avait lui-même trop à cœur d'en finir, pour perdre inutilement son temps. Dès le lendemain, il était au rendez-vous des *Phanségars*.

Seulement la délivrance de lady Hogarth et de sa fille, ne s'effectua pas aussi vite qu'il l'avait espéré, pour des raisons toutes particulières que nous devons faire connaître au lecteur.

IV.

Tous les ans, à pareille époque, les Phanségars se réunissaient dans la forêt d'arbres à thé, pour célébrer les cérémonies de leur culte sanglant.

Ragoba voulut que lady et miss Hogarth, ainsi que le jeune William Digby, assistassent, avant de s'éloigner, aux fêtes annuelles de leur culte, et il leur fit donner, à cet effet, une place d'honneur à toutes les cérémonies.

Bien que les prisonniers eussent bonne envie de retourner à Maravis et de quitter la forêt, où ils pouvaient se croire toujours exposés à la mort, cependant ils ne purent s'empêcher de prendre bientôt un vif intérêt à ces fêtes singulières.

Pendant neuf jours, les Phanségars se livrèrent à toutes les folies.

Les femmes et les hommes s'étaient revêtus de costumes grotesques, chamarrés de rubans ou de bandes de papier doré ; ils se livraient ainsi à une danse désordonnée, tenant d'une main un bâton, et de l'autre une épée. On alluma des feux de joie de distance en distance ; autour de ces feux, les femmes dansèrent avec une sorte de frénésie, jusqu'à ce que la fatigue les fit tomber presque mortes ; la plupart de ces malheureuses, ivres d'opium ou de liqueurs fortes, ne se relevaient point.

Enfin, le dernier jour, il y eut une procession solennelle, à laquelle tous les Phanségars prirent part. Un éléphant précédait le cortége ; sur son dos étaient montés des Indiens, qui marquaient la marche au moyen de grandes timbales ; ils se dirigèrent ainsi vers le temple souterrain de leur terrible divinité Bohwanie.

Miss Nelly et lady Hogarth s'arrêtèrent au seuil des souterrains ; mais William Digby, poussé par une curiosité insurmontable, demanda à Ragoba l'autorisation d'y pénétrer, et Ragoba la lui accorda.

Ils entrèrent.

Ces souterrains étaient entretenus avec un soin particulier, ils s'enfonçaient sous la forêt jusqu'à une grande distance ; sous le palais même du gouverneur de l'Assam, à Maravis, s'élevait l'autel de Bohwanie.

Partout un luxe inouï régnait sous les longues voûtes, et mille flambeaux en éclairaient les sombres profondeurs ; mais ce qui frappa surtout l'esprit du jeune officier, ce fut la dernière grande salle dans laquelle il pénétra.

C'était une sorte de temple, au fond duquel s'élevait un autel étincelant d'or et de pierreries ; sur l'autel reposait l'image grossière de la divinité des Phanségars. C'était là que se réunissait le conseil des Étrangleurs, chaque fois que le chef avait une communication importante à lui faire.

C'était sous le village même de Maravis qu'avait été creusé ce temple ; il avait même certaines issues par lesquelles il était facile de pénétrer dans les demeures des Anglais.

Autour du temple régnait une sorte de bibliothèque, dans les rayons de laquelle avaient été placés les crânes de tous les personnages illustres condamnés par le tribunal secret des Étrangleurs, et assassinés par les membres de l'association depuis sa fondation.

William Digby ne put réprimer un mouvement d'horreur à ce spectacle atroce.

Ragoba s'en aperçut et sourit.

— Vous ne comprenez point cela, vous, dit-il au jeune officier ; vous ne comprenez que l'on tienne à conserver la dépouille mortelle de son ennemi, comme vous pouvez tenir à conserver celle d'un ami ; la vengeance est le plus doux plaisir de l'homme.

— Voilà une association qui est assurément effrayante, murmura William Digby.

Ragoba releva le front avec orgueil.

— Elle ne fera jamais aux Anglais, répondit-il, autant de mal qu'ils nous en ont fait. Tous les ans, jeune homme, les frères de la *bonne œuvre* se donnent ici rendez-vous pour exercer leur vocation sur toutes les routes qui viennent se croiser dans cette localité ; des voyageurs sont ici enterrés par centaines chaque année ; et vous pouvez dire au major Hogarth qu'il n'a qu'à fouiller le sol de sa tente, et qu'il y trouvera des milliers de cadavres ensevelis.

Tout ce que William Digby entendait et voyait, lui semblait un rêve affreux ; il avait hâte de quitter ces lieux, et quand les cérémonies furent terminées, ce fut avec un véritable bonheur qu'il alla retrouver miss Nelly.

Ils devaient partir le lendemain pour Maravis, et il se hâta de faire tous les préparatifs nécessaires.

Miss Nelly ne se possédait pas de joie ; elle allait revoir son père, elle allait être libre, elle serait délivrée de toute crainte. Quant à milady, elle était pour le moins aussi satisfaite que sa fille, et elle ne pensait pas sans une joie bien douce au marquis d'Oxford, qui devait avoir tant souffert pendant leur absence.

Enfin, elles partirent, et, après les dangers qu'elles avaient courus, leur satisfaction fut grande quand elles se virent loin de la terrible forêt.

Le temps était fort beau ; le soleil éclatait sur leur front ; au loin, on apercevait les montagnes au pied desquelles le village de Maravis est assis.

William Digby marchait à côté de miss Nelly, et depuis qu'ils avaient quitté la forêt, les deux jeunes gens n'avaient pas échangé une parole.

Que se passait-il dans leur cœur? pourquoi Nelly était-elle plus pâle que d'habitude? pourquoi William Digby était-il plus soucieux?

Enfin ce dernier parut faire un effort sur lui-même, et il s'approcha de la jeune fille.

— Miss, lui dit-il d'une voix émue, avant d'arriver à Maravis, me permettrez-vous de vous faire mes adieux?

— Vos adieux! fit Nelly en rougissant ; vous allez donc partir, monsieur Digby?

— Oui, miss.

— Et peut-on savoir où vous allez?

— Je ne sais encore.

— Ce n'est donc pas un parti bien arrêté?

— Pardonnez-moi, miss, pardonnez-moi, c'est un parti bien arrêté, et sur lequel rien au monde ne pourrait me faire revenir.

— Voilà une résolution bien étrange, avouez-le ; car avant ce voyage et ce danger que nous avons couru ensemble, vous n'aviez pas que je sache une pareille intention.

— C'est vrai.

— Alors, quels sont les graves motifs de cette détermination?

— Un motif que je ne puis dire, miss... ne me le demandez pas.

— A votre aise! fit la jeune fille d'un ton un peu sec, à votre aise! monsieur Digby ; mais j'avais pensé que ce voyage avait pu créer entre vous et nous une certaine intimité qui ne devait pas finir ainsi ; d'ailleurs, nous avons contracté une dette envers vous, et il y a peut-être de l'orgueil de votre part à vous soustraire ainsi à notre reconnaissance.

— Ah! ne me parlez pas ainsi, miss, s'écria William, ne me parlez pas ainsi, car je ne suis pas coupable...

— Que voulez-vous donc que pense mon père? Que voulez-vous que je pense moi-même?

— Ah! pensez, miss, que je suis bien malheureux...

— Vous!...

— Oui, miss, et puisque vous le voulez, je vous dirai tout ; oui, miss, oui, je suis malheureux ; j'ai fait un rêve impossible, je le sens bien, je me suis laissé surprendre par un espoir insensé ; j'ai eu tort, je le sais bien, mais est-ce ma faute à moi, si je n'ai pas eu la force d'étouffer dans mon cœur cet amour immense qui le remplit. Si vous saviez, miss, quelles douleurs ont été les miennes!... à quels autels je me suis agenouillé!... Quand nous serons arrivés à Maravis, je retomberai lourdement de toute la hauteur de mes rêves, je serai, comme par le passé, triste, solitaire, sans ami, sans famille!... Tenez, j'aime mieux partir, j'aime mieux aller vers les contrées où un soldat anglais peut mourir avec gloire... la mort me sera peut-être plus favorable qu'elle ne l'a été jusqu'ici, et je mourrai du moins avec cette consolation de ne laisser derrière moi aucun regret.

La jeune fille ne répondit pas tout de suite ; mais il était facile de voir que son sein se soulevait avec peine ; un instant même William crut voir briller des larmes dans ses yeux.

— Soit! dit-elle enfin d'une voix oppressée, soit! monsieur Digby, vous êtes libre, et ce n'est pas nous qui pourrons vous retenir, si votre résolution est bien arrêtée; mais si cependant ma voix pouvait avoir quelque influence sur vous, je vous dirais d'attendre encore avant de vous éloigner, car mon père aura besoin de vos services; et qui sait, monsieur Digby, la réalisation de vos rêves n'est peut-être pas aussi difficile que vous l'avez cru.

— Que dites-vous, miss?

— Oh! rien... rien, assurément, que je ne puisse dire, et que vous ne puissiez entendre; mais attendez, et ne prenez point de détermination sans avoir mûrement réfléchi.

En disant ces mots, la jeune fille jeta à William un long regard, puis elle se hâta d'aller rejoindre sa mère. On n'était plus, d'ailleurs, qu'à quelque distance de la résidence du gouverneur; la petite troupe avait été signalée, et déjà tout le village accourait vers elle.

Le major avait eu bien des ennuis depuis que nous ne l'avons vu; mais il accourut au-devant de sa femme et de sa fille, le visage moins soucieux que d'habitude. Il embrassa sa fille avec effusion, remercia William devant toute la population.

Pendant deux jours, on se livra aux fêtes de toute espèce, et partout le jeune Digby se montra en compagnie de milady et de miss Hogarth.

L'année se passa, du reste, sans accident remarquable; le major avait promis, pour sauver les siens, de ne point poursuivre les Phanségars, mais il attendait avec impatience que l'heure vînt de reprendre les hostilités. William avait fait part au gouverneur de tout ce qu'il avait vu dans la forêt; il lui apprit que le temple de Bohwanie était creusé précisément au-dessous du palais du major.

Quand, donc, l'année fut écoulée, des dispositions formidables furent prises sous la direction de William, qui avait réclamé ce dangereux honneur. Des fouilles furent faites, et quand on se fut assuré que le temple était bien à la place indiquée, William partit avec le régiment du marquis, et s'enfonça dans la forêt.

C'était encore l'époque des fêtes de Bohwanie, et tout ce qui restait de membres de la terrible association des *Phanségars* s'y trouvait réuni. Les mesures avaient été admirablement prises, presque tous furent impitoyablement massacrés, et Ragoba lui-même fut fait prisonnier.

Les instructions de William s'arrêtaient là, mais il voulut poursuivre ses exploits. La forteresse de Nersingpour était située à une dizaine de lieues; il partit avec son régiment, après avoir toutefois envoyé Ragoba au village de Maravis.

La forteresse était la plus redoutable de toute la province, et, jusqu'alors, elle avait été réputée imprenable; mais les Phanségars qui la gardaient étaient peu nombreux; on leur avait fait savoir que leurs frères avaient été massacrés.

Bien qu'en nombre inférieur, isolés et n'attendant de secours de personne, ils tentèrent cependant une résistance héroïque : pendant une quinzaine de jours, ils tinrent avec audace contre les efforts réitérés de leurs ennemis; mais leurs munitions et leurs vivres s'épuisaient, et ils se virent bientôt contraints de capituler.

Ils furent tous passés au fil de l'épée.

William mit alors une garnison dans cette citadelle, et revint vers Maravis, où le major Hogarth l'attendait avec impatience.

Le gouverneur de Calcutta apprit bientôt le courage qu'avait déployé le jeune officier, et on lui conféra un grade élevé dans l'armée.

C'est ainsi que finirent les *Phanségars;* Ragoba fut mis à mort sur la place publique de Calcutta; le temple de Bohwanie fut brûlé, et depuis cette époque aucun membre de cette odieuse société n'a reparu dans l'Assam.

On ajoute que le jeune William Digby épousa, à quelque temps de là, la jeune miss Nelly Hogarth.

Quant au marquis d'Oxford, il est resté veuf, faute d'avoir pu trouver la femme maigre qu'il avait rêvée.

LE BURSCHENSCHAFT,

LE TUGENDBUND, LES LANDS MANNSCHAFTEN.

Le docteur Zahn. — Don Quichotte germain. — Carl Sand. — Les illuminés. — Margaritha la blonde. — Auguste Kotzebue. — La *Némésis*. — Kotzebue dans sa famille. — Le meurtre. — L'échafaud.

Dans les derniers jours du mois de janvier 1819, plusieurs membres de l'université étaient réunis dans une taverne d'Iéna, et assis gravement autour d'une table surchargée de pots de bière ; la pipe entre les dents, ils causaient des affaires politiques.

Depuis longtemps l'heure de fermer la taverne avait sonné. mais les volets étaient soigneusement clos, les portes barricadées, et la police, quelque bonne envie qu'elle eût, ne pouvait rien voir en dedans.

De ces quelques hommes, deux surtout étaient remarquables.

L'un, âgé d'au moins soixante ans, mais vif, ardent, du feu plein la prunelle, causait avec vivacité, s'aidant d'un geste prompt et net.

L'autre, tout jeune encore, au regard profond, au visage pâle, était accoudé sur la table, et l'œil fixé à terre, semblait ne prendre aucune part à ce qui se disait à ses côtés, et suivre sa pensée qui l'emportait loin du monde et Dieu sait où.

Le petit groupe, qui se composait d'environ quinze étudiants, écoutait avec attention les paroles vives et pressées du premier, et paraissait se préoccuper fort peu de l'attitude du second.

Ce qui explique suffisamment l'attention que prêtaient aux discours du docteur Zahn, les étudiants de l'université d'Iéna, c'est le rôle que ce docteur avait joué dans la société secrète qui s'était fondée en Allemagne, pendant que les armées françaises sillonnaient ce malheureux pays.

Zahn avait été l'agent le plus actif de la société des *Tugendbund*, il était fort connu dans toute l'Allemagne, et bien qu'il fût déjà vieux à cette époque, il exerçait cependant sur les jeunes imaginations des universités une haute influence.

Voici le portrait qu'a tracé de cet homme extraordinaire, un livre[1] écrit à peu près vers l'époque à laquelle se rapporte notre récit.

Ce portrait nous semble exact, et n'en est que plus curieux.

« Le docteur Zahn est un homme sans éducation, mais qui tient de la nature un talent d'improvisation extraordinaire. Ses relations avec les classes inférieures de la société l'ont mis à portée de les étudier, et lui ont acquis une certaine popularité.

« Doué d'un physique assez avantageux, il affecte dans son extérieur beaucoup de singularité : il laisse croître sa barbe, ce qui le fit appeler par un homme d'esprit : *le Jupiter à la barbe de bouc.*

« Zahn a écrit plusieurs ouvrages qui ne sont pas dépourvus

[1] La vérité sur les sociétés secrètes en Allemagne ; page 65.

d'une certaine originalité, mais dont le style haché et décousu est d'une forme violente et déclamatoire, qui manque le but qu'elle veut atteindre. Il ne porte pas de modération dans la discussion. La moindre contradiction le fait, comme un enfant mal élevé, entrer dans de violentes colères. Alors il s'arrache la barbe, et menace de la voix et du geste son adversaire, dont le sangfroid peut seul le déconcerter.

« Cette apparente grossièreté ne l'empêche pas d'être fertile en petites ruses, et peu scrupuleux sur le choix des moyens.

« Actif, sobre, endurci aux fatigues, d'une ardeur admirable dans les exercices du corps, il prêche sans cesse aux jeunes gens la continence. Un *turner* (celui qui s'exerce aux combats), dit-il, doit être chaste ; il doit, comme les vieux Germains, respecter et adorer les femmes.

« En général, il a pris pour modèle les mœurs des Germains, telles qu'elles sont décrites dans les pages immortelles de Tacite, et il affecte la ridicule prétention de ramener à sa primitive rudesse, une nation limée et polie par la civilisation, et agissant plutôt par vanité que par enthousiasme.

« Ennemi de la noblesse, sans trop savoir pourquoi, il comprend dans son adversaire toutes les formes des sociétés modernes. Il prêche des croisades contre le luxe, les modes et même les langues étrangères. Il voudrait faire une nation pauvre et guerrière, et peu s'en faut qu'il n'en vienne jusqu'à conseiller aux Allemands de brûler leurs villes et de rentrer dans leurs forêts.

« On ne voit pas sans étonnement qu'un homme qui, sous tant de rapports, a donné des preuves de bon sens, ait pu tomber dans d'aussi folles exagérations.

« Une particularité assez singulière, c'est que Stein et les autres chefs de Tugendbund ne le connaissaient que comme un agent très-passif et très-secondaire, tandis qu'il était persuadé qu'il était l'âme et le guide de la société. Il s'égayait souvent du nom de Tugendbund (*société de la vertu*), et le trouvait choisi par la sensiblerie philanthropique. Il affectait de mépriser la *maçonnerie*, et fondait uniquement la délivrance de l'Allemagne sur l'esprit que, dans ses leçons, il aurait inculqué à la jeunesse.

« Il réussit, en effet, à lui inspirer le plus vif enthousiasme, au point que, sous sa conduite, elle eût été prête à tenter une révolution, et même à le suivre dans les forêts. Le tour d'esprit de la jeunesse allemande, malgré son apparente bizarrerie, cesse de paraître extraordinaire, si l'on réfléchit que, dans les universités, les étudiants jouissent de la plus entière liberté, qu'ils s'associent entre eux dans des vues et sous des formes dont on ne trouve d'exemple que dans les douzième et treizième siècles. »

« On se rappelle l'effet désastreux que produisit en Allemagne la lecture du roman de *Verther*. Alors on vit beaucoup de jeunes gens se suicider, épris des beautés idéales qu'ils n'avaient ni vues ni embrassées. A une autre époque, le drame des *Brigands* de Schiller, essai informe de la jeunesse de ce beau talent, enflamma tellement les lecteurs dans les universités, que de jeunes fous voulurent aller habiter les forêts pour y faire le métier de brigands généreux et magnanimes.

« Certes, ce serait bien vainement qu'on chercherait à produire des effets semblables sur la jeunesse française, à moins que quelque novateur intelligent n'invitât tous nos lions à se faire en masse perruquiers. (*Incident de l'auteur*).

« Zahn aurait peut-être été capable d'exalter les dispositions du caractère national, si des qualités essentielles n'avaient été gâtées chez lui par quelques travers. Le plus dangereux, eu égard à sa position, est ce mépris qu'il affecte pour l'état présent des choses ; mépris qui, en détournant la jeunesse de prendre sur les affaires des connaissances pratiques, lui inspire une ambition vague, étrangère à la vie sociale actuelle, et qui n'aurait pu être satisfaite que dans les gouvernements du moyen âge, ou dans les républiques de l'antiquité.

« Quant à son plan de réunir l'Allemagne en un seul royaume, et de convoquer une assemblée nationale pour l'élection d'un souverain, il ne doit s'exécuter que l'an 11000 de Jésus-Christ. On voit que s'il est de nature à exciter quelques troubles, ils sont au moins fort éloignés. »

Qu'ajouter à ce portrait qui nous semble donner la physionomie la plus exacte du docteur Zahn? Rien, sinon que cette nature généreuse et folle pouvait s'égarer jusqu'au crime.

Il rendit néanmoins d'éminents services au parti qui l'employa.

Cé fut lui qui, le premier, proposa à l'adoption du *Tugendbund* le plan d'une éducation capable de réveiller chez les jeunes allemands, des différentes classes, l'esprit d'indépendance. A Berlin, il fonda l'usage des tournois. Pour recruter des partisans à la société secrète dont il s'était constitué l'agent, on le vit parcourir les forêts de la Thuringe, et tous les pays coupés de montagnes et de bois, où il était possible de se réunir et de se cacher; puis, quand le Tugendbund fut dissous, il mit tout ce que son cœur renfermait de dévouement, tout ce que sa nature comportait d'activité, au service de la société qui lui succéda, *la ligue des amis* ou BURSCHENSCHAFT.

D'après les nouvelles mesures qu'il fit adopter dans cette nouvelle *ligue*, toutes les universités ne devaient plus former qu'un seul corps, et n'être dirigées que par une pensée commune. Il fut convenu, en outre, que pour donner plus d'unité à cette organisation, toutes les universités d'Allemagne nommeraient chacune, suivant son importance, un ou plusieurs délégués, lesquels formeraient entre eux un conseil suprême, chargé de maintenir l'ordre et de régler les questions de discipline; de plus, chaque membre de l'association devait, à l'avenir, fournir une cotisation annuelle pour les besoins de la société; enfin, les universités devaient adopter un uniforme convenable, qui servît à faire distinguer les étudiants du reste du peuple.

Or, ce soir là, si, malgré l'heure avancée de la nuit, les étudiants de l'université d'Iéna demeuraient encore attentifs et charmés sous la parole du docteur Zahn, c'est que la conversation avait pris une tournure sérieuse et grave, et qu'il s'agissait de porter un coup terrible aux ennemis de la liberté de l'Allemagne.

— Vous le voyez! disait Zahn avec une vivacité étrange, et avec deux regards qui brillaient comme deux éclairs, vous le voyez, notre plus mortel ennemi, c'est Kotzebue, c'est lui qui allume la haine dans le cœur de nos tyrans, c'est lui, qui seul, nous barre avec audace le chemin qui mène à la liberté.

— Les étudiants le connaissent, objecta un des jeunes gens attablés, ils savent quel honteux métier il fait en Allemagne, et ils lui rendent en mépris la haine qu'il nous a vouée.

— Le mépris, c'est bien, repartit le docteur Zahn, mais ce n'est pas assez; car pendant que vous vous contentez de le mépriser, lui agit chaque jour, il dénonce à l'empereur de Russie les tendances révolutionnaires vraies ou fausses qu'il remarque ou qu'il croit remarquer... C'est ainsi qu'il gagne l'or de l'étranger, et soyez bien certains qu'avant peu, nous aurons à supporter des mesures rigoureuses qui nous lieront les mains et la langue.

— Nous nous batterons alors, firent gaillardement quelques voix.

— Et vous vous ferez tuer, répliqua le docteur, et ce sera bien fait, car vous aurez attendu trop longtemps... Songez-y, mes amis, vous êtes entourés de baïonnettes impitoyables qui formeront autour de vous une redoutable ceinture. — Chaque jour le cercle se rétrécit, il viendra un instant où elles toucheront vos poitrines... alors, faites un mouvement, criez vive l'Allemagne, et vous êtes morts!... comprenez-vous?

— Mais que faire donc?

— Cherchez.

— Pour moi, dit un étudiant, je pense qu'il faut donner le signal d'un soulèvement général; *la ligue des amis* répondra à notre appel, et de tous les points de l'Allemagne les universités se soulèveront.

— Et qu'arrivera-t-il cependant? interrompit le vieux agent du Tugendbund; il arrivera que la police sera instruite avant même que vous chargiez vos fusils, et que vous serez tous pris et massacrés sans pitié... Ce n'est point cela qu'il faut tenter.

— Qu'est-ce donc?

— Il faut d'abord épouvanter nos ennemis, en leur prouvant que nous sommes décidés à tout, plutôt que de reculer dans cette voie où nous sommes engagés.

— Mais le moyen?

— Ah! le moyen, c'est le point difficile. Mes amis, écoutez... êtes-vous prêts à tout? voulez-vous ardemment la liberté de l'Allemagne; voulez-vous affranchir votre pays du joug qui l'opprime? voulez-vous, en un mot, rendre à jamais impossible le retour des turpitudes que nous voyons se commettre chaque jour?

— Nous le voulons! nous le voulons! s'écrièrent en même temps tous les étudiants.

— C'est bien! mes amis, dit le docteur Zahn; cette parole est un engagement solennel, et je l'accepte comme tel. Nous sommes ici réunis en tribunal secret, et nous avons le droit de juger les choses et les hommes de notre temps... Or, dites-moi, quel est, à cette heure, celui dont le nom est un objet de mépris et de haine? quel est l'homme que toute l'Allemagne réprouve, et dont la mort serait considérée comme un bienfait des dieux?

— Kotzebue! dirent les étudiants.

— Oui, Kotzebue! poursuivit le docteur, Kotzebue! voilà la haine de l'Allemagne... Eh bien! croyez-moi, mes amis, c'est là qu'il faut frapper avec audace, sans trembler, résolûment!

— Mais c'est un assassinat!

— Assassinat ! interrompit Zahn avec une sorte d'exaltation, un mot inventé par les hommes ! Y a-t il un assassinat en politique? non, mes amis ; celui qui tuera Kotzebue sera un héros, et son nom sera répété d'âge en âge par les patriotes de l'Allemagne.

Un silence profond succéda à ces paroles, et les étudiants se regardèrent en pâlissant, à travers la fumée épaisse de leurs pipes.

Mais Zahn poursuivit presque aussitôt :

— Eh quoi ! leur dit-il d'un ton ironique, eh quoi ! nous entrons à peine dans notre voie d'affranchissement, et déjà voilà que vous tremblez !... pauvres enfants !... Allons, soit ! n'en parlons plus alors ; remettez au fourreau votre épée trop lourde pour vos mains d'enfant... d'autres réclameront l'honneur que vous refusez... et l'Allemagne ne périra pas faute de défenseurs.

— C'est donc Kotzebue qu'il faut frapper? murmurèrent quelques voix timides.

— Eh ! pourquoi hésiterait-on? je vous le demande, répliqua Zahn avec vivacité ; ne vous a-t-il pas traqués lui-même comme des bêtes fauves, n'est-ce pas lui qui vous a dénoncés à la Russie, qui vous a livrés à vos tyrans en colère !... ne conspire-t-il pas tous les jours contre votre liberté, contre votre vie !... Attendez donc, puisque vous le voulez ; soyez généreux et magnanimes, et dans quelque temps on vous jettera en prison, on vous ravira vos mères, vos sœurs, vos maîtresses ; est-ce là ce que vous voulez ?

— Non ! non !

— Oh ! c'est cependant ce qui sera, mes amis ; nos adversaires ont plus d'audace et moins de lâcheté que nous, et ils n'hésiteront pas, eux, quand le moment sera venu de nous frapper !

— Nous les tuerons avant !

— A la bonne heure ! fit Zahn avec un éclair dans les yeux. Eh bien ! hâtez-vous alors, car l'Allemagne attend, et chaque jour la précipite plus avant dans l'abîme.

— Mais qui donc frappera ? demandèrent encore les jeunes gens.

— Ah ! si j'avais encore la force, l'adresse de mes jeunes années, répondit le docteur, je ne laisserais pas à d'autres le soin de la vengeance nationale ; mais je suis vieux, j'ai usé mes forces au service de la cause dont vous êtes les vaillants soldats. A votre tour ! mes amis ; et je le répète, ce sera un honneur éternel pour celui qui aura frappé Kotzebue.

— Nous frapperons tous !

— Non, la vengeance sera plus facilement atteinte si un seul se charge de l'exécuter ; le sort décidera qui de nous doit s'armer du poignard.

— Alors, que ce soit à l'instant même, dit le plus vieux des étudiants ; le sort en est jeté, dès ce moment Kotzebue est voué à la mort ! qu'on jette nos noms au fond de ce vase, et que le ciel décide !...

Les jeunes gens se hâtèrent d'inscrire chacun leur nom sur une feuille de papier, et d'une main ferme ils le jetèrent au fond de l'un des pots vides qui se trouvaient sur la table. Mais au moment où le docteur Zahn allait y plonger la main et proclamer celui que le sort avait désigné, le pot vola en éclats au milieu des jeunes gens surpris.

L'homme qui venait de se rendre coupable d'un pareil acte, était le plus jeune du groupe, celui précisément qui avait paru ne prendre aucune part à la conversation.

Tous les étudiants se levèrent en même temps, et le docteur jeta sur l'inconnu un regard plein de colère.

— Quel est cet homme ? dit-il à voix rapide et vibrante.

— Un fou ! lui fut-il répondu.

— Mais pourquoi l'admettez-vous dans votre compagnie ?

Pendant que ces paroles s'échangeaient vivement entre le docteur Zahn et ses *élèves*, le jeune fou, comme on l'avait appelé, se tenait debout, les bras croisés sur la poitrine, le regard brillant d'une exaltation inaccoutumée.

— Amis, dit-il enfin, vous êtes des enfants, comme le disait tout à l'heure le docteur Zahn ; vous désespérez de l'avenir, et vous ne prenez aucun moyen sûr de sauver l'Allemagne. Dieu est tout-puissant, et les hommes ne peuvent sonder ses desseins cachés. Le jour arrivera, et ce jour n'est pas loin, croyez-moi, où le vengeur que vous appelez se lèvera du milieu de vous, et l'Allemagne et l'Europe apprendront avec étonnement l'action qu'il aura commise. A quoi bon remettre au sort le soin de venger la patrie outragée? pour que le sort désigne un traître ou un lâche! Non, non, laissez-moi faire, vous dis-je, et avant quelques mois Kotzebue aura cessé de vivre... Tenez!

Et, en achevant ces paroles, il tira de sa veste un long poignard sur le manche duquel étaient gravés ces mots : *Coup mortel pour Auguste-Frédéric de Kotzebue. — La vertu est dans l'union et la liberté.*

Les étudiants l'entourèrent à l'envi, pendant que Zahn le regardait avec stupéfaction.

— Mais pourquoi ne pas nous avoir fait part de ton intention de tuer Kotzebue? demandèrent-ils avec empressement.

— Je ne l'aurais jamais dit, répliqua le jeune homme, si je ne vous avais vus décidés à remettre au sort le soin de désigner celui qui devait frapper.

— Il y a longtemps que tu y songeais?

— Il y a plus d'une année.

— Et quand dois-tu mettre ton projet à exécution?

— Quand l'heure aura sonné.

— Mais qui te le dira?

— Dieu!

Et, ayant parlé ainsi, le jeune homme regagna sa place, à laquelle il s'assit, pensif et sombre, comme si rien d'extraordinaire ne s'était passé.

Le docteur Zahn fit un signe aux étudiants étonnés, et leur montrant celui qui venait de parler :

— C'est l'homme qu'il nous faut, leur dit-il à voix basse; laissez-le faire, il accomplira son dessein comme il l'a dit, et notre pays sera délivré...

— Que faut-il donc faire?

— Attendre... et s'il tarde trop, il sera toujours temps de songer à le remplacer... Comment l'appelez vous?

— Carl Sand.

— Eh bien! croyez-moi, c'est Carl Sand qui tuera Kotzebue.

II.

L'Allemagne est la terre classique des sociétés secrètes; elle a été le berceau de la Sainte-Vehme; à toutes les époques, sous tous les régimes, elle a nourri des conspirateurs et les ennemis des gouvernements établis. Dans aucun pays, les *Illuminés* n'y ont eu autant de partisans, et le *Tugendbund,* les *Lands Mannschaften,* le Burschenschaft attirèrent, à un moment, dans leur sein ce que l'Allemagne comptait de plus fort et de plus vivace.

Toutes ces sociétés se tiennent, elles sont venues les unes après les autres, elles se sont emparé de l'esprit public; peut-être n'est-il pas hors de propos d'en dire ici quelques mots.

L'illuminisme relève bien évidemment des sociétés secrètes de l'Égypte; nous y retrouvons la plupart des cérémonies usitées dans l'antiquité. Les Illuminés ont huit grades : le novice, le minerval, l'illuminé-mineur, l'illuminé-majeur, le chevalier écossais, le popte ou prêtre, le régent ou prince illuminé, le mage ou l'homme-roi.

Le noviciat consistait à étudier la langue particulière de la secte.

L'illuminisme avait sa nomenclature de villes, un calendrier, des livres pour leur seul usage.

Dans le cas d'admission, on adressait au novice quelques questions dont les suivantes sont les plus importantes :

Êtes-vous encore décidé d'entrer dans l'ordre des Illuminés?

Avez-vous mûrement pensé que vous hasardez une démarche importante en prenant des engagements inconnus?

Quel espoir, quelle cause vous portait à entrer parmi nous?

Si vous veniez à découvrir dans l'ordre quelque chose de mauvais ou d'injuste à faire, quel parti prendriez-vous?

Voulez-vous et pouvez-vous regarder le bien de notre ordre comme le vôtre même?

Donnez-vous à notre société *le droit de vie et de mort?*

Sur quel fondement lui refusez-vous ou lui donnez-vous ce droit?

Êtes-vous disposé à donner, en toute occasion, aux membres de notre ordre la préférence sur tous les autres hommes?

Êtes-vous résolu à suivre très-exactement nos lois?

Vous engagez-vous à une obéissance absolue, sans réserve, et savez-vous l'importance de cet engagement?

Voulez-vous, dans le cas où l'on aurait besoin de travailler à la propagation de l'ordre, l'assister de vos conseils, de votre argent et de tous vos moyens?

Quelle assurance donnerez-vous de ces promesses, et à quelle peine vous soumettrez-vous si vous y manquez?

Dès que le novice avait répondu à ces questions d'une manière satisfaisante, le *frère instructeur* s'armait d'une épée nue, et en appuyait la pointe sur sa poitrine.

— Si tu allais n'être qu'un parjure, un traître, disait-il, apprends que tous nos frères seraient appelés à s'armer contre toi. Ne crois pas qu'il te serait possible de t'échapper et de trouver un lieu de sûreté : quelque part que tu ailles, la honte, les remords de ton cœur, la colère de nos frères inconnus te poursuivront, te tourmenteront jusque dans les replis de tes entrailles... Mais si tu persistes dans le dessein d'être admis dans l'ordre, prête le serment qui t'est présenté.

Pour la réception au grade de chevalier écossais, le président des chevaliers était assis sur un trône splendide ; à sa droite se tenait le frère porte-glaive ; à sa gauche, le maître des cérémonies ; les chevaliers, en bottes à éperons, l'épée au côté, la croix suspendue au col par un ruban vert, les officiers, remarquables par leurs panaches, un prêtre de l'ordre, en robe blanche, composaient la loge.

Le récipiendaire s'avançait seul, et le préfet lui adressait la parole en ces termes :

— Tu vois ici une partie des légions inconnues, unies par des liens indissolubles pour combattre en faveur de l'humanité. Veux-tu te rendre digne de veiller avec eux dans le sanctuaire, ton cœur doit être pur, et ton esprit brûlant d'un feu divin pour la dignité de la nature ; le pas que tu fais est le plus important de ta vie. En te créant chevalier, nous attendons de toi des exploits nobles, grands et dignes de ce titre. Salut de notre part, si tu viens pour nous être fidèle, si, bon et honnête, tu réponds à notre espoir. Ne dois-tu être qu'un faux-frère, sois tout à la fois maudit et malheureux, et que le grand architecte de l'univers te précipite dans l'abîme. A présent, fléchis le genou, et fais sur cette épée le serment de l'ordre.

Ce serment était ainsi conçu :

« Je promets obéissance aux très-excellents supérieurs de l'ordre. Autant qu'il dépendra de moi, je m'engage à ne favoriser l'admission d'aucun indigne aux grades saints ; d'assister, en vrai chevalier, l'innocence, la pauvreté, et tous les honnêtes malheureux ; de n'être jamais flatteur des grands ou esclave des princes ; de résister fortement, pour l'avantage de l'ordre et du monde, à la superstition et au despotisme. Jamais je ne préférerai mon intérêt personnel au bien général. Je défendrai nos frères contre la calomnie. Tant que je serai dans l'ordre, je regarderai le bonheur d'en être membre, comme ma suprême félicité. Ainsi, Dieu me soit en aide, et sur le bonheur de ma vie et le repos de mon cœur!

« Lève-toi, disait alors le préfet, et désormais garde-toi de fléchir le genou devant celui qui est homme comme toi ! »

Après ce préambule, venaient les questions vraiment significatives. On déchirait le voile symbolique, et l'on découvrait au néophyte le véritable but de l'association :

1° L'état actuel des peuples, répond-il à l'objet pour lequel l'homme a été mis sur la terre? Les sociétés civiles, les religions des peuples atteignent-elles le but pour lequel les hommes les ont adoptées?

2° Quelles lois, quelles sciences vous semblent tendre vers ce but? N'a-t-il pas existé autrefois un ordre de choses plus simple?

3° A présent que nous avons passé par toutes les formes vraies et inutiles de nos constitutions civiles, ne serait-il pas possible de revenir à cette première et noble simplicité de nos pères?

4° Comment faudrait-il s'y prendre pour ramener cette heureuse période?

5° La religion chrétienne, dans sa pureté, ne fournirait-elle pas quelques indices?

6° Cette religion, simple et sainte, est-elle aujourd'hui celle que professent différentes sectes, ou est-elle meilleure?

7° Peut-on connaître et enseigner le meilleur christianisme? Croyez-vous qu'avant de lever les obstacles sans nombre, il serait bon de prêter aux hommes, d'abord une religion plus épurée, une philosophie plus élevée, et ensuite l'art de se gouverner chacun soi-même, le plus heureusement possible?

8° Ne faut-il pas remédier en silence et peu à peu aux désordres de la société? Avant qu'on puisse se flatter de ramener les temps heureux de l'âge d'or, ne faut-il pas en attendant semer la vérité dans les sociétés secrètes?

Dès que le néophyte paraissait avoir compris par ses réponses, l'importance des questions qui lui étaient adressées, l'enseignement commençait.

A l'instant où les hommes se réunirent en nature, disait l'*hiérophante*, l'amour national prit la place de l'amour général ; il fut permis de mépriser les étrangers, de les tromper, de les offenser. Cette vertu fut appelée *patriotisme*. C'est du sein même du désordre que la nature fait naître les moyens de salut : ces moyens sont les écoles secrètes de la philosophie; ces écoles ont été, de tout temps, les archives des droits de l'homme. Par ces écoles, un jour sera réparée la chute du genre humain. Les princes et les nations disparaîtront sans violence de dessus la terre; le genre humain deviendra une même famille, et la terre ne sera plus que le séjour de l'homme raisonnable... Pourquoi serait-il impossible au genre humain d'arriver à sa plus haute perfection, à la capacité de se gouverner lui même? Si vous ne pouvez donner ce degré de lumière à tous les hommes à la fois, commencez au moins par vous éclairer vous-mêmes; tournez-vous ensuite vers votre voisin, et vous deux, éclairez-en un troisième, un quatrième, et que ceux-ci appelent, étendent, multiplient de même les enfants de la lumière... car la lumière, ou bien la vraie morale, n'est pas autre chose que l'art d'apprendre aux hommes à devenir majeurs, à secouer le joug de la tutelle, à se mettre dans l'âge de la virilité.

A mesure que l'aspirant montait en grade, les questions changeaient de valeur.

Au grade de *régent* ou *prince illuminé*, se présentaient les questions suivantes :

1° Blâmeriez-vous une société dont l'intention serait de mettre les monarques hors d'état de faire le mal quand ils le voudraient?

2° Les différents abus des gouvernements actuels ne sont-ils pas une justification suffisante pour la société qui s'occuperait d'un objet si important? Pourrait-on craindre les mêmes abus de la part d'un ordre fondé ,comme le nôtre, sur la sagesse, la liberté ou la vertu?

3° Quand ce gouvernement universel serait une chimère, ne vaudrait-il pas la peine d'en faire l'essai?

4° La liberté seule de quitter à chaque instant cette société, le bonheur d'avoir des supérieurs éprouvés, inconnus en partie les uns aux autres, et par conséquent, hors d'état de combiner entre eux des trahisons du bien général... ne serait-ce pas là des précautions suffisantes contre tout abus de puissance de la part de notre ordre?

5° Supposé qu'il pût y avoir encore des abus, quels seraient les moyens de les prévenir?

6° Supposé même le despotisme dans nos supérieurs, serait il dangereux dans des hommes qui ne prêchent qu'instruction, liberté et vertu?

Après une foule d'épreuves renouvelées de tout ce que l'antiquité avait de plus effrayant, le *provincial initiant* recevait le *régent* ou *prince illuminé,* en ces termes :

« Désormais tu ne nous dois plus rien, si ce n'est ce que ton cœur te prescrira pour nous. Souviens-toi seulement que les hommes libres, indépendants, ne s'offensent pas les uns les autres. Veux-tu faire un noble usage du pouvoir que nous te donnons, travaille avec nous pour cet infortuné genre humain, et ta dernière heure sera bénie. Sois constant, et gouverne avec nous les hommes opprimés : aide-nous à les rendre vertueux et libres! »

Après les choses graves venaient les puérilités. On donnait au nouvel initié les sujets symboliques de sa dignité : le bouclier, les bottes, le manteau et le chapeau.

Pour le bouclier, on lui disait : — « Arme-toi de fidélité, de vérité, de confiance, et sois un vrai chrétien, les traits de la calomnie et du malheur ne te perceront pas. »

Pour les bottes : — « Sois agile pour les bons, ne redoute aucun chemin où tu pourras propager ou trouver le bonheur. »

Pour le manteau : — « Sois prince sur ton peuple, sois le bienfaiteur de tes frères, donne-leur la science. »

Pour le chapeau : — « Garde-toi de jamais changer ce chapeau de la liberté pour une couronne. »

Tout était lié, tout était subordonné dans le système de la société des illuminés, dans la graduation de ses mystères, dit M. Leguadier, tous les adeptes d'une même ville ne formaient, malgré la différence de leurs grades, qu'une seule et même académie, dans laquelle le *candidat* et le *novice* étaient régis par l'*enrôleur* ou *insinuant*, qui les introduisait dans les loges minervales. Les adeptes de chaque grade avaient des missions spéciales à remplir ; les loges étaient régies par les frères illuminés *majeurs*.

Cette société, après avoir un moment menacé le repos de l'Allemagne entière, disparut presque complétement, quand Napoléon parut sur la scène du monde. On comprend, en effet, qu'il fallait autre chose que le principe des illuminés, pour résister à l'envahissement dont on était menacé : ce n'était plus des idéologues ni des rêveurs, dont la génération nouvelle avait besoin, c'était des soldats, des guerriers, des héros.

C'est alors que le *Tugendbund* fut fondé, et le docteur Zahn en fut l'agent le plus actif. Le *Tugendbund* était surtout une institution militaire et politique, et sous ce rapport, elle rendit à l'Allemagne d'éminents services. Le roi de Prusse comprit, dès sa fondation, le parti que l'on en pouvait tirer, et il la couvrit de sa protection. Il fit des promesses à tous les jeunes gens qui s'en firent recevoir membres, et toute la jeune Allemagne prit les armes et se précipita sur les champs de bataille, pour combattre le colosse français.

Malheureusement, quand le danger fut passé, on oublia les services rendus, et l'on hésita si bien à satisfaire à leur réclamation, que de nombreuses récriminations s'élevèrent.

Le Tugendbund avait été jusqu'alors une association avouée, reconnue, protégée même par les gouvernements ; dès ce moment, l'association devint secrète, et plus d'un étudiant eut l'audace de citer le roi de Prusse et l'empereur d'Autriche à la barre des tribunaux secrets. Vainement voulut-on proscrire les associations... elles subsistèrent en dépit de la police, et des ordonnances qui les proscrivaient.

Alors, comme on avait à cœur de les supprimer tout à fait, on eut recours à la trahison.

Un certain Schmalz, ancien jurisconsulte, probablement soudoyé par les ennemis du Tugendbund, s'avisa tout d'un coup de dénoncer les menées secrètes de cette association ; on n'en attendait pas davantage... les anciens membres du Tugendbund furent poursuivis, on leur fit subir des vexations de toutes sortes, et bientôt les plus audacieux tremblèrent.

Le Tugendbund disparut comme avaient disparu les *illuminés*, et furent remplacés par les Landsmannschaften, qui, eux-mêmes, durent bientôt céder la place à la *ligue des amis*, BURSCHENSCHAFT.

En quittant le docteur Zahn, Carl Sand prit la direction de l'un des faubourgs d'Iéna, et alla frapper à la porte d'une maison d'assez mauvaise apparence.

La porte s'ouvrit presque aussitôt et il entra.

La personne qui était venue ouvrir, était une jeune fille d'une vingtaine d'années environ, grande, svelte, aux yeux bleus et aux cheveux blonds.

Elle sourit à Carl, mais ce dernier était sombre, profondément agité, il se contenta de la baiser au front, d'un air distrait, et ils pénétrèrent ensemble dans une petite chambre, dont les soins de la jeune fille avaient fait un nid charmant.

Carl Sand avait vécu, jusqu'à cette époque, fort retiré; il fréquentait peu les étudiants et n'allait que rarement à l'université; on eût dit qu'il avait pris les hommes et les choses de ce monde en profond dégoût; il avait quelque temps travaillé dans le but d'entrer dans la carrière religieuse. Ce n'est pas que cette carrière lui plût, ni qu'il se sentît attiré vers Dieu par une vocation irrésistible; au contraire, mais il avait accepté cet avenir avec indifférence et comme pour se débarrasser des instances que faisaient auprès de lui ses parents et ses amis.

A Iéna, ce jeune homme avait rencontré une femme, et il s'était laissé aimer par elle; c'était encore un enfant rêveur qui creusait bien avant dans l'avenir, et cherchait à découvrir ce qu'il lui cachait. Il se croyait appelé à une grande mission, celle de rendre la liberté à son pays; et l'immensité de cette mission prétendue l'éblouit à un tel point, qu'il ne s'aperçut pas que son exaltation le conduirait au crime.

Pendant quelques minutes, Carl Sand demeura assis à côté de sa jeune maîtresse, sans proférer une parole, puis enfin il releva vivement la tête, secoua les cheveux qui voilaient son visage, et lui prenant la main :

— Margareth, lui dit-il, je vais partir.

— Partir! fit la jeune fille, en jetant un cri et en pâlissant.

— Je vais quitter Iéna...

— Eh bien, Carl, s'il faut que vous partiez, je vous suivrai.

Carl Sand fixa un moment sur la jeune fille un singulier regard.

— Non, répondit-il, non, Margareth, vous ne pouvez pas me suivre, mais rassurez-vous, mon absence ne sera pas de longue durée, et dans quelques mois je serai de retour, et nous ne nous quitterons plus.

— Quelques mois, dites-vous, mais c'est un siècle.

— Il le faut!

— Mais où allez-vous donc ainsi, que vous ne pouvez pas m'emmener avec vous? Quel projet est le vôtre? Pourquoi me cachez-vous le but mystérieux de ce voyage?

— Vous le saurez, Margareth, vous le saurez, mais pendant quelques mois encore, je dois me taire... Quand vous l'apprendrez, mon enfant, vous ne regretterez pas, croyez-moi, de vous être imposé cette séparation.

Malgré l'assurance que lui donnait Carl, la jeune fille se sentait troublée; une douleur immense, inconnue était dans son cœur; elle avait peur, elle tremblait, elle se jeta éplorée dans les bras de son amant.

— Carl, lui dit-elle, en fondant en larmes, Carl, je vous en supplie, ne partez pas!... Depuis quelque temps, faut-il vous le dire, votre attitude m'effraie, vous êtes devenu plus sombre, plus rêveur... les amis que vous fréquentez ont des conversations qui me font peur; cette association, à laquelle vous appartenez, a un but inconnu, mais perfide, j'en suis sûre... Carl, prenez garde... prenez garde...

— Prendre garde! fit le jeune homme, que voulez-vous dire?

— Écoutez, Carl, poursuivit la jeune fille, vous savez si je vous aime, n'est-ce pas; pour vous, pour votre amour, j'ai abandonné tout ce que j'avais, et le monde et mon père; je ne regrette aucun des sacrifices que j'ai faits, car je suis heureuse près de vous... mais si vous m'aimez, Carl, ne partez pas... ou bien, si vous partez, laissez-moi vous accompagner!...

Carl secoua tristement la tête, et il baisa les lèvres de Margareth.

— Vous êtes une enfant, lui dit-il, c'est le premier secret que je veux avoir pour vous, laissez-moi cette satisfaction, ayez confiance en moi, Margareth, car avant deux mois je serai de retour, et alors, je vous l'ai dit et je le répète, aucune puissance humaine ne pourra nous séparer!

Margareth vit que le projet de Carl était bien arrêté, et qu'elle ne réussirait pas à le faire revenir sur sa détermination : elle n'insista pas, et quelques jours après il partait pour Tubingen, où demeuraient ses parents, et où il resta près d'un mois. — Enfin, le 22 du mois de mars, il partit pour Manheim, résidence habituelle de Kotzebue.

III.

Auguste-Frédéric de Kotzebue était un des plus actifs folliculaires salariés par le gouvernement.

Kotzebue avait bien débuté dans la carrière littéraire ; ses premiers ouvrages avaient attiré sur lui l'attention publique, et les jeunes gens enthousiastes des universités lui avaient naguère prodigué la louange et l'admiration.

Avec le succès, l'ambition était venue à cet homme, l'ambition avide, insatiable, dévorante ; la gloire littéraire ne lui suffit bientôt plus, il lui fallut encore les honneurs politiques.

Le gouvernement, jaloux de s'attacher un homme de cette valeur, lui avait fait faire des propositions attrayantes, Kotzebue n'eut pas la force de résister, et bientôt tout le monde sut qu'il s'était vendu.

Ce dénoûment changea complétement les dispositions bienveillantes qui s'étaient manifestées à son égard, et les étudiants, aussi prompts au mépris qu'à l'admiration, le désignèrent hautement à la haine publique.

Kotzebue n'avait pas cependant comblé encore la mesure de la honte. Il abandonna bientôt tout à fait la carrière politique, et, trouvant de grands avantages à suivre le czar, qui avait manifesté le désir de l'avoir auprès de lui, il devint l'homme et l'espion de la Russie. C'est à cette époque qu'il suivit le czar dans les campagnes de 1813, fut nommé consul général de la Russie à Kœnigsberg, et appelé en 1816 à Saint-Pétersbourg, afin d'être attaché aux affaires étrangères.

En 1817, l'empereur qui n'avait plus besoin de lui, l'autorisa à retourner dans son pays, et Kotzebue alla se fixer à Weymar; la Russie lui faisait un traitement de 15,000 roubles. Kotzebue, dès ce moment, fut considéré par tous comme l'espion reconnu du czar, et de toutes parts, il fut en butte à la haine des étudiants de toutes les universités.

Du reste, son rôle ne paraissait pas l'embarrasser le moins du monde; il vivait au milieu de sa famille, près de sa femme et de ses deux enfants, sans s'émouvoir des injures dont il était l'objet; calme, il poursuivait sa route, provoquant, de la part des gouvernements, les mesures les plus sévères contre les tendances révolutionnaires de la jeunesse des universités.

Un fait assez curieux avait surtout exalté la haine des étudiants et de leurs professeurs.

Voici ce fait[1] :

« Dès le commencement de 1814, M. Luden, professeur d'histoire à Iéna, homme d'une vaste érudition, d'une pénétration rare et d'une forte éloquence, fonda un journal, *la Némésis*, dans lequel il s'attaquait vigoureusement à tous les gouvernements. Kotzebue, alors en guerre ouverte avec les universités et les professeurs, achevait son second rapport à l'empereur de Russie, sur l'état de la littérature germanique. M. Luden venait de publier un article sur la politique des grandes puissances de l'Europe; cet article, *favorable à la Russie*, était écrit avec modération.

« Kotzebue, avec une odieuse partialité et à l'aide d'un frauduleux commentaire, releva tout ce qui pouvait offrir l'apparence d'une censure, et assaisonna le tout d'outrages contre le caractère politique et privé de l'auteur.

[1] Carl Sand, par Alp. Brot.

« Le rapport de Kotzebue, écrit d'abord en français, fut, avant d'être expédié pour Saint-Pétersbourg, recopié par une personne de Weymar. Le copiste qui entendait assez peu le français, se trouva arrêté à un passage, et pria le docteur L..., son voisin, de lui expliquer le sens de ce passage. Or, ce morceau renfermait précisément les plus horribles calomnies contre M. Luden. Le docteur les copia et les transmit sur-le-champ au professeur ; M. Luden, irrité de l'infamie de Kotzebue, accompagna cet extrait d'un commentaire, et l'envoya à l'imprimeur de *la Némésis*, pour l'insérer dans le numéro qui allait paraître.

« Kotzebue, instruit de la publication prochaine de son bulletin, et intéressé à le tenir secret en Allemagne, se plaignit au résident russe de cette violation de la propriété.

« Le comte Elding, alors ministre des affaires étrangères, donna ordre à l'imprimeur de suspendre la composition du numéro, mais il était trop tard !

« Le numéro était composé et le tirage commencé, et comme il n'y avait pas d'ailleurs de loi contre la presse, les exemplaires tirés furent envoyés à Iéna.

« Kotzebue entra en fureur : il fit saisir et mettre au pilon tous les numéros de *la Némésis*, contenant le fatal article.

« Cette mesure fut inutile.

« M. Oken, directeur de *l'Isis*, le fit insérer dans son journal ; *l'Isis* fut saisie et condamnée, et l'article reparut aussitôt dans *l'Ami du peuple*, feuille rédigée par le fils du fameux Wieland. Cette feuille fut à son tour saisie par ordre de Kotzebue, et condamnée, mais l'article avait circulé dans toute l'Allemagne, et Kotzebue, démasqué, et en butte au mépris général, devint furieux.

« Il s'emporta contre le gouvernement de Weymar, le menaça de la vengeance de l'empereur de Russie, et se retira à Manheim. Sa colère ne s'arrêta pas là ; il en appela devant les tribunaux, fit condamner M. Luden à une forte amende, rachetable par trois mois de prison : mais cette sentence fut annulée. Le professeur attaqua alors Kotzebue en diffamation devant la Cour suprême d'Iéna, et Kotzebue fut condamné à rétracter, comme fausseté, ce qu'il avait écrit. »

On peut juger par cette seule action de ce qu'était Kotzebue, et l'on comprendra toute la haine que lui avaient vouée les universités.

Carl Sand arriva à Manheim, le 23 mars 1819.

En descendant de la voiture, il s'écria : *vival Teutonia!* Toute indécision avait disparu de son esprit, son visage rayonnait ; il était prêt, et portait sur lui le poignard qu'il avait montré au docteur Zahn, et sur le manche duquel étaient gravés ces mots : *coup mortel pour Auguste-Fréderic de Kotzebue, — la vertu est dans l'union et la liberté.*

Il connaissait l'hôtel des Vignes, il y descendit et s'y fit inscrire sous le nom d'Enrick, étudiant de l'université d'Erlengen.

Puis il alla faire un tour dans la ville, et passa devant la demeure de Kotzebue.

Il y entra.

Kotzebue travaillait d'ordinaire le matin, et sortait à midi ; Carl Sand demanda à le voir, sous prétexte de lui remettre une lettre de sa mère, âgée de quatre-vingt-deux ans, qui habitait Weymar.

Un domestique répondit à Carl que Kotzebue ne pouvait le recevoir, et qu'il eût à revenir le soir. Il retourna à l'hôtel des Vignes, où il dina. A table, il fut, dit-on, fort gai, et causa longuement avec un curé de campagne.

A cinq heures, il le quitta et s'achemina vers la demeure de Kotzebue. Jusque là sa fermeté ne s'était pas démentie ; il marchait à son but avec un sang-froid extraordinaire. Au moment où il montait l'escalier qui conduisait aux appartements de Kotzebue, il rencontra quelques dames qui venaient lui faire visite. Il les laissa passer, se fit reconnaître du domestique qui l'avait reçu le matin, et demanda à parler secrètement à Kotzebue. On l'introduisit aussitôt dans un cabinet particulier.

Kotzebue était à ce moment assis dans son salon, causant avec sa femme et jouant avec ses enfants. — Si Carl Sand eût pu pénétrer dans cette chambre, il n'eût pas eu le courage d'accomplir son terrible projet.

Le domestique vint bientôt avertir Kotzebue qu'un étranger désirait lui parler. — Kotzebue serra la main de sa femme, embrassa ses enfants, et quitta le salon.

Carl l'attendait, et au moment où il entra dans le cabinet, il lui plongea son poignard dans la poitrine.

Le poignard, lancé avec violence, pénétra par la quatrième côte, et fit au cœur une blessure mortelle. Cependant la victime ne tomba pas tout de suite, elle chercha à lutter et à arracher l'arme fatale des mains du meurtrier. Il était faible cependant, et perdait déjà beaucoup de sang : quelques secondes suffirent pour épuiser tout à fait ses forces, et il tomba aux pieds de Carl, qui, craignant qu'il ne survécût à la première blessure, lui porta trois nouveaux coups dans les poumons.

Au bruit qu'avait fait le corps en tombant sur le plancher, le domestique était accouru, et ses cris n'avaient pas tardé à attirer dans le cabinet la compagnie qui se trouvait chez Kotzebue.

Quant à Carl, il avait fui et était descendu sur la place où le peuple accourait déjà aux cris de désespoir poussés par madame de Kotzebue. Carl avait encore dans la main le poignard ensanglanté ; il s'avança jusqu'au milieu de la rue, en criant d'un air radieux : *C'est moi, Carl Sand, qui ai tué Kotzebue, ainsi doivent périr les traîtres !*

Puis, se laissant tomber à genoux, et après avoir adressé une prière à Dieu, il se frappa à plusieurs reprises avec le poignard qui ne l'avait pas quitté.

Cet assassinat et les circonstances qui l'avaient accompagné jetèrent la stupéfaction et l'horreur dans toute l'Europe, et de toutes parts des voix s'élevèrent pour demander le châtiment du coupable, et l'extermination de ces sociétés secrètes dans lesquelles il avait puisé les hideux principes qu'il venait de mettre en pratique.

Tout ce qui avait appartenu au *Tugendbund*, aux *Lands Manschaften*, ou qui appartenait à la *Ligue des Amis* fut poursuivi avec ardeur, et l'on fit de nombreuses arrestations.

Les gazettes de Tubingen et d'Iéna, par une tactique bien connue, faisaient craindre un soulèvement général, si l'on continuait à employer de telles rigueurs ; mais le gouvernement poursuivit son œuvre de destruction, malgré ces menaces, et hâta le procès de Carl Sand.

On rendit donc plusieurs lois contre les associations secrètes ; des mesures de sûreté et de répression furent organisées de toutes parts. Le nombre des étrangers que contenait Manheim était immense ; l'Europe attentive attendait.

Enfin, cette curiosité eut sa satisfaction ; Carl Sand fut condamné à mort.

Ce fut le 21 janvier 1820 qu'eut lieu l'exécution capitale.

Dès cinq heures du matin, les rues et les faubourgs de Manheim étaient encombrés d'une foule compacte de curieux.

Au milieu de cette foule, on distinguait facilement les étudiants ; chacun portait un crêpe au bras.

Lorsque Sand eut atteint la dernière marche de l'échafaud, il resta un moment immobile, et agita la main : on crut qu'il allait parler, et comme il avait juré de ne point haranguer le peuple, le président de la Cour, qui ne l'avait pas quitté, lui rappela sa promesse, et lui demanda s'il voulait mourir parjure.

Sand étendit de nouveau la main, et se contenta de dire :

— Dignes enfants de l'Allemagne, je meurs pour la liberté !

Puis il plaça sa tête sur l'échafaud, et le bourreau fit son office.

On dit que la plupart des étudiants d'Heidelberg, transportés d'un fanatisme tout germanique, trempèrent leurs mouchoirs dans le sang de Carl Sand, qui avait rejailli jusque sur le pavé.

CHAPITRE II.

A propos de Carl Sand. — Bellingham. — Le ministre Perceval. — L'Angleterre en 1810. — La nuit de désespoir. — L'inconnu. — La guinée. — La conspiration. — To roward. — Le joueur Sidney. — Trahison. — La table de jeu improvisée. — L'assassinat. — Le procès. — L'exécution.

Puisque nous en sommes aux meurtres politiques, rebroussons de quelques années. L'histoire de Carl Sand nous a remis en mémoire celle de Bellingham : cette histoire est très-dramatique, elle rentre encore dans notre sujet, nous la devons au lecteur.

Bellingham n'était pas un rêveur comme Carl Sand, il avait d'ailleurs passé l'âge où l'esprit se perd volontiers dans les spéculations poétiques ; il avait une cinquantaine d'années, était marié, et avait cinq enfants, qu'il avait beaucoup de peine à nourrir avec la petite pension qu'il recevait de l'État.

Bellingham avait été marin, il avait vaillamment combattu contre les ennemis de son pays, et n'était revenu à Londres que criblé de blessures.

Son état de maladie le mit dans l'impossibilité de reprendre les armes; il obtint une pauvre pension, se maria, et s'efforça d'élever sa nombreuse famille.

On était alors au mois de décembre 1810, l'hiver avait été rigoureux, la famille de Bellingham avait souffert du froid, de la faim; un arrêté, signé par le premier ministre Perceval, vint mettre le comble à cette misère, en retirant à Bellingham la petite pension qui l'avait fait vivre jusqu'alors.

Pendant quelque temps, Bellingham supporta assez stoïquement cette douloureuse épreuve que le ciel lui envoyait; mais les faibles économies qu'il avait pu amasser à grand'peine s'épuisèrent peu à peu, et bientôt la faim, la faim horrible vint le visiter dans son misérable réduit.

Les jours, les nuits se succédèrent sans apporter la moindre amélioration à sa position; il adressa force pétitions au parlement, il réclama auprès des ministres, mais pétitions et réclamations restèrent toujours sans réponse.

A cette époque, des événements importants se passaient dans la Grande-Bretagne; deux ou trois cent mille ouvriers, sans ouvrage et sans pain, parcouraient le pays, pillant les manufactures et brisant les métiers. De temps en temps, l'autorité pendait ou faisait fusiller une partie de ces malheureux, mais l'impulsion était donnée, et le châtiment n'arrêtait plus les coupables.

Le premier ministre, ne sachant comment s'y prendre pour faire tête à l'orage, redoublait de sévérité envers les fauteurs de désordre, et exaltait encore davantage leur désespoir et leur fureur.

Né à Londres en 1762, le premier ministre Perceval avait commencé par être avocat; mais, grâce à son habileté, à ses talents naturels, il ne tarda pas à se distinguer dans cette carrière, et fut bientôt envoyé au parlement par un bourg où sa famille exerçait une influence locale.

C'était tout ce que voulait le jeune avocat.

Naturellement ambitieux, il avait souvent aspiré aux gloires de la tribune, et ne désirait rien tant que de faire ses preuves sous un ministre comme Pitt.

Dès son arrivée au parlement, il se rangea donc sous le drapeau du ministère.

L'insurrection d'une partie de la marine, que l'énergie et le talent du matelot Parker avait rendue si redoutable, venait d'être étouffée. Pitt profite de cette circonstance pour porter une nouvelle atteinte aux libertés publiques ; il présente au parlement un bill tendant à étendre, en cas de sédition, le pouvoir du gouvernement, sans anéantir cependant tout à fait la liberté individuelle.

C'était une occasion pour Perceval ; il monte à la tribune, se récrie contre la modération du ministère, et demande qu'on accorde au gouvernement un pouvoir discrétionnaire.

Plus tard, il se refuse obstinément à ce qu'il soit apporté la moindre amélioration à la condition des catholiques.

Tant de zèle méritait une récompense.

Pitt le remarqua ; il le fit nommer ou le nomma conseiller de la couronne, et ce fut en cette qualité qu'il parut, en 1801, dans les procès intentés aux clubs, comme coupables de conspiration, parce qu'ils s'occupaient de la réforme électorale.

La raideur, l'acrimonie, l'emportement de Perceval, l'espèce de fanatisme qui le poussait à trouver des coupables là où il n'y avait bien souvent que des imprudents, le désignèrent bientôt à l'animadversion publique ; mais Perceval s'était ouvertement constitué l'admirateur de Pitt, c'était peut-être à cause de cette admiration que la haine publique s'éveillait autour de lui. Il n'en fallut pas tant pour que Pitt se fit le protecteur de Perceval, et, vers 1802, l'ex-avocat fut nommé procureur général.

Pitt, on le sait, était l'ennemi irréconciliable de la France. Perceval, reconnaissant de tout ce qu'on avait fait pour lui, ne négligeait aucune occasion de démontrer que la guerre était une nécessité absolue. Néanmoins, la paix se signa à Amiens, et Pitt, qui s'y était opposé, se vit contraint de quitter le ministère.

C'était un coup terrible pour Perceval; mais il avait des ressources dans l'esprit, et pour ne point se laisser oublier, il se tourna avec fureur contre les catholiques d'Irlande. Enfin, en 1809, il fut nommé premier ministre, à la stupéfaction de la Grande-Bretagne entière.

Georges III était alors atteint d'aliénation mentale.

Bellingham s'occupait peu de politique; de tous les ministres, il ne connaissait que Perceval, car c'était à lui qu'il s'était adressé pour obtenir justice, c'était à lui qu'il en voulait surtout de la position qui lui avait été faite.

Chaque jour il devenait moins communicatif; un nuage sombre était sur son front; il sortait le matin du misérable réduit dans lequel étaient enfermés sa femme et ses enfants, et n'y rentrait le plus souvent que fort avant dans la nuit.

Bellingham allait et venait, cherchant partout du travail pour ses bras inoccupés, mais partout il était repoussé; ses ressources diminuaient cependant, et le jour n'était pas loin où il allait se trouver dans l'impossibilité absolue de nourrir sa malheureuse famille.

Une nuit, Bellingham venait de rentrer; il était harassé de fatigue, et venait de se jeter sur le misérable grabat où dormaient sa femme et ses enfants; il écoutait leur respiration pénible, qui seule troublait le silence de la nuit, et, le regard ardemment fixé au parquet, la tête dans les mains, il songeait.

Bellingham avait dépensé le jour même ses dernières ressources, le lendemain c'était la mort; la mort lente, hideuse, accompagnée de tortures épouvantables, la mort pour lui, pour sa femme et pour ses enfants.

Bellingham eut un frisson.

C'était la première fois qu'une pareille pensée lui venait; et il s'épouvantait de cette horrible impasse dans laquelle le malheur l'avait acculé.

Alors, tout ce qu'il avait souffert lui revint à l'esprit; il se rappela quelles douleurs, quelles tortures avaient été les siennes, et les souffrances de ceux qui l'aimaient, et la dureté de ceux qu'il avait implorés en vain.

Un nuage de sang passa devant ses yeux.

Le désespoir est un mauvais conseiller.

— Mourir, pensa Bellingham en passant convulsivement sa main dans ses cheveux humides de sueur, mourir, c'est la seule issue possible à mes souffrances... nous mourrons tous... mais, que le ciel me pardonne, nous ne mourrons pas sans vengeance!...

Et, pendant qu'il rêvait ainsi, Bellingham vit un moment l'image heureuse et souriante de Perceval passer près de son grabat.

— Ah! maudit soit-il! celui-là, dit-il, maudit! maudit! il a refusé du pain à mes enfants, il a été sourd à mes larmes, à mes prières; cela demande vengeance au moins, et je l'aurai!...

Bellingham en était là, quand son attention fut tout à coup détournée par quelques coups frappés discrètement à la porte de la chambre.

Il se dressa de toute sa hauteur, et prêta l'oreille.

De nouveaux coups, frappés aussi discrètement que les premiers, se firent entendre.

Bellingham fit un bond et courut à la porte qu'il ouvrit.

La nuit était sombre, il ne put voir qu'une silhouette informe se dessiner vaguement dans le cadre de la porte.

— M. Bellingham? demanda une voix d'homme.

— C'est moi, répondit l'ex-marin, que me voulez-vous?

— Je désire vous parler.

— Entrez.

— A vous seul.

— Mais quel motif...

— Je vous le dirai dans la rue.

— Cependant...

— Tenez, maître Bellingham, voilà qui vous décidera peut-être.

Et, en parlant ainsi, l'inconnu déposa dans la main de Bellingham une guinée que ce dernier reçut avec une sorte de défiance.

— Une guinée! s'écria-t-il en regardant soupçonneusement son interlocuteur, une guinée, à moi! mais que me voulez-vous donc?

— Rien, répondit l'inconnu, que quelques minutes d'entretien.

Bellingham ferma la porte, et descendit l'escalier avec son mystérieux bienfaiteur.

Une fois dans la rue cependant, toutes ses appréhensions lui revinrent, et il jeta des regards craintifs autour de lui.

— Voyons! dit-il vivement à l'inconnu, nous voici seuls et dans la rue, nul ne peut nous entendre, expliquez-moi le motif pour lequel vous êtes venu vers moi.

— Ce ne sera pas long, repartit son interlocuteur, surtout si, comme j'en crois mes pressentiments, vous êtes bien l'homme que je cherche... Vous vous appelez Bellingham, n'est-il pas vrai?

— Oui, monsieur.

— Vous avez une femme et cinq enfants?

— C'est bien cela.

— Une mesure récente vous a privé des seules ressources que vous possédiez, et aujourd'hui c'est à peine si vous pouvez nourrir votre nombreuse famille...

— Aujourd'hui, monsieur, interrompt Bellingham d'une voix

sombre, aujourd'hui je suis réduit à la plus affreuse misère, et demain...

— Demain, il vous faudra mourir de faim, vous, votre femme et vos enfants.

— C'est vrai!

— Eh bien! écoutez-moi, Bellingham; je connais votre position, comme vous le voyez, et je puis faire beaucoup pour vous, si vous le voulez.

— Que faut-il pour celà?

— Dites-moi, à vos heures de désespoir, quand vous rentrez chez vous, sans ressources et sans espoir d'en trouver, n'avez-vous jamais pensé qu'avant de mourir vous aviez peut-être un devoir de vengeance à accomplir?

Bellingham regarda son interlocuteur avec curiosité. Cette question qui venait de lui être adressée répondait si bien à l'état de son esprit, qu'il s'arrêta presque épouvanté.

— Qui vous a dit cela? demanda-t-il à l'inconnu.

— Qu'importe! répondit ce dernier; parlez-moi avec franchise, c'est tout ce que je vous demande.

— Mais si c'était un piége?

— Quel intérêt aurais-je à jouer cette comédie?... l'intérêt de vous faire arrêter?... dans quel but, et pourquoi?... Non, non, Bellingham, mon but est tout autre, et si vous voulez m'ouvrir votre cœur, croyez bien que vous ne vous en repentirez pas.

— Qu'il soit donc fait comme vous le désirez! reprit Bellingham presque aussitôt; d'ailleurs, que m'importe après tout, dans la misérable position qui m'a été faite, je n'ai rien à craindre...

— Et vous avez tout à gagner.

— Eh bien! oui, vous avez dit vrai; quand je rentre le soir dans ma mansarde nue et délabrée, que je vois ma femme et mes enfants en haillons, que je remarque les traces qu'ont laissées, sur leur visage, pâle et maigri, les privations qu'ils s'imposent, eh bien! souvent la colère gonfle ma poitrine, mes tempes se prennent à battre, un nuage sombre passe devant mes yeux, et des paroles de vengeance s'échappent de mes lèvres... Et, tenez, tout à l'heure encore, il n'y a qu'un instant, quand vous êtes venu frapper à ma porte, j'étais là, et je rêvais... et je maudissais les lâches qui m'ont réduit à cet état, et je jurais de les frapper avant de mourir.

L'inconnu sourit, et prit la main de Bellingham.

— Et dans ces moments, lui dit-il d'une voix insinuante, quand la colère aveugle gronde dans votre poitrine, quand votre cœur se soulève d'indignation, quand des paroles de vengeance s'échappent de vos lèvres émues, dites-moi, Bellingham, n'est-ce pas un nom plutôt qu'un autre qui se présente à votre esprit? Parmi vos ennemis, n'y en a-t-il pas un que vous aimeriez mieux à frapper?

— Peut-être, répondit Bellingham.

— Et celui-là?

— C'est un secret entre Dieu seul et moi.

— Soit! Bellingham, soit! je n'en veux pas savoir davantage, dit l'inconnu; soyez discret, c'est le seul moyen d'atteindre sûrement le but. Je sais tout ce que je voulais savoir... remontez près de votre femme, et quand vous n'aurez plus d'argent, venez me trouver...

— Mais comment vous appelez-vous donc?

— Sir Edward.

— Et où vous trouverai-je?

— Dans la rue d'Oxford, à l'hôtel de...

Les derniers mots furent prononcés à l'oreille de Bellingham, et comme ce dernier demeurait stupéfait à cette révélation, l'inconnu profita de ce moment pour s'éloigner et disparaître.

Bellingham remonta lentement l'escalier qui conduisait à la chambre qu'il occupait, et se coucha joyeux près de sa femme, jouissant d'avance de la surprise qu'il lui réservait pour son réveil.

A partir de ce jour, Bellingham se montra moins soucieux et moins triste ; sa femme et ses enfants étaient à l'abri du besoin, et quand il n'avait plus d'argent, il était toujours sûr d'en trouver, en s'adressant à sir Edward, dans la rue d'Oxford.

Seulement, Bellingham au lieu de s'absenter le jour, s'absentait maintenant très-fréquemment la nuit : il parlait politique plus souvent que par le passé, et sa femme ne le voyait pas sans inquiétude, se répandre fréquemment en invectives violentes contre le premier ministre.

On eût dit que Bellingham était en proie à une exaltation permanente, et quand il sortait, il était habituellement armé.

Que s'était-il donc passé, qui pût justifier ou expliquer ce changement?... fort peu de chose.

Bellingham avait continué de fréquenter sir Edward, et sir Edward avait fini par amener Bellingham au milieu d'une conspiration toute organisée, et qui n'avait d'autre but que d'assassiner, un à un, les ministres du roi Georges III.

Bellingham n'avait tardé à se montrer l'agent le plus actif de cette conspiration ; presque tous les soirs, les conjurés se réunissaient au nombre de vingt environ.

Ces hommes appartenaient à peu près à toutes les classes de la société ; il y avait là des lords ambitieux, des gentlemen ruinés, des marchands avides de changements, des aventuriers et des joueurs !...

L'un d'eux, cependant, s'était jeté dans cette conspiration beaucoup plus par curiosité ou par desœuvrement, que par exaltation politique.

Il se nommait Sidney, avait trente ans au plus, et avait jusqu'alors passé sa vie oisive dans les tavernes, et devant les tapis verts. — C'était un joueur intrépide et implacable : tout lieu lui était bon, et souvent, au milieu des graves discussions entamées entre les conjurés, on l'avait vu, sans sourire, proposer une partie de cartes ou de dés.

Après tout, cette conspiration était une sorte de jeu, et par ce côté, elle lui plaisait; c'était la première fois qu'il jouait sa tête, et pour la rareté du fait, il n'eût pas voulu se retirer.

Les conjurés connaissaient le faible de Sidney, mais comme c'était un homme courageux et résolu dans l'occasion, on lui pardonnait ses défauts, et souvent même on le flattait.

Sir Edward était, avec Bellingham, le plus actif du groupe de conspirateurs; c'était lui qui fournissait les fonds à l'association; il était riche, mais on ne savait pas précisément d'où lui venait l'argent dont il paraissait disposer.

Sidney pensait qu'il gagnait au jeu, ces belles guinées qu'il employait au succès de l'œuvre commune; Bellingham seul croyait avoir trouvé le secret de cette fortune mystérieuse, dans ce nom, que le premier soir, Sidney lui avait dit à l'oreille.

Une nuit, nos conspirateurs étaient réunis, autour d'une table verte, dans une grande salle située au rez-de-chaussée de la rue d'Oxford.

Cette réunion devait être décisive, on devait se distribuer les rôles, chacun devait choisir le ministre qu'il s'agissait de frapper.

Tous avaient été exacts au rendez-vous, nul ne manquait; sir Edward, Sidney, Bellingham étaient arrivés des premiers.

Quand chacun eut pris place autour de la table, Bellingham se leva.

Il dit que l'on avait attendu assez longtemps; qu'il fallait agir, que le moment paraissait d'ailleurs très-favorable; que les ouvriers de la Grande-Bretagne recommençaient à parcourir le royaume, pillaient les manufactures, et brisaient les métiers; que quant à lui, s'il avait été patient, il serait implacable; que puisque Perceval l'avait condamné à mourir de misère, il avait bien le droit de le condamner à une peine équivalente; qu'il avait bien mûri son projet; qu'il avait acheté des pistolets, et qu'avec ces pistolets, il tuerait Perceval sans pitié...

Sir Edward se leva alors, et son regard fit lentement le tour de la table, à laquelle les conjurés étaient assis : sir Edward était pâle, il paraissait ému.

Il dit que Bellingham avait raison; qu'il ne fallait plus retarder l'exécution de la vengeance qu'ils avaient projetée en commun, qu'il fallait frapper sans pitié; il ajoute, qu'une affaire importante l'appelait en ce moment au près d'une personne influente, dont Bellingham connaissait le nom; qu'il n'avait pas voulu manquer ce rendez-vous, mais qu'il se voyait obligé, bien qu'à regret, de les quitter pour quelques instants.

— Que mon absence, dit-il, n'arrête pas vos délibérations, je vais revenir; discutez sans moi les moyens d'atteindre le but que nous nous sommes proposé, et quelle que soit votre décision, quel que soit l'homme qu'il me faille frapper, croyez que je n'hésiterai pas quand le moment sera venu!...

En parlant ainsi sir Edward se dirigea vers la porte, mais au moment de partir, il parut se raviser, et revint sur ses pas.

— Il est possible, cependant, ajouta-t il, que je sois retenu loin de vous, plus longtemps que je ne le voudrais, et il faut tout prévoir... peut-être aurez-vous besoin de quelque argent.., et j'en ai sur moi, de quoi faire face à toutes les exigences de notre cause : voilà de l'or, mes amis, employez-le comme vous l'entendrez.

Puis il disparut.

Les conjurés ne firent pas grande attention au départ de sir Edward, et ils se remirent, dès qu'il eut disparu, à discuter les moyens les plus sûrs d'atteindre ceux que l'on devait frapper.

Cependant l'heure avançait, et sir Edward ne revenait pas... On commença à s'étonner d'une aussi longue absence, et l'on se demanda quel motif pouvait le retenir, quand une discussion si importante avait lieu. Déjà même quelques soupçons injurieux commençaient à circuler de bouche en bouche, quand des coups retentirent sur la porte.

Les conjurés se regardèrent effarés.

— Qui cela peut-il être? demanda Bellingham en se levant.

— Ouvrez, au nom de la loi! dit une voix du dehors.

— Nous sommes trahis! s'écrièrent tous les conjurés à la fois.

Et tous allaient se lever en tumulte, quand Sidney leur imposa silence d'un geste impérieux.

— Sir Edward est un lâche, dit-il, il nous a vendus à la police; mais il nous a laissé, en partant, de quoi nous sauver.

— Comment? dirent vingt voix.

— Allons! poursuivit Sidney, que chacun prenne place autour de cette table, voici des cartes pour les uns, des dés pour les autres, des guinées et des bank-notes pour tous, jouez, mes amis, jouez un jeu d'enfer, et songez à votre tête!

Pendant qu'il parlait, Sidney avait jeté sur la table, des dés, des cartes, et l'argent de sir Edward, et comme les policemen continuaient d'ébranler la porte, il alla l'ouvrir.

La police ne s'attendait guère à trouver des joueurs, dans cette salle qu'on lui avait désignée; elle s'en montra toute déconcertée; mais elle avait ordre d'arrêter, et elle arrêta.

Mais que faire contre ces hommes qu'aucun indice grave n'était venu trahir? La présence de Sidney, dans cet endroit, suffisait d'ailleurs à expliquer le but de la réunion. — Ils furent tous relâchés.

Toutefois le danger qu'ils avaient couru, éclaira quelques-uns des conspirateurs, — l'association se trouva naturellement dissoute, et Bellingham retomba, comme par le passé, dans la plus affreuse misère.

Mais cette fois, la misère lui sembla encore plus dure à supporter, il avait eu un moment d'aisance et de bonheur ; le courage lui manqua tout à fait, quand il se vit menacé de nouvelles souffrances.

On était alors au mois de mai de l'année 1812. Bellingham n'avait revu aucun des hommes avec lesquels ils s'était trouvé en relation ; il avait fait de nouveau la solitude autour de lui, et était redevenu sombre et taciturne; il ne communiquait avec personne, pas même avec sa femme ; quand parfois, il se prenait à regarder ses malheureux enfants déguenillés, un frisson glacial parcourait ses membres, il passait la main sur son front, et maudissait Perceval qu'il accusait toujours de la situation dans laquelle il se trouvait.

Le 11 mai 1812, Bellingham se leva plus gai que d'habitude, il avait quelques guinées dans la poche sans qu'on eût jamais pu savoir de qui il les tenait ; il paya quelques menues dettes, déjeuna sobrement, donna à sa femme tout l'argent qu'il avait sur lui, et se disposa à sortir.

Avant de quitter sa chambre, il s'arrêta sur le seuil, puis, comme pressé par un sentiment plus fort que sa volonté, il revint sur ses pas, embrassa sa femme et ses enfants, et se sauva plutôt qu'il ne sortit.

Il était dix heures du matin.

Il se dirigea vers la chambre des communes, et entra dans le vestibule, où se tenaient d'habitude les visiteurs.

Il paraissait fort calme, aucun de ses mouvements n'annonçait l'impatience ; il se promena un instant, examina les personnes présentes avec une certaine attention, demanda si lord Perceval était arrivé, et sur la réponse négative de l'huissier, il alla s'asseoir nonchalamment sur un banc qui faisait le tour du vestibule.

Enfin Perceval parut.

Bellingham pâlit légèrement, et sa main trembla :

Néanmoins il se remet presqu'aussitôt, se lève avec assurance, et se dirige vers le ministre. Ce dernier n'avait pas encore eu le temps d'être entouré, Bellingham tire un pistolet tout armé de sa poche, et fait feu.

— Je suis assassiné ! s'écria aussitôt lord Perceval qui tomba en même temps sans mouvement, entre les bras de plusieurs personnes accourues.

La balle avait traversé le cœur.

Pendant que tout le monde s'empressait de relever le ministre, d'autres s'assuraient de la personne du meurtrier, le trouble était partout, la nouvelle circulait avec la rapidité de l'éclair, l'indignation enflammait tous les esprits, Bellingham seul restait calme et insensible au milieu du mouvement général.

— Je n'ai pas l'intention de fuir, dit-il, je savais et je sais parfaitement comment cela doit se terminer, et je n'entends pas m'opposer à ce que les choses aient leur cours naturel.

Une des personnes présentes lui ayant demandé ce qui avait pu le pousser à commettre un tel crime, il répondit toujours avec le même sang-froid.

— Au point de vue de ce qu'on appelle la justice, j'ai commis un crime ; au point de vue du droit naturel, je n'ai commis qu'une action toute simple. Je suis Anglais, et tous les Anglais étaient en état de légitime défense envers Perceval, qui était devenu le tyran de l'Angleterre. J'espère qu'il est bien mort, ajouta-t-il, je serais désespéré qu'il ne le fût pas. Vous voyez que je ne tremble pas, et si la chose était à refaire, je me conduirais absolument comme je l'ai fait.

Après de tels aveux, que Bellingham renouvela tant qu'on le voulut, les débats de son procès ne pouvaient être longs.

Pendant tout le temps qui s'écoula entre son arrestation et sa mise en jugement, il demeura le même homme, froid, impassible, résolu, et ne doutant pas qu'en tuant le premier ministre, il eût rendu un véritable service à son pays.

Il parut devant ses juges avec une certaine fermeté; il parla sans que sa voix parût altérée, soit par la crainte, soit par la haine, et répondit avec une parfaite clarté à toutes les questions qui lui furent adressées.

Reconnu coupable, on lui demanda s'il avait quelque chose à dire sur l'application de la peine.

Il se leva et dit :

— Je connais les lois de mon pays ; je les respecte et je m'y soumets. Pourtant je croyais devoir mourir sans regrets, et j'avoue que j'en éprouve un bien vif depuis deux jours.

Ces paroles produisirent une grande sensation ; c'était un effet, l'accusé s'y attendait. On crut un instant qu'il allait faire des aveux, se repentir de son crime, l'accusé continua de la même voix impassible, et du même ton railleur.

— C'est qu'il y a deux jours, poursuivit-il, j'ai appris qu'une pension énorme a été accordée à la veuve de Perceval, et à ses enfants. C'est là un véritable vol fait à la nation, et c'est l'action que j'ai commise et pour laquelle vous me jugez qui a servi de prétexte à ce vol. Personne n'ignore que la famille de Perceval est une des plus riches des trois royaumes ; son frère aîné possède plus de cent vingt mille acres de terres confisquées sur les catholiques... Et voilà le secret de la haine que portait aux catholiques l'homme dont j'ai purgé la terre... La fortune particulière de cet homme est immense ; elle était considérable déjà lorsqu'il arriva au parlement, et depuis quinze ans il l'a centuplée. C'est en expiation de sa rapacité et de ses autres méfaits que Dieu l'a frappé avec mon bras, et voilà que sa mort même ne peut mettre un terme à son avidité...

Le président l'ayant interrompu pour lui représenter qu'il aggravait sa position :

— Ma position est ce qu'elle doit être, répondit-il, il n'appartient à personne de l'aggraver ni de la rendre moindre.

Bellingham entendit l'arrêt qui le condamnait à la peine de mort avec cette même impassibilité qu'il n'avait cessé de montrer, et il se retira sans paraître plus ému qu'auparavant.

Rentré dans sa prison, il fit quelques dispositions, écrivit à sa femme, puis, il se coucha, et s'endormit!

L'heure de l'exécution était arrivée, le shériff se présenta, le condamné en l'apercevant, s'inclina, en signe de soumission. Le sommeil semblait lui avoir donné une vigueur nouvelle, il subit les terribles préparatifs du supplice sans montrer la moindre émotion; quand tout fut fini, il fit remarquer lui même au shériff qu'il était prêt, et le pria de ne pas tarder davantage.

Quand ils arrivèrent dans la rue, il y avait une foule compacte ; tous voulaient voir; les uns le saluèrent avec acclamations, les autres lui jetèrent de la boue et des pierres.

Bellingham paraissait préparé à tout. Il remercia ceux qui l'applaudissaient et jeta un regard de dédain à ceux qui lui envoyaient des imprécations.

Cependant on avançait toujours... enfin on arriva au lieu où l'exécution devait se faire.

Pour la première fois, Bellingham frissonna, un sourire amer plissa ses lèvres, il regarda attentivement l'instrument avec lequel on devait le frapper, puis il se tourna du côté de la foule.

Alors il salua les assistants, se prêta de très-bonne grâce aux dispositions nécessaires, et mourut sans qu'un mot, un geste, un mouvement démentît le caractère qu'il avait montré jusqu'alors.

LES CARBONARI.

CHAPITRE PREMIER.

Morelli et Beppo. — Les voyageurs nocturnes. — La chambre d'honneur. — La Carbonara. — André Hoffer. — A mort les Français! — Les paysans du Tyrol. — Francesca. — Amour adultère. — L'agent de l'Autriche. — L'intérieur d'André Hoffer. — Le traître. — Le coup de pistolet. — Le barbon. — Mort d'André Hoffer.

C'était pendant l'hiver de 1809, non loin de la ville de Méran, au beau milieu des montagnes du Tyrol.

Il faisait une nuit claire et froide, la neige couvrait le sol, le vent sifflait, avec une plainte triste et monotone, au coin de chaque rue. Dans une des dernières maisons de la ville, sur la route qui conduit à Brixen à travers un redoutable défilé, deux hommes étaient attablés, le chapeau enfoncé sur les yeux, et ils paraissaient causer avec une certaine chaleur.

L'un était vieux, il avait au moins soixante ans ; mais la vie active qu'il avait menée jusqu'alors lui avait épargné la précoce décrépitude que l'âge imprime fatalement au front de tout vieillard : sa taille était encore droite et ferme, il portait la tête haute, son œil avait des regards vifs et pleins d'étincelles.

L'autre était un jeune homme de trente ans au plus, pâle, délicat, aux cheveux noirs, au regard doux et mélancolique.

Le plus âgé de ces deux hommes s'appelait Morelli ; le plus jeune n'était connu que sous le nom de Beppo.

Il y avait déjà près d'une heure qu'ils se trouvaient attablés ainsi, et ils ne s'apercevaient pas que l'heure avançait, et que tout bruit s'était tu au dehors depuis longtemps.

Enfin, Morelli releva le front, et montra du doigt un coucou placé dans un coin de la salle.

— Beppo, dit-il à voix basse, voici que neuf heures vont sonner; m'est avis que nous pouvons partir.

— Déjà ! fit Beppo en tressaillant.

— Comment, déjà ! répliqua Morelli ; nous avons au moins trois heures de marche avant d'arriver au rendez-vous, et par le temps qu'il fait, il est bon de prendre ses précautions pour ne pas manquer l'assemblée.

— Vous voulez donc que j'y aille?

— Comment, si je le veux ! maître Beppo ; pardieu ! je vous trouve plaisant, quand tout le monde sera là, je voudrais bien voir que vous nous manquassiez !... Allons, allons, jeune homme, pas de mollesse, et en route !

Les deux hommes se levèrent sur ces paroles, payèrent ce qu'ils avaient pris, et s'éloignèrent bientôt de Méran, en prenant la direction du défilé de Brixen.

La lune s'était levée, mais la neige continuait de tomber avec la même intensité ; les chemins semblaient impraticables ; nos deux voyageurs n'hésitèrent cependant pas un moment sur celui qu'ils devaient prendre, et en moins de quelques minutes, ils se trouvèrent avoir mis déjà une distance considérable entre eux et la ville de Méran.

Beppo sembla respirer quand il se retrouva au milieu de la campagne.

— Voici un rude temps, dit-il avec une sorte d'enjouement, qu'en dites-vous, Morelli ?

— Je dis, je dis que j'en aimerais autant un autre ; cette neige est très-pittoresque, je n'en disconviens pas, mais elle finit par percer les habits et mouiller les épaules ; de plus, cela n'est pas chaud pour les pieds.

— Bah ! fit Beppo en s'enveloppant de son manteau, pour mon compte, c'est le temps que j'aime ; la nuit froide et claire, la neige, le vent. Quel bonheur, quand on a passé ainsi deux ou trois heures, à rentrer chez soi, où vous attendent un bon feu, un splendide souper et une charmante maîtresse !

— Diable ! diable ! Beppo, répondit Morelli en regardant sournoisement le jeune homme, je vous ai rarement vu de si belle humeur que ce soir... est-ce donc que vous avez fait quelque bonne fortune à Méran ?

— J'y suis resté à peine deux heures.

— Comme moi.

— Et puis, je n'y connais personne.

— Eh bien ! n'importe ! quelle que soit la cause qui éveille votre gaieté, mon ami, elle me plaît, et je l'aime bien mieux que votre air soucieux de tout à l'heure. Vous aviez l'air d'un moine à jeun.

— Que voulez-vous ! Morelli ; il y a des jours comme cela dans la vie, des heures, des minutes où l'on donnerait volontiers son âme au diable, tant on se sent au cœur de tristesse et d'amertume ; mais,

Dieu merci, je suis jeune encore, j'ai trente ans, et mon existence peut avoir encore plus d'une joie.

— Est-ce que vous êtes donc triste quelquefois?

— Oui.

— Et qui donc cause ces tristesses passagères?

— Le sais-je moi-même! mon vieil ami; le regret, le désir, le doute, tout cela à la fois, ou chacun de ces sentiments tour à tour, je l'ignore; mais tout à l'heure il eût fallu bien peu de chose pour m'empêcher d'aller à ce rendez-vous.

— Voilà qui est étrange!

— Mais, je vous l'ai dit, et vous le voyez maintenant, cela dure peu, et la gaieté me revient vite. Allons, ne parlons plus de cela; songeons que l'on nous attend, et pressons le pas.

A partir de ce moment, la marche des deux hommes devint plus rapide encore, et, malgré la difficulté que leur présentait l'état des chemins, ils s'orientèrent avec une telle sagacité, qu'en moins de trois heures ils arrivèrent au terme de leur course.

Cependant, à mesure qu'ils approchaient du but, ils remarquèrent avec une visible satisfaction qu'ils n'étaient pas seuls à exécuter le même voyage; de temps en temps, ils voyaient passer au loin des silhouettes d'hommes qui, grâce à la clarté de la lune, se détachaient sur le fond de neige, et chacun de ces hommes paraissait se diriger du même côté.

Morelli le fit remarquer à Beppo.

— Tenez, lui dit-il, vous le voyez, mon jeune ami, la nuit sera bonne, car voici que de tous les points les hommes nous arrivent. Le Tyrol est un sol fécond; on n'a qu'à frapper du pied pour en faire sortir des soldats dévoués et intrépides.

— L'Autriche ne l'ignore pas, repartit Beppo.

— Ah! oui, l'Autriche; mais elle en abuse aussi, avouez-le, vous qui la servez; parce qu'elle est aujourd'hui menacée, elle nous accueille avec son plus doux sourire et les plus belles promesses; mais que l'ennemi disparaisse, que les Français soient contraints de s'éloigner, et nous retomberons, comme par le passé, sous le joug.

— C'est probable.

— Et cependant, si, dans ce moment, elle peut respirer et se préparer à son aise à de nouveaux combats, n'est-ce pas à nous qu'elle le doit? n'est-ce pas nous, dont le courage arrête l'élan de l'armée française? Croyez-moi, maître Beppo, un gouvernement ne devrait jamais oublier de pareils services.

— Je suis de votre avis, Morelli, répondit Beppo; mais il faut dire aussi que votre dévouement est ici intéressé très-vivement dans la question, et si vous n'aviez pas vos foyers, vos femmes, vos enfants à défendre, je pense que vous laisseriez l'Autriche se débarrasser de ses ennemis.

Morelli ne répondit pas à cette objection; d'ailleurs, ils venaient d'entrer dans le défilé, et deux hommes, armés jusqu'aux dents, s'étaient présentés inopinément à eux.

— Quelle heure est-il? demanda un des deux hommes en se tournant vers Morelli.

— Minuit, répondit ce dernier.

— Où voulez-vous aller?

— Dans une chambre d'honneur.

— Et où se trouve cette chambre d'honneur?

— Au milieu d'une vaste forêt, sur le siége d'un fourneau, entouré de trois bons cousins, qui sont trois maîtres.

— C'est bien; passez.

Morelli et Beppo passèrent.

A quelques pas, ils rencontrèrent encore deux hommes armés, qui leur adressèrent les mêmes questions, et auxquels ils firent les mêmes réponses; enfin ils arrivèrent à l'entrée d'une immense caverne, pratiquée à vif dans le roc, et dont l'approche se trouvait défendue par une dizaine d'hommes armés de fusils et de sabres.

Là encore, Morelli et Beppo furent arrêtés.

— Quel est le but de la *Carbonara?* demanda un des gardiens à Morelli.

— De rendre les hommes vertueux, et de leur inspirer l'amour de la patrie, et la haine de ses ennemis.

— Quelle est l'habitation des bons cousins ?

— Le ciel, que nous devons espérer.

— Quelle est leur mère ?

— La terre, dans laquelle nous devons rentrer.

— C'est bien ; passez, et rappelez-vous les saints engagements que vous avez pris.

Morelli et Beppo entrèrent dans la caverne, où déjà bon nombre de membres de l'association avaient pris place.

La caverne était presque pleine, et, à chaque instant, de nouveaux membres arrivaient. Morelli alla prendre place près d'une sorte de trône élevé au milieu de cette salle ; mais quand il se retourna pour adresser la parole à Beppo, il s'aperçut qu'il avait disparu.

Beppo avait profité de la foule pour disparaître.

Malgré la singularité de ce fait, Morelli s'assit avec calme, et attendit.

La salle s'emplissait peu à peu, et bientôt un tumulte confus de voix s'éleva de tous les coins et alla réveiller les échos sonores de la voûte.

C'étaient pour la plupart des paysans du Tyrol, vêtus de leur costume grossier, avec des guêtres de cuir qui leur montaient jusqu'au-dessus du genou, et une peau de bête qui leur tombait des épaules.

Tous étaient grands, robustes, armés d'une carabine dont ils savaient admirablement se servir. Quelques-uns avaient un ou deux chiens de chasse autour d'eux.

Cette assemblée présentait ainsi un aspect des plus pittoresques ;

il n'y avait point de siéges dans la caverne, à part une sorte de banc circulaire en granit; presque tous étaient donc debout, et cette foule ressemblait à une mer dont les vagues, pleines de murmures et de sourds grondements, allaient et venaient d'une paroi à l'autre.

Enfin, le silence s'établit tout à coup, et un homme entra dans la salle, traversa les flots pressés de l'assemblée, et se dirigea vers la tribune à laquelle il monta.

Cet homme était remarquablement robuste, d'une taille gigantesque, d'une physionomie imposante quoique douce; une barbe épaisse et noire descendait jusque sur sa poitrine; il pouvait avoir quarante-cinq ans.

Dès qu'il parut à la tribune, des cris enthousiastes partirent aussitôt de tous les coins de la salle, des applaudissements frénétiques se firent entendre, et mille chapeaux s'élevèrent vers la voûte.

— André Hoffer! André Hoffer! criait-on de tous côtés; c'est lui! c'est le héros du Tyrol! vive le chef!...

André Hoffer, qui était l'objet de cette ovation, se contenta de sourire, et se tourna vers Morelli, dont il serra silencieusement la main; puis il étendit le bras vers l'assemblée, et réclama le silence.

— Mes amis, dit-il d'une voix éclatante, mes amis, votre accueil est ma plus douce récompense; je ne voulais pas accepter la mission que l'on m'a confiée, j'hésitais à entrer dans cette voie d'insurrection permanente... mais l'Autriche y tenait, et vous aussi : l'Autriche seule ne m'eût pas décidé à sortir de mon obscurité et de mon inaction, mais vous, mes amis, vous qui êtes venus me parler au nom de l'indépendance de notre pays, vous qui aviez profondément enracinée dans le cœur la haine de la France et l'amour de la liberté; oh! je n'ai pu résister, et je me suis fait votre chef!...

— Oui! oui!... Vive Hoffer!... notre libérateur!

— Votre libérateur, mes amis, poursuivit-il avec un triste sourire, non, malheureusement, les circonstances ne nous ont pas favorisés; victorieux pendant quelque temps, nous nous sommes vus contraints de reculer devant nos ennemis; nous décimions leurs armées, nous jetions le désordre, le trouble dans leurs rangs, mais ils avançaient toujours... Ah! ce sont de vaillants soldats! mes amis; et hier, m'a-t-on dit, hier même, ils ont envoyé une division à Brixen et à Méran.

— Nous les avons vus!... cela est vrai!... A mort les Français! cria-t-on encore.

— Maintenant, reprit Hoffer quand le silence se fut rétabli, maintenant, plus que jamais, il faut que nous serrions nos rangs, et que nous fassions usage de tout ce que Dieu a mis dans nos cœurs de courage et d'énergie; jusqu'aujourd'hui, nous avons tenté de résister à l'invasion en combattant nos ennemis en plein jour et en plein soleil; maintenant, c'est dans l'ombre et dans la nuit qu'il nous faut l'attaquer, et pour cette guerre de tous les jours, de tous les instants, ce n'est pas seulement du courage qu'il est besoin, mais d'adresse, de constance et d'audace!

— Nous en aurons! dit l'assemblée.

— Je sais, répondit Hoffer, que le Tyrol peut compter sur votre dévouement, vous en avez donné des preuves nombreuses dans ces temps difficiles, et ces actes courageux ne seront pas les derniers... Soyons donc attentifs à notre rôle, mes amis; qu'à partir d'aujourd'hui aucun de nous n'oublie qu'il a affaire à des armées nombreuses; que chacun soit prudent, mais gardons nos armes chargées, faisons vigilance, et ne laissons jamais passer une occasion de tuer un de nos ennemis; c'est ainsi seulement que la guerre est possible avec les Français; c'est en les décimant un à un, en leur inspirant une sorte de terreur superstitieuse, qu'ils arriveront à nous respecter; qui sait! peut-être réussirons-nous ainsi à les éloigner de nos montagnes, et alors, que nous importe l'Autriche!

— C'est cela! c'est cela! dirent les paysans d'une voix unanime; que nous importe l'Autriche!

— Mieux vaudrait la France encore!

— Oui! mieux vaut la France!...

A ce moment, les rangs de la foule se séparèrent, et un homme, d'une taille aussi élevée que André Hoffer, mais vieux et courbé par l'âge, s'avança d'un pas encore ferme vers la tribune, où se tenait le chef des premiers Carbonari.

Les paysans s'écartaient avec respect pour le laisser passer, et il arriva ainsi jusqu'au pied de la tribune. Dès qu'il vit le vieillard, André alla à sa rencontre.

— Eh quoi! lui dit-il d'une voix émue, vous aussi, père Bernardo, vous n'avez pas craint la rigueur de la saison, et vous venez vous joindre à nous!

Le vieillard releva le front avec orgueil, et parcourut l'assemblée d'un regard vif et prompt.

— Oui, répondit-il d'une voix tremblante, mais sonore encore, oui, mon fils, je suis venu; j'ai quatre-vingts ans cependant, et l'hiver est rude; mais la nouvelle que j'avais à vous apporter était grave, et ne pouvait souffrir de retard : je suis venu.

— Qu'y a-t-il donc? demanda André étonné.

Et le cercle se rétrécit aussitôt autour du vieillard, et chacun prêta une oreille attentive.

— Il y a, André, il y a que pendant que vous méditez ici la perte de vos ennemis, un homme médite la vôtre.

— Que dites-vous?

— La vérité.

— Un traître se serait glissé parmi nous! s'écria André d'une voix terrible et en fronçant le sourcil.

— Un traître! répétèrent mille voix.

— Oui, André, un traître! ajouta le vieillard.

— Mais quel est-il?

— Je l'ignore.

— Comment avez-vous su?...

— C'était hier, à Méran, où j'habite une petite maison, comme vous savez... le général commandant la division française est venu s'y loger; ma vieillesse éloigne tous les soupçons, et j'ai pu de la sorte tout apprendre.

— Parlez! parlez!

— Eh bien! j'ai appris qu'un homme, dont on ne m'a pas fait connaître le nom, était venu, il y a quelques jours, à Méran trouver le général; que cet homme avait déclaré connaître la retraite d'André Hoffer, et qu'il s'était offert de le livrer moyennant une forte récompense.

— Et l'on a accepté?

— Sur-le-champ.

— Mais cet homme! cet homme!... s'écria André bouleversé; ah! je donnerais ma vie pour savoir son nom!...

Et, pendant que chacun se livrait à tous les commentaires de l'indignation et de la colère, André demeurait là, l'œil fixé à terre, les bras pendants, la poitrine haletante.

— André! dit alors une voix connue à son oreille.

André se retourna en tressaillant, et reconnut Morelli.

— Que me veux-tu? lui demanda-t-il vivement.

— Chut! fit Morelli; ce nom que tu cherches, je l'ai peut-être trouvé.

— Toi!

— Plus bas, il est inutile de mettre ces hommes qui nous entourent dans la confidence... quand tu retourneras vers ta demeure, je t'accompagnerai.

— Et tu me diras le nom du traître?

— Je te le dirai.

— Tu me le promets.

— Je le jure...

— Mes amis, dit aussitôt André en se redressant, le front plein d'éclairs, ne nous laissons point absorber par les révélations que l'on vient de nous faire; un traître s'est, dit-on, glissé parmi nous; il a proposé de me livrer à nos ennemis; eh bien, qu'ils y viennent!... Tous les jours je changerai de demeure, les montagnes du Tyrol sont assez vastes, nous en connaissons tous les détours; ne craignons rien, et avant que je tombe entre les mains de nos ennemis, nous pourrons leur tuer encore quelques-uns de leurs soldats. Au revoir donc, mes amis, et que nul n'oublie les recommandations que j'ai faites... Dans huit jours, d'ailleurs, nous nous retrouverons à cette même place.

L'assemblée s'écoula alors peu à peu, comme elle était venue, et chacun reprit lentement le chemin des montagnes.

Quant à André Hoffer, il laissa la foule s'écouler, puis, quand il eut vu chacun s'éloigner et disparaître, il fit signe à Morelli, qui l'attendait, et ils partirent ensemble.

II.

Pendant que ces faits se passaient de ce côté, Beppo avait eu le temps de faire beaucoup de chemin.

Il avait remonté la voie étroite du défilé, avait gravi rapidement la montagne par les chemins de traverse qu'il paraissait connaître, comme s'il habitait le Tyrol depuis sa plus tendre enfance, et moins d'une heure après, il se trouva en face d'une petite masure de mauvaise apparence, laquelle disparaissait presque sous les monceaux de de neige qui l'entouraient.

C'était la demeure d'André Hoffer et de sa maîtresse.

Avant d'être chef des bandes insurrectionnelles du Tyrol, André

Hoffer avait commencé par être aubergiste près de Briken, où il vivait tant bien que mal du produit qu'il retirait de son commerce.

Hoffer aimait profondément son pays, et ce n'est qu'avec une sainte colère qu'il avait vu les troupes françaises envahir le territoire sur lequel il était né.

On conçoit que par sa force, autant que par la nature de son commerce, André devait se trouver en rapport avec un grand nombre de ses compatriotes, et par conséquent, connaître à fond les dispositions de ces derniers, à l'égard des envahisseurs. C'est par ces considérations que l'Autriche fut amenée à lui faire des ouvertures; mais André Hoffer les repoussa tout d'abord.

Il vivait heureux, il ne se sentait nullement disposé à entreprendre de telles luttes, à se charger d'une semblable mission; il ne pouvait pas, d'ailleurs, se trouver dans les conditions propres à un tel rôle.

Mais les tentateurs ne se tinrent pas pour battus; ils revinrent à la charge, insistèrent de nouveau; ils firent circonvenir l'aubergiste, lui promirent un brillant avenir, de la gloire et de l'argent, et André Hoffer se laissa facilement séduire.

Après tout, il connaissait parfaitement le pays, il était d'une nature robuste, pouvait résister à la fatigue, et rien ne lui était aussi facile que de trouver des retraites inaccessibles en cas d'insuccès. Il vendit donc, un beau jour, l'auberge qu'il habitait depuis longtemps, et bientôt on apprit qu'il avait commencé ses opérations.

Cependant, l'Autriche ne voulait pas perdre le fruit de sa victoire, et pour avoir toujours l'œil sur André Hoffer, et être prévenue à temps, dans le cas où il tenterait de passer à l'ennemi, elle plaça près de lui une sorte de secrétaire, qui n'était autre chose qu'un *socius*, chargé de rendre au gouvernement autrichien un compte fidèle de toutes ses opérations.

C'était maître Beppo que l'on avait choisi pour ce rôle.

Dès que ce dernier se trouva près de la porte de la demeure

d'Hoffer, il frappa d'une façon particulière, et une femme vint aussitôt lui ouvrir.

— Est-ce donc vous, Beppo, dit la femme en le saluant de son plus radieux sourire.

— Moi même, Francesca, répondit le jeune homme, ne m'attendiez-vous pas?

— Entrez, et vous verrez, dit la femme.

Beppo entra dans la première chambre de la masure, un feu brillant pétillait dans l'âtre, une table, couverte de plats et de bouteilles, était placée à côté, et sur cette table il n'y avait que deux couverts.

Beppo considéra un moment la jeune femme d'un regard attendri, puis il alla à elle, prit son front dans ses mains, et le baisa avec amour.

— Ah! vous êtes bonne, et douce, et tendre, Francesca, lui dit-il d'une voix émue, et je vous aime!

— Vous me direz cela plus tard, interrompit la jeune femme, pour le moment, débarrassez-vous bien vite de votre manteau, et venez vous asseoir près de cette table, et à côté de ce bon feu!

Beppo se laissa faire, et un instant après il était attablé à côté de Francesca, dont le visage rayonnait de satisfaction.

— Vous vous êtes bien fait attendre, ce soir, dit la jeune femme après quelques instants de silence, il y a déjà plus d'une heure que vous devriez être ici! j'ai eu de l'inquiétude.

— J'ai été retenu, dit Beppo d'un ton soucieux.

— Et par qui donc?

— Par Morelli.

— Un vilain homme que je déteste; je ne sais pourquoi, il me semble toujours que cet homme n'a pas de franchise, qu'il cache quelque dessein caché, je gagerais qu'il a découvert nos relations.

— C'est impossible!

— Je me trompe peut-être, dit Francesca, je le désire ardemment, parce que André Hoffer serait impitoyable et me tuerait... mais il y a cependant, dans l'attitude de Morelli, quelque chose de mystérieux qui m'a frappée depuis quelques jours.

Beppo demeura silencieux pendant quelques instants, puis il attira la jeune femme dans ses bras.

— Si tes pressentiments ne t'avaient pas trompée, lui dit-il, d'une voix émue, il faudrait prendre garde, mon enfant chère; Morelli est un homme redoutable, et je suis certain que s'il découvrait quelque chose de nos relations, il ne manquerait pas d'en instruire Hoffer; et pour toi, pour toi seule, entends-tu, je veux que nous agissions désormais avec plus de prudence.

— Pauvre Beppo... dit Francesca, sais-tu que j'ai bien souvent songé à cette éventualité terrible; chaque jour un danger nous menace; nous sommes exposés à la mort à chaque instant, et cependant, je le sens, s'il me fallait rompre ces liens qui font toute ma joie, tout mon bonheur, je ne survivrais pas à cette séparation.

— Bonne Francesca, repartit Beppo, en baisant les longues tresses de ses cheveux, à moi aussi cette pensée est venue plus d'une fois, mais quand je songeais à une séparation possible, je me disais que si tu le voulais cependant, nous pourrions être heureux sans appréhensions, sans danger, que la vie ne serait plus pour nous qu'un long rêve de bonheur, que jamais aucune puissance humaine ne pourrait plus nous séparer.

— Comment cela! demanda Francesca, en ouvrant de grands yeux naïvement étonnés.

— Tiens, Francesca, poursuivit le jeune homme, je t'aime de toutes les forces de mon âme; tu es mon premier, mon seul amour; avant de t'avoir rencontrée, je ne pouvais croire que la vie eût tant de joies, tant de bonheur!... Eh bien, souvent, quand je te quittais, te laissant aux bras de cet homme, que j'ai pour mission de surveiller, oh ! souvent, je te le dis, des idées de meurtre et de suicide traversèrent mon cerveau.

— De meurtre, de suicide, répéta Francesca.

— Oui !... je voulais fuir, m'éloigner, ne plus te voir, je voulais renoncer à cette existence que la jalousie me rendait insupportable, et, bien des fois, je me suis endormi la main sur la lame de mon poignard.

— Beppo !

— Alors je me disais que si tu m'aimais comme je t'aime, tu m'épargnerais toutes les tortures que j'endure, tu me délivrerais du fardeau que je porte, enfin, tu remplirais ma vie d'un amour sans amertume, d'un bonheur sans mélange.

— Mais que faut-il donc faire pour cela ?

— Ne l'as-tu pas déjà deviné ?

— Si j'y avais pensé, Beppo, j'aurais été la première à te l'offrir.

— Oui, tu as raison, tu es dévouée, et tu me comprends, et tu m'aimes ; eh bien, réponds Francesca, pourquoi sommes-nous ici éternellement tourmentés et inquiets ; pourquoi nos embrassements sont-ils incessamment troublés ; d'où vient cette épouvante qui pèse sur ton cœur, cette amertume jalouse qui pèse sur le mien... dis, dis, réponds, n'est-ce pas parce que là, près de nous, il y a un homme, dont notre amour fait un ennemi, qui t'épouvante, toi, et que je hais, moi ! Eh bien, si d'ici à demain, cet homme n'était plus là, ne serions-nous pas plus heureux... plus libres...

— Un meurtre ! fit Francesca en pâlissant.

— Non, Francesca, oh non, pas de meurtre, jamais ma main ne versera le sang d'un homme par trahison, non, pas de meurtre, mais la fuite.

— Fuir !..

— Qui t'arrête ?

— Ce serait plus affreux encore !

— Comment!...

— Oh! ne l'espère pas, Beppo, non; si je suivais ton conseil, je deviendrais la plus malheureuse des femmes, car le remords me poursuivrait partout.

— Mais tu ne l'aimes pas cependant?

— Non, cela est vrai; avant de te connaître, je l'avais suivi, sinon par amour, du moins par dévouement. André est bon, doux, il n'a eu pour moi que des bontés, et l'amour que tu m'as inspiré est de l'ingratitude de ma part; mais du jour où je t'ai vu, Beppo, je n'ai pu contenir les élans de mon cœur, je n'ai eu ni prudence, ni réserve, j'ai oublié André, et sa bonté, et son amour, et je me suis donnée.

— Eh bien!

— Eh bien! tu ne comprendras peut-être pas cela, Beppo, malgré l'amour que j'ai pour toi, amour qui suffira au bonheur de ma vie entière, malgré les fautes que j'ai commises, et qui ont creusé un abîme entre Hoffer et moi, cependant je ne pourrai jamais me résoudre à l'abandonner.

— Ce serait le bonheur, Francesca!

— Ce serait le remords éternel! Songes-y, Beppo, André est seul, il m'aime, comme tu m'aimes, avec passion, avec enivrement, comme il aime son pays, comme il aime ses montagnes; cet homme est grand, il accomplit une noble et courageuse mission... eh bien! si je l'abandonnais, mon ami, si demain, en rentrant dans cette demeure, il ne me trouvait plus sur le seuil, l'accueillant de mon plus doux sourire, c'en serait fait de lui, il mourrait!

— Lui!

— C'est ainsi, Beppo. Que pourrais-je ajouter... André Hoffer a une vie de dangers, je la partagerai; je le suivrai jusqu'à sa dernière heure, et, je le jure, je ne le quitterai que lorsqu'il aura cessé de vivre.

— Et d'ici là, Francesca, moi, je souffrirai, moi, j'endurerai tous les tourments de la jalousie !

— D'ici là, vous, Beppo, répondit Francesca en jetant amoureusement ses deux bras au cou de son amant, d'ici là, vous vous contenterez d'être le plus aimé des hommes; d'ici là, vous saurez que je n'ai que vous dans l'esprit et dans le cœur, que je vous aime à mourir pour vous, et je vous donnerai tant de preuves de mon amour, de mon dévouement, de mon abandon, que vos craintes s'apaiseront, que votre front s'éclairera, et que vos lèvres souriront... Est-ce vrai?

Beppo tint la jeune femme longtemps serrée contre son cœur.

— O Francesca! répondit-il enfin, je croyais t'avoir donné tout mon amour, mais tu sais ouvrir les recoins les plus cachés de mon cœur, et en faire jaillir de nouvelles et plus vives étincelles. Francesca, je suis un ingrat; oublie ce que je t'ai dit, et Dieu nous fasse longtemps cette vie heureuse et pleine de rêves enchantés!

Ils restèrent encore une heure ainsi. Francesca avait vingt ans à peine; elle était grande, forte, à l'œil noir et vif, aux rondes épaules, à la taille souple et élancée. On lisait sur son front et dans ses regards une résolution et une spontanéité peu communes, on devinait à ses gestes toute la pétulance passionnée de son caractère.

Il y avait dans l'amour qu'elle portait à Beppo beaucoup de la tendresse d'une mère pour son enfant. Beppo était pâle, délicat; Francesca s'était prise d'abord de compassion pour lui; l'amour n'était venu qu'ensuite; mais un amour plein de dévouement, de caresses inquiètes, de prévenances jalouses; elle ne s'était pas demandé si elle faisait mal en agissant ainsi; elle obéissait à ce sentiment qui s'était emparé d'elle, sans se demander si ce sentiment ne devait pas un jour faire le malheur de toute sa vie.

Beppo, de son côté, aimait la jeune femme avec un complet abandon; il avait vécu jusqu'alors entièrement isolé; l'amour n'avait pas encore touché son cœur; la vue de Francesca l'avait surpris; il l'avait trouvée belle, et il l'avait aimée avec oubli.

Mais, ainsi qu'il venait de le dire, cet amour n'avait pas été, pour lui du moins, exempt de tourments et de troubles; et bien souvent Beppo avait songé à arracher Francesca à cette vie qu'elle menait, à la transporter dans une autre patrie, loin d'André, dans un endroit enfin où il aurait pu jouir seul et en toute liberté de sa beauté et de son amour.

Cependant, Morelli et André Hoffer avaient quitté la caverne où avait eu lieu la réunion des principaux chefs de l'insurrection tyrolienne. Ils avaient gravi les montagnes qui environnent le défilé, et pris le même chemin que Beppo.

Ils marchaient à pas rapides, et sans échanger une parole.

Autour d'eux régnait un silence plaintif; la neige tombait en flocons épais, et le vent la chassait en tourbillonnant dans les précipices qui bordent la route.

Enfin, André Hoffer rompit le silence.

Jusqu'alors, il avait marché la tête penchée sur la poitrine; il paraissait plongé dans une profonde réflexion, et ne prenait garde ni au temps, ni à la route, ni à son compagnon de voyage.

Il releva tout à coup le front, et regarda Morelli.

— Morelli, lui dit-il d'une voix ferme, où perçait peut-être un accent d'ironie, tu m'as promis de me dire le nom du traître dont Bernardo nous a, ce soir, dénoncé les manœuvres; voyons, hâte-toi de me tirer d'inquiétude, et dis-moi quel est le misérable que nous devons punir.

Morelli sourit dans l'ombre, et prit la main d'André.

— Hoffer, répondit-il, je n'ai point dit précisément que j'eusse des données certaines sur le traître, mais de fortes présomptions se réunissent pour me faire croire que je ne me suis pas trompé.

— Et quel est cet homme?

— Beppo.

— L'agent de l'Autriche?

— Lui-même.

— Cela n'est pas possible!

— Ah! j'ai douté quelque temps comme toi de la réalité, mon vieil ami, mais depuis quelques jours bien des indices sont venus qui m'ont confirmé dans mon opinion.

— Mais quel intérêt aurait-il à nous trahir?

— Un très-grand.

— Lequel?

— Je ne sais si je dois te le dire.

— N'est-il pas l'agent de l'Autriche; n'est-ce pas sa cause que nous défendons; ne l'avons-nous pas fait jusqu'ici avec assez de courage!

— Tout cela est fort juste, Hoffer, et je n'ai rien à répondre à de pareilles objections. Contre nous, je pense bien que Beppo n'a aucune haine, mais c'est contre toi... ce n'est pas nous, Morelli, Bernardo, etc., qu'il veut livrer aux ennemis, c'est André Hoffer.

— Explique-toi!

— Je m'expliquerai, mais à une condition.

— Laquelle?

— C'est que tu ne m'en voudras pas de t'avoir dit la vérité.

— Qu'est-ce que cela signifie?

— Cela signifie, Hoffer, qu'il se passe des choses graves qui te touchent de près, et je te ne les ferai connaître que sous la condition que je t'ai dite.

— Parle donc, et dépêche-toi!

Il y eut alors un moment de silence solennel; les deux hommes s'étaient remis en marche, et l'on n'entendait que le bruit de leurs pas sonores sur la neige glacée. Enfin, Morelli reprit:

— Il y a déjà quelque temps, que je m'étais douté de quelque chose; mais cela me semblait si extraordinaire, si impossible, que je fus longtemps avant de me décider à croire.

— A croire quoi?

— Beppo savait trouver mille prétextes ingénieux pour rester chez toi quand quelque expédition t'appelait au dehors; il me paraissait plus soucieux et moins communicatif; nos réunions le voyaient moins souvent; enfin, j'avais cru remarquer plusieurs fois quelques signes d'intelligence échangés mystérieusement entre lui et Francesca...

— Francesca! fit André Hoffer.

— Ah! Dieu me préserve d'accuser la jeune femme de complicité! repartit Morelli.

— Cependant... objecta André.

— Eh! ne pouvait-elle pas tromper Beppo, sonder son cœur, voir jusqu'où il pousserait la dissimulation et le mensonge, pour mieux te sauver si quelque danger venait à te menacer?

— Enfin! enfin! fit André Hoffer impatienté.

— Enfin, voici ce que je crois, ce dont je suis sûr, Beppo est amoureux de Francesca; sous quelque prétexte que ce soit, cette dernière lui a laissé croire à son amour, et Beppo ne songe qu'à se débarrasser de toi... Cette nuit, je l'ai trouvé à Méran...

— Qu'y allais-tu faire? interrompit brusquement André.

— J'allais le surveiller.

— Et qu'y as-tu appris?

— Des choses singulières... Beppo a vu un voiturier, il lui a demandé une voiture pour ces jours-ci, il lui a même payé le voyage d'avance. Si Bernardo ne t'avait point parlé de trahison, je t'aurais appris toutes ces particularités après la réunion de ce soir.

— C'est bien, dit André Hoffer, c'est bien; maintenant me voilà suffisamment éclairé... Merci, Morelli, mon ami, merci; ce que tu as fait est bien, tu me devais la vérité; je suis assez courageux pour l'entendre. Maintenant, séparons-nous... je rentre chez moi; je saurai dans quelques instants que penser au juste de tout ceci... Va de ton côté, et si j'ai besoin de toi, je te ferai appeler.

— Tu ne veux pas que je t'accompagne.

— Pas le moins du monde.

— Tu ne m'en veux pas.

— Et de quoi donc?

— Au revoir, André.

— Au revoir, Morelli...

Les deux hommes se donnèrent une poignée de main, puis ils s'éloignèrent en prenant chacun une direction contraire.

III.

Quand André Hoffer arriva à la masure qui lui servait d'habitation, Francesca était seule dans la chambre. Il frappa et elle vint lui ouvrir.

André entra sans mot dire, alla jeter son manteau sur le lit, et revint s'asseoir près du feu. Francesca le regarda avec étonnement; c'était la première fois qu'il entrait de la sorte; elle ne savait à quoi attribuer son attitude morne et silencieuse, et malgré elle, l'inquiétude pénétra son cœur.

— Francesca, dit enfin André, en jetant à la jeune femme un regard profond, tu es seule, ce soir.

— Oui, répondit Francesca.

— Beppo n'est-il pas rentré?

— Il y a une heure qu'il est de retour.

— Et pourquoi ne m'a-t-il pas attendu?

— Il était fatigué... il s'est couché.

— Il dort?

— Oui.

— Et l'on peut parler sans être entendu.

— Je le pense.

— C'est bien, viens près de moi et causons.

Francesca prit une chaise et vint s'asseoir à côté d'André Hoffer. Ce dernier ne la quittait pas du regard.

— Francesca, reprit-il après un moment de silence, il se passe depuis quelques jours de singulières choses parmi nos bandes nomades; le découragement commence à s'y introduire, et l'on m'a assuré, cette nuit, qu'un traître s'était glissé dans nos rangs.

— Un traître! s'écria Francesca en pâlissant et en joignant les mains.

— Oui, mon enfant; un homme a été assez lâche pour aller vers nos ennemis, et leur offrir de me livrer.

— Vous.

— Moi!

— Et vous ne connaissez pas cet homme.

— Je crois le connaître.

— Ah!... quel qu'il soit, dit Francesca avec impétuosité, celui-là a mérité la mort.

— Chut! fit André Hoffer, en mettant un doigt sur ses lèvres, et en se tournant du côté de la chambre où reposait Beppo.

— Comment, balbutia la jeune femme, Beppo?

— C'est lui!

— Le traître?

— C'est lui, te dis-je.

— Ah! c'est impossible, André, c'est une calomnie, on vous a trompé!... cela n'est pas...

Et comme si elle eût compris presque aussitôt, qu'elle s'était laissé emporter trop loin, Francesca baissa les yeux et rougit.

— Cela ne peut pas être, ajouta-t-elle à voix timide et basse.

André la considérait en ce moment, il devint affreusement pâle, et mordit sa lèvre jusqu'au sang; mais cet homme possédait un grand empire sur lui-même, et il ne laissa rien paraître du déchirement qui se faisait en lui.

Il reprit :

— Cela ne peut pas être, poursuivit-il, voilà ce que je me suis dit, car je connais Beppo comme toi, je sais son cœur, son honnêteté, et il me paraissait impossible qu'il eût poussé à ce point le mensonge et l'infamie; mais on a insisté, on a avancé des faits, et malheureusement ces faits sont des preuves accablantes.

— Quels sont-ils? fit Francesca.

— Cette nuit, Beppo est allé à Méran.

— Lui!

— On l'y a rencontré, et l'homme qui m'a rapporté ces faits, a ajouté que Beppo s'était entendu avec un voiturier, auquel il a payé d'avance le prix du voyage qu'il veut entreprendre.

Hoffer s'arrêta sur ces mots, et comme Francesca ne trouvait rien à répondre.

— Eh bien, lui dit-il, qu'en penses-tu?

Francesca laissa échapper un profond soupir.

— Je pense, répondit-elle, que si tout cela est vrai, Beppo nous a trompés tous les deux, et qu'il ne mérite aucune pitié.

Elle achevait à peine ces paroles, que la porte de la chambre contiguë s'ouvrit, et que Beppo parut sur le seuil.

Il était encore plus pâle que d'habitude, mais une résolution suprême éclatait sur son front.

— Beppo! dirent en même temps André et Francesca.

— J'ai tout entendu! dit le jeune homme en marchant à André, et je viens me défendre.

— Ah! je vous le disais bien, interrompit la jeune femme avec un éclair de joie dans les yeux, et en se tournant triomphante vers Hoffer.

— Écoutez-le, se contenta de répondre ce dernier.

Puis s'adressant aussitôt à Beppo :

— Voyons, ajouta-t-il, puisque vous avez entendu, jeune homme, répondez avec franchise aux accusations qu'on lance contre vous.

Beppo fit un pâle et amer sourire.

— Oui, dit-il, je veux me défendre, non que je tienne à la vie, mais parce que je ne veux pas que l'on croie que j'ai pu m'oublier jusqu'à jouer le rôle d'un traître.

— Cependant vous êtes allé à Méran.

— J'y suis allé.

— Vous avez vu un voiturier auquel vous avez payé d'avance le prix d'un voyage que vous devez entreprendre.

— C'est vrai !

— Quel est donc ce voyage, et quel est ce mystère dont vous vous entourez ?

— Tout se trouvera expliqué, répondit Beppo, et à la satisfaction de chacun, je l'espère. — Oui, c'est vrai, André, je voulais vous quitter, abandonner ces lieux pour n'y plus revenir, mais ce voyage que je désirais entreprendre, je ne voulais pas le faire seul.

— Ah ! et qui devait vous accompagner ?

— Une femme !

Francesca tressaillit : André les regarda tous les deux.

— Et quelle est cette femme ? dit-il.

— Je tais son nom, repartit Beppo ; d'ailleurs, ce voyage que je croyais facile, ne s'effectuera pas ; la femme qui devait me suivre, a refusé de m'accompagner.

— Elle a refusé ! dit Hoffer avec un cri.

— Oui, poursuivit Beppo, moi, j'étais insensé, j'avais pris quelques paroles d'amitié pour des paroles d'amour, je me berçais d'illusions trompeuses, et quand je croyais avoir atteint le but vers lequel je tendais, le but avait reculé...

— Elle a refusé!... murmura Hoffer.

Pendant quelques secondes un silence profond régna dans la chambre : Francesca avait baissé la tête pour cacher sa rougeur, et son cœur battait avec violence; Beppo regardait André et suivait tous les sentiments qui venaient se refléter sur sa physionomie; André Hoffer, la tête penchée sur la poitrine, les bras croisés, suivait sa pensée pleine d'irrésolutions.

Beppo poursuivit :

— Et maintenant, dit-il, que je vous ai fait connaître loyalement quelle avait été ma conduite, laissez-moi vous dire, Hoffer, que l'on ne vous a pas trompé cependant, et qu'un traître s'est bien glissé dans vos rangs.

André releva vivement la tête à cette parole.

— Un traître! répéta-t-il... ah! si cela est, je le connais.

— Si mon voyage à Méran m'a été inutile, du moins servira-t-il à vous éclairer sur le caractère de vos amis.

— Parlez! parlez!

— Je n'étais pas seul à Méran.

— C'est cela!

— Un autre habitant de ces montagnes s'y est trouvé en même temps que moi, et j'ai appris du voiturier même auquel j'avais à faire, que depuis quelque temps on l'y voyait souvent.

— Et le nom de cet homme, c'est Morelli, n'est-ce pas?

— Précisément.

— Je m'en doutais... eh bien, ceci fixe mes irrésolutions, et avant vingt-quatre heures, j'en aurai terminé avec les uns et les autres... Allez, Beppo, reposez tranquillement sous ce toit... je vais moi-même prendre un peu de repos, et demain, je vous dirai ce que j'aurai résolu.

Le lendemain, dès que le soleil se leva à l'horizon, André Hoffer appela près de lui Francesca, et l'accueillit d'un sourire triste mais bienveillant.

— Francesca, lui dit-il, les révélations qui m'ont été faites hier, m'ont donné à réfléchir sur ma position ; tu le vois, mon enfant, la trahison veille à nos côtés, elle s'est glissée dans nos rangs, elle est prête à désigner notre retraite à nos ennemis. Malgré les dangers qui me menacent, je ne veux pas cependant renoncer à la vie que je mène, et dont je ne pourrai plus changer désormais ; j'ai levé le premier l'étendard de la révolte, et quoiqu'il arrive, je resterai le dernier sur la brèche. Mais toi, Francesca, il n'est pas juste que tu restes associée à ma mauvaise fortune ; tu es jeune, tu es femme, tu ne peux souffrir plus longtemps, et il faut que nous nous séparions.

— Nous séparer! fit Francesca interdite.

— Oui, mon amie, cela est indispensable, et tu le comprendras sans peine... Dès aujourd'hui, je vais être contraint de quitter cette demeure, de courir les montagnes pour tromper la surveillance dont je suis l'objet, et dépister la trahison elle-même : chaque jour aura ses fatigues cruelles, je ne veux pas que tu les supportes... c'est dans mon intérêt que je te parle ainsi, Francesca, et cette séparation m'est plus douloureuse que tu ne le peux supposer.

— Mais je vous aurais suivi, repartit la jeune femme, j'aurais partagé vos travaux, vos dangers.

— C'est impossible.

— André, je n'avais cependant jamais pensé qu'il dût venir un jour où vous me diriez de partir.

André Hoffer réprima un mouvement violent de désespoir, et prit les deux mains de Francesca dans les siennes.

— Bientôt peut-être, lui dit-il, il me sera possible de t'aller rejoindre ; la lutte que nous soutenons touche à sa fin ; ou nous serons vaincus, ou nous serons vainqueurs... dans l'un comme dans l'autre cas, toute incertitude sera levée en ce qui me concerne ; ainsi, ce que je te propose, mon enfant, est sage et prudent... aujourd'hui tu partiras pour Méran, accompagnée de Beppo.

— Beppo! interrompt Francesca avec un tressaillement singulier.

— Ce compagnon de voyage te déplairait-il?..

— Non, André, non, j'aime encore mieux lui qu'un autre.

— Et tu as raison; il est bon, dévoué, il aura pour toi tous les soins que réclamera ta position... De Méran, vous irez où vous croirez trouver plus de sécurité, et de temps à autre je vous enverrai de mes nouvelles...

— Oh! souvent, André, vous m'enverrez souvent quelqu'un des vôtres.

— Je te le promets...

— A cette condition seule je consens à m'éloigner...

André fit venir Beppo après cet entretien, et lui expliqua ses intentions... puis, quand le moment de départ fut arrivé, il le prit à part :

— Beppo, lui dit-il d'une voix singulière, je te confie Francesca, la seule femme que j'aie jamais aimée; elle est jeune, bonne, confiante; fais qu'elle soit heureuse, ou malheur à toi!

Et comme Beppo se récriait avec étonnement.

— Va, ajouta Hoffer, je vous surveillerai dans quelque lieu que vous alliez, et ma vengeance saura bien t'atteindre, si j'apprends que Francesca souffre et pleure.

Le soir, André Hoffer était seul dans sa cabane des montagnes du Tyrol. Un feu ardent pétillait dans l'âtre, une lampe fumeuse répandait une clarté douteuse dans la chambre où il se trouvait.

André était profondément triste, on eût dit que depuis le matin il avait vieilli de dix ans. La tête appuyée sur ses deux mains, il réfléchissait... une paire de pistolets étaient placés sur la table à côté de lui; de temps à autre son regard se dirigeait vers la porte.

Une heure se passa ainsi.

Enfin, deux coups furent frappés à l'extérieur; André releva la tête, un éclair jaillit de ses yeux, et il alla vers la porte qu'il ouvrit.

Morelli entra le visage riant.

— Eh quoi! dit-il avec une sorte de stupéfaction, tu es seul...

— Tu le vois.

— Et Francesca?

— Partie.

— Vraiment... et depuis quand?...

— Depuis ce matin...

— Voilà qui est étrange... mais Beppo est là, du moins?

— Non...

— Parti aussi?

— Ils sont partis ensemble.

— Et sans te prévenir?

— Au contraire, c'est moi qui les ai engagés à s'éloigner.

Morelli haussa les épaules, et alla s'asseoir près de la cheminée.

— Que veux-tu, poursuivit André Hoffer, je suis ainsi, moi; qu'aurais-je fait d'une femme qui me trompait, d'un homme qui ne demandait peut-être pas mieux que de me trahir; en les renvoyant, j'assure ma sécurité, et les mets dans l'impossibilité de me livrer à nos ennemis.

— En effet, dit Morelli, c'est ingénieux, mais à ta place j'aurais montré moins de générosité.

— Et pourquoi cela?

— Dam! si ce que Bernardo a dit est vrai, Beppo est un garçon dangereux, qui connaît tous les chemins de la montagne; et dans quelque lieu que tu ailles te cacher, il saura te découvrir, et pourra te livrer aux Français.

André Hoffer jouait en ce moment avec un des pistolets qui reposaient sur la table; il le prit et le mit dans sa ceinture.

— Bah! fit-il avec insouciance, je ne crains rien, Morelli, car j'ai mis à profit les révélations de Bernardo, et je réponds bien que le traître ne pourra pas enseigner ma retraite aux ennemis.

— Où vas-tu donc te réfugier?

— Nulle part!...

— Comment.

— Je reste ici...

— Mais c'est te livrer toi-même.

André Hoffer releva le second pistolet, examina s'il était chargé, et continua de jouer avec la batterie, tout en causant.

— Oui, je reste, poursuivit-il, parce qu'avant quelques heures, le traître sera mis dans l'impossibilité de nuire.

— Est-ce possible!

— Tu le verras.

— Beppo!

— Il ne s'agit pas de Beppo.

— Et de qui donc? demanda Morelli en pâlissant.

— D'un autre membre de l'association, répondit André, de l'un de nos amis que l'on voit souvent à Méran depuis quelque temps, et qui, hier, m'a-t-on dit, a proposé au général français de conduire ici un détachement de la division.

— Qui a pu te dire?

André Hoffer venait d'armer son pistolet; instinctivement Morelli porta la main à sa ceinture où pendait un long poignard.

— Vois-tu, Morelli, poursuivit Hoffer, pour la trahison, il faut être impitoyable et cruel, car c'est le plus lâche et le plus impardonnable des crimes; le traître serait mon ami, que je le tuerais sans pitié.

— Cependant, balbutia Morelli.

— Sans pitié! répéta André.

Les regards de Morelli se tournèrent vers la porte, André lui saisit le bras avec violence.

— Morelli, lui dit-il, tu as abusé sans doute de l'amitié que je te portais. — Tu es allé vers nos ennemis, comme un traître et un lâche, leur proposer de me livrer; et quand des hommes sont venus vers moi me dévoiler tes manœuvres infâmes, tu as tenté de me donner le change, en te faisant accusateur toi-même, et en désignant à ma vengeance d'innocentes victimes... Pour ces faits, Morelli, tu as mérité la mort.

— André!...

— A genoux!

— Jamais! s'écria Morelli, en tirant son poignard de sa ceinture...

Mais avant qu'il eût pu en faire usage, André Hoffer avait reculé de deux pas et l'avait couché en joue; un coup de feu partit et Morelli tomba...

IV.

André Hoffer avait échappé cette fois à la trahison; il fit connaître à l'association l'acte de justice qu'il avait commis, et chacun applaudit au meurtre de Morelli. Mais malgré ce qu'il avait dit à ce dernier avant de le tuer, il crut prudent de changer d'habitation, et il transporta sa demeure sur une autre montagne du Tyrol. Malheureusement Morelli n'était pas le seul traître qu'il y eût dans les rangs des insurgés, et peu de temps se passa sans que de nouvelles propositions fussent faites au général français.

Un soir, après l'appel qui se faisait d'ordinaire à cinq heures, les sous-officiers du régiment qui tenait garnison à Méran, reçurent l'ordre de se rendre, avec quelques hommes de corvée, au magasin commun, à l'effet d'y recevoir une double ration d'eau-de-vie.

On recommanda en même temps aux soldats, d'user sobrement de la boisson qui allait leur être distribuée. Les soldats avaient été plus d'une fois à même d'apprécier le mérite d'une pareille recommandation; presque tous avaient fait la guerre de la Calabre, et l'expérience leur avait appris qu'il est prudent de ne pas abuser des liqueurs alcooliques. Toutefois, cette recommandation donna l'éveil à quelques-uns. Cette libéralité inusitée dont ils étaient l'objet, leur ouvrit l'esprit, et le bruit se répandit bientôt dans tous les rangs, que l'on méditait une expédition nocturne.

Les soupçons ne tardèrent pas à se confirmer.

Un détachement partit, en effet, peu après de Méran, et pour donner le change aux habitants, dont ce départ inattendu avait éveillé la curiosité, on suivit d'abord une direction tout à fait opposée à celle vers laquelle on devait tendre. Quand, enfin, on s'aperçut que nul ne suivait plus le détachement, l'ordre fut donné de prendre une nouvelle route, et bientôt ils s'engagèrent dans les étroits sentiers qui conduisent au sommet des montagnes.

Les chemins étaient pour la plupart impraticables, mais le froid avait gelé la neige, de sorte que nos soldats pouvaient s'y aventurer sans trop de dangers : d'ailleurs on leur avait distribué à chacun des crampons de fer, au moyen desquels ils pouvaient gravir aisément les chemins à pic qui serpentent autour des montagnes.

Deux guides les accompagnaient, et indiquaient le chemin; ces deux hommes, membres de la vaste association dont André Hoffer était chef, avaient promis de les conduire à la retraite de ce dernier; il y avait donc lieu d'espérer qu'ils arriveraient bientôt sans encombre au but de leur course.

Les soldats connaissaient bien André Hoffer; dans leurs veillées du soir, ils avaient l'habitude de le désigner par le sobriquet de *Barbon;* il leur avait fait assez de mal, il avait tué assez d'hommes aux régiments qui occupaient les montagnes; dès qu'ils connurent le but de l'expédition à laquelle ils coopéraient, ce fut une joie universelle.

Cependant, les chefs avaient recommandé le silence le plus absolu, et pendant tout le temps que dura la marche, nulle parole ne fut échangée, si ce n'est à voix basse et avec des précautions oratoires inouies.

L'ascension dura plus de cinq heures : la montagne que l'on avait à gravir était haute et escarpée, et malgré toute l'ardeur que nos soldats apportaient à l'œuvre, il ne leur était pas toujours possible d'avancer aussi vite qu'ils l'eussent désiré. Néanmoins ils arrivèrent sans encombre au sommet de la montagne, et découvrirent enfin, à peu de distance, la petite hutte qui servait pour le moment d'habitation à André Hoffer.

Ce dernier était si certain qu'on ne viendrait pas le chercher jusque dans cette retraite, après la mort de Morelli, et le départ de Beppo, il se croyait si sûr de n'être plus trahi, qu'il n'avait pris pour sa défense aucune mesure.

En ce moment, il dormait du plus profond sommeil, après une journée de fatigues, et sa porte n'était pas même barricadée.

Le détachement s'avança donc doucement jusqu'à la hutte, et deux soldats s'approchèrent de la porte.

Puis, d'un coup d'épaule, il la firent sauter.

André Hoffer se releva en sursaut à ce bruit inattendu, et jeta autour de lui un regard terrible : les soldats s'étaient précipités à l'envi dans sa chambre, et tous le menaçaient de la baïonnette de leurs fusils.

André vit bien qu'il était perdu!

Toutefois, l'idée lui vint un moment, non pas de s'enfuir, mais de se faire tuer plutôt que de tomber entre les mains de ses ennemis; une paire de pistolets pendait à la cloison, au-dessus de son lit; il éleva la main pour les saisir, mais avant qu'il eût eu le temps d'exécuter ce mouvement, vingt bras s'étaient dirigés vers lui et l'avaient arrêté.

Il fut aussitôt garrotté, et on se livra à une perquisition minutieuse dans toutes les chambres.

On trouva successivement quelques papiers, plusieurs sommes d'argent, et, ce qui était probablement plus intéressant pour les soldats, quelques brocs d'eau-de-vie, dont on fit immédiatement la distribution à ces derniers.

Quand tout fut terminé, on se mit en marche pour Méran.

Le jour commençait à poindre, il fallut se hâter de rentrer de peur d'être surpris.

On confia André Hoffer, tout garrotté, aux mains de quatre grenadiers, et on le plaça entre les deux compagnies.

Du reste, l'expédition s'était faite avec la plus grande habileté; les montagnards ne furent pas prévenus, et le prisonnier fut ramené à Méran, sans que l'on eût rencontré la moindre résistance.

Au surplus, si le bruit avait couru que les troupes françaises tentaient en ce moment une expédition, dans le but de s'emparer de la personne d'André Hoffer, cette entreprise eût été considérée comme insensée, et le résultat comme impossible.

Ce fut donc un véritable coup de théâtre quand la nouvelle se répandit dans toute la ville; chacun se confondit en imprécations contre les Français, en éloges de Hoffer; si le général de division n'avait fait mettre tous ses hommes sous les armes, c'en était fait peut-être de nos soldats.

Mais quand on les vit disposés à employer la force pour réprimer toute tentative, les montagnards et les hommes de Méran se tinrent tranquilles.

Cependant André Hoffer fut transporté, peu de jours après, de Méran à Mantoue.

On avait trouvé, dans ses papiers, plusieurs documents qui établissaient que ce malheureux n'avait agi que par l'ordre du gouvernement autrichien.

Le gouvernement fit demander à ce sujet des explications catégoriques, et le gouvernement autrichien se hâta de désavouer son agent.

Dès lors, le procès d'André Hoffer ne fut pas long.

Il fut remis entre les mains d'une commission militaire, et condamné à mort.

Son exécution eut lieu à Mantoue, sur la place, près la statue de Virgile.

CHAPITRE II.

Suite des Carbonari. — La Restauration; — Vive la charte! — Vive l'empereur! — Le comité des cinq. — Noms des principaux Carbonari. — La révolution de Naples. — Le général Pépé. — La constitution de deux heures. — Mascarade de la Charbonnerie. — *Adjuto, cusini!* — Débandade. — Georges Derval. — Le major Bellefond. — Le général de Saint-Ronan. — Octave Dillon. — La *vente* de Saint-Germain. — La ceinture a sept poches. — Les bons cousins. — Baiser carbonicant. — Fernande. — Entre l'amour et le fanatisme.

Mais voici d'autres Carbonari, les vrais Carbonari, nos Carbonari à nous, ces bourgeois déguisés en démocrates qui jetèrent la semence de tous nos malheurs. Si nous disions franchement tout ce qu'ils nous inspirent de dédain et de dégoût, nous ne pourrions décemment esquisser ensuite leur histoire. Taisons donc encore une fois notre mépris pour ces sociétés niaises et coupables qui ont miné le haut piédestal de la France, et qui nous ont fait tomber, en définitive, au fond de l'ornière politique où nous agonisons maintenant.

On n'a pas oublié encore les premières années de la Restauration, cette grande ère de prospérité nationale, et l'agitation factice qui soulevait les masses. De toutes parts, à chaque instant, le pouvoir annonçait de nouveaux complots contre la sûreté de l'État, et il résultait de cette position une sorte de malaise qui pesait sur tous les esprits, malgré l'accroissement de la fortune publique. Sans savoir précisément pourquoi ni comment, chacun se sentait entraîné vers une pente fatale, la pente des révolutions, et l'on comprenait, à ces tiraillements incessants qui déchiraient la société dans tous les sens, que l'on était menacé d'une désorganisation prochaine.

Le pouvoir, de son côté, faisait de vains efforts pour résister au mouvement. Il y avait là, semés dans tous les départements, les débris encore redoutables d'une armée dissoute, mais non vaincue, et ces débris tendaient incessamment à se rapprocher et à se réunir.

La bourgeoisie poussait à la résistance de toutes ses forces, sans se douter, comme d'habitude, qu'elle servait à la révolution qui lui était hostile; elle suivait avec un intérêt palpitant les opérations de la Chambre des députés, et recueillait ardemment toutes les paroles d'indépendance et de liberté qui tombaient de la tribune. Ce n'était pas l'agitation fébrile des premiers moments de la Convention, c'était un frémissement plus calme, un enthousiasme plus réfléchi, une ardeur plus calculée; on ne voulait faire que de l'opposition, mais à la rigueur, s'il l'eût fallu, on eût été jusqu'à une révolution parlementaire. Pauvre bourgeoisie idiote et aveugle! que d'écoles n'a-t-elle pas faites dans le dix-neuvième siècle! elle n'a cependant profité d'aucun enseignement.

Elle aimait déjà à jouer au conspirateur. Il y avait une *loge des Amis de la vérité*, qui, sous prétexte de franc-maçonnerie, conspirait bel et bien. Quand une réunion considérable se formait au sein de Paris, on s'amusait à crier *vive la Charte!* bon nombre criait encore *vive l'Empereur!* On aurait crié vive l'Antéchrist, tant c'était divertissant et joli de crier!

A vrai dire, on ne savait pas trop pourquoi l'on conspirait, ni vers quel but on voulait marcher; les hommes qui s'étaient mis à la tête du mouvement et le dirigeaient, avaient parlé vaguement d'une Constitution calquée sur celle de l'an III.

Le Directoire! rien de mieux!...

On devait nommer cinq directeurs, lesquels étaient, du reste, déjà désignés, et s'appelaient Lafayette, Corcelles père, Kœchlin, d'Argenson, Dupont (de l'Eure). Oh! le bon billet! Pour le reste, on n'avait pu encore s'entendre d'une façon précise.

Mais qu'importait!

Le point sur lequel s'entendaient fort bien les conspirateurs; le point sur lequel on s'entend toujours en France, c'était le renversement du gouvernement établi.

Depuis quelque temps, une société secrète s'était formée, et déjà cette société comptait, dans toutes les parties de la France, un nombre considérable de membres.

« Du reste, lisons-nous dans un livre intitulé : *Paris révolution-« naire,* l'association était évidemment républicaine. Toutes les « allocutions adressées aux récipiendaires étaient empreintes des « principes les plus avancés que propage aujourd'hui la presse « républicaine. C'était pour faire cesser la corruption qui dévorait « la société, que la Charbonnerie avait été fondée; c'était pour « réunir en une même famille tous les opprimés contre les tyrans; « c'était pour appeler les hommes à l'exercice de leurs droits, pour « les doter des bienfaits de l'égalité, pour faire cesser le système « ruineux de gouvernement impossible entre les nations, pour abolir « les armées permanentes, et ne faire de chaque continent qu'un « peuple de frères; c'était pour faire de l'instruction une charge de « l'État au profit de tous ses membres; c'était, avant tout, pour « appeler le peuple souverain à constituer son gouvernement comme « il l'entendrait, que les hommes libres se concertaient alors et s'as-

« sociaient entre eux. » N'en déplaise à l'auteur de *Paris révolutionnaire*, ce langage n'a rien de bien particulièrement républicain ; c'est le langage de toutes les associations secrètes depuis les temps les plus reculés jusqu'à nos jours ; il était usité dans les mystères d'Isis, à Rome, au temps de la guerre des esclaves, en Angleterre, en Allemagne, dans tous les pays, sous tous les gouvernements, et même sous les gouvernements républicains ; de tout temps, les hommes qui se sont constitués en tribunal secret ont prétendu régénérer la société, et, comme dit Schiller lui même, ont tenté de refaire l'œuvre de Dieu.

Les Carbonari n'ont point différé, sous ce rapport, des sociétés anciennes ; seulement, on avait pris quelques dispositions pratiques qui répondaient plus spécialement aux besoins de l'époque.

Ainsi, en entrant dans l'association, chaque membre s'obligeait, par serment, à avoir toujours dans sa demeure un fusil et cinquante cartouches ; à être prêt à se dévouer, à quelque moment que ce fût, et obéir aveuglément aux ordres de chefs inconnus. En peu de temps l'association prit un développement considérable. Chaque chose s'y faisait avec une régularité, une prudence, un secret tels, que la police ne se douta pas de son existence ; ce n'est que lorsque la Charbonnerie s'introduisit dans les régiments qu'elle parvint à obtenir quelques renseignements sur l'association.

La Charbonnerie était divisée assez habilement en *ventes militaires* et en *ventes civiles*.

Les premières se subdivisaient en *ventes*, *hautes ventes*, *ventes suprêmes*, *ventes centrales* et *ventes particulières*.

Les secondes se subdivisaient, à leur tour, en *légions*, cohortes, centuries et *manipules*.

Nous aurons occasion de revenir plus loin sur ces divisions et subdivisions qui enserrèrent bientôt toute la France, comme dans un immense réseau, et ont servi puissamment à donner à l'association une influence sans exemple.

Disons tout de suite, qu'à la fin de 1821, la société comptait déjà bon nombre de *ventes civiles* en province et à Paris, et qu'elle avait réussi à établir trois *ventes militaires*, l'une dans le 48e régiment, la seconde dans le 45e, la troisième, enfin, dans le sein même de l'École polytechnique.

Au surplus, la Charbonnerie avait à sa tête des chefs illustres; c'était, d'une part, MM. La Fayette, son fils, Dupont (de l'Eure), D'Argenson, Corcelles père, Kœchlin, Schonen et Mérillou; de l'autre, Manuel, Mauguin, Barthe et Fabvier.

Les premiers assistaient régulièrement aux réunions officielles; les seconds ne se rendaient guère qu'aux comités particuliers.

Il va sans dire que La Fayette était le dieu des conjurés. Toutefois, la présidence générale et réellement effective avait été décernée à Bazard, qui avait à peine trente ans.

Bazard était avec Buchez et Flotard, le véritable fondateur de la Charbonnerie en France. Mais c'était à Joubert et à Dugied qu'on en devait les principales dispositions.

Joubert et Dugied étaient arrivés récemment d'Italie, où ils étaient allés offrir leur concours aux sociétés secrètes de Naples. Quand ils revinrent à Paris, ils trouvèrent la plupart de leurs amis disposés à tout entreprendre pour ressaisir un peu de cette indépendance qu'ils disaient avoir perdue; Joubert et Dugied avaient été initiés, à Naples, aux mystérieuses opérations du Carbonarisme, ils s'étaient mêlés à toutes les émeutes, à toutes les révolutions qui avaient ensanglanté l'Italie à cette époque.

La lutte avait été longue, elle avait eu des alternatives de succès et de revers, mais l'association s'était montrée un moment cependant assez redoutable, pour menacer Ferdinand Ier sur son trône.

Les Carbonari comptaient beaucoup de sectaires dans l'armée, ils en avaient six cent quarante mille dans toute l'Italie!

Ferdinand avait mal débuté sur le trône ; il était entouré de conseillers imprudents, il ne comprit pas la position qui lui était faite, il voulut retourner trop brusquement vers le passé, le parlement cessa tout à coup d'être convoqué, la presse d'être libre, la sécurité des citoyens d'être garantie, et la Constitution sicilienne de 1812 périt après avoir peu vécu.

La révolution ne se fit pas longtemps attendre, après ces tentatives d'affranchissement de la part du pouvoir royal.

Le 2 juillet 1820, dit M. Leynadier, cent vingt-sept militaires du régiment de royal Bourbon, cavalerie, sortirent de leurs quartiers de Nola, et entrèrent au point du jour à Mercogliano, aux cris de : *Vive Dieu, le Roi* et *la Constitution !*

Ils étaient commandés par deux sous-lieutenants, Morelli et Savati, et secondés par un prêtre nommé Machinini, et par vingt Carbonari.

En peu d'heures, le mouvement se répandit par tout le pays ; des Carbonari, des miliciens se réunirent à eux ; partout le peuple les accueillit avec enthousiasme ; nulle part les autorités, consternées, n'osèrent les arrêter.

L'insurrection se propageant d'elle-même au seul bruit des événements et par l'impunité, le même jour elle envahit la principauté ultérieure dont Avellino est le chef-lieu, une partie de la principauté citérieure, et elle atteignit les frontières de la Capitanate.

A Avellino, le lieutenant-colonel de Concili, qui réunissait entre ses mains le pouvoir civil et militaire, se joignit à l'insurrection avec les troupes régulières et les milices provinciales dont il disposait. Le lendemain, les insurgés entrèrent dans la ville au cri de : *Vive la Constitution*, et parés des couleurs du carbonarisme. Les magistrats, l'évêque, l'intendant, le peuple lui firent un pompeux et brillant accueil ; on se rendit à l'église pour prêter serment à cette cause qui avait pour cri de ralliement : *Dieu, le Roi, la Constitution !*

Après la cérémonie du serment, Morelli déclara que son entreprise n'était pas séditieuse ; qu'il voulait la monarchie, la famille régnante, les lois, les institutions sociales. Ensuite, se tournant vers de Concili, et lui représentant le rôle de ses troupes, il lui dit :

— Moi, Morelli, sous-lieutenant au régiment de royal Bourbon, je vous obéirai, à vous, lieutenant-colonel de la même armée de S. M. Ferdinand Ier, roi constitutionnel.

Concili prit aussitôt, en effet, le commandement des troupes.

Pendant que la révolution éclatait ainsi à Nola, que faisaient la cour et les hommes chargés de veiller à la tranquillité publique et au maintien de l'ordre dans l'État ?

Le ministère se composait à ce moment du chevalier de Medici, du marquis Thomassi, du marquis Circello et du général Nagent.

Ce dernier était ministre de la guerre, et savait seul, peut-être, comment faire face aux événements. Mais l'indécision de ses collègues le gagna, et il commit, tout d'abord, une faute inconcevable qui enleva à la cause qu'il servait les dernières chances de succès.

Au premier instant, on avait décidé, en conseil, que le général Pépé, gouverneur de la province en révolte, serait chargé de combattre les insurgés et de repousser le mouvement. Le général Pépé accepta, et déjà il se hâtait d'expédier des ordres en conséquence, quand il s'aperçut que le ministère hésitait, et qu'on allait charger un autre que lui, le général Carascosa, du soin de ramener l'ordre au sein du royaume.

Cette conduite du ministère était souverainement impolitique dans un pareil moment. A cette heure critique, il fallait bien se garder de soulever de nouveaux mécontentements, surtout chez des hommes dont le nom seul pouvait les sauver dans cette crise imminente.

Ce qui arriva aurait dû être prévu.

Le général Pépé conçut de cette humiliation un profond dépit, et, le jour même, il alla chercher un asile contre la défiance qu'on lui témoignait dans le camp même des conjurés.

Avant de se retirer, il fit une tentative auprès du général Napoletani, qu'il engagea à imiter son exemple, et tous les deux s'étant rendus au quartier de la Madeleine, ils déterminèrent sans peine le régiment de cavalerie qui s'y trouvait à déserter. Ainsi escortés, ils allèrent offrir leurs services à la révolution.

L'exemple du général Pépé devait être fatal à la cause des Bourbons.

Déjà, du reste, de tous côtés, l'insurrection gagnait du terrain : la Capitanate, la Basilicate, et une grande partie de la principauté Citérieure s'étaient soulevées tumultueusement ; et, ce qu'il y avait de plus redoutable, de plus significatif, c'est que l'armée faisait, sur tous les points, cause commune avec le peuple.

La nuit même du jour où le général Pépé gagnait, avec Napoletani, le camp des insurgés, cinq Carbonari, revêtus du costume de la société, et portant sur leur poitrine le poignard emblématique, franchirent hardiment les portes du palais royal, et pénétrèrent jusque dans les appartements du roi.

C'était certainement de la part de ces hommes une audace inouie, car la moindre hésitation eût été punie de mort. Si la cour n'avait pas été, à ce moment, frappée d'impuissance par excès de peur, c'était fait d'eux, et peut-être aussi de la cause qu'ils venaient servir.

Aux gardes, aux gens de service qui tentaient de leur barrer le passage, ils répondaient résolûment :

— Nous sommes les ambassadeurs du peuple ; nous venons en son nom, et dans l'intérêt de la chose publique, parler au roi ou à quelqu'un des grands de la cour.

Et quand on les entendit parler de la sorte, nul n'osa les retenir davantage.

Il était environ une heure du matin, et comme ils insistaient énergiquement pour être reçus, malgré l'heure avancée, le duc d'Ascoli fut chargé par le roi d'aller parlementer avec ces hommes.

Un des cinq *ambassadeurs* prit alors la parole :

— Le peuple, dit-il, nous délègue pour dire au roi que la tranquillité de la ville ne saurait être maintenue, et que les citoyens eux-mêmes sont résolus à ne pas la défendre, si Sa Majesté n'accorde au peuple la Constitution qu'il réclame. Tous, Carbonari, soldats, citoyens, hommes du peuple, nous sommes en armes ; les membres de la société dont nous faisons partie sont rassemblés, et tous attendent la réponse du roi pour agir comme ils le jugeront convenable.

— Je vais prendre les ordres de Sa Majesté, répliqua le duc d'Ascoli.

Quand il revint, il dit aux députés :

— Sa Majesté, connaissant le désir de ses sujets, a déjà résolu de leur accorder une Constitution ; dans ce moment, elle s'occupe, avec ses ministres, des mesures à prendre pour la faire publier.

— Et à quand la promulgation ? demanda un des membres ; il la faut sur-le-champ, ou sinon... enfin, on vous donne deux heures.

Le duc de Piccoletti, un des Carbonari, s'avance alors sans mot dire, met la main sur la montre du duc d'Ascoli, la lui enlève brutalement, et d'un ton qui ne souffrait pas d'objection :

— Duc d'Ascoli, lui dit-il, vous voyez... il est une heure ; à trois heures, il faut que la Constitution soit publiée.

A trois heures, en effet, le roi faisait publier la proclamation suivante :

« Au peuple du royaume des Deux-Siciles.

« La nation des Deux-Siciles ayant généralement manifesté le vœu de jouir d'un gouvernement constitutionnel,

« De notre pleine volonté, nous déclarons y consentir, et nous promettons d'en publier les bases dans l'espace de huit jours.

« Jusqu'à ce que la Constitution soit publiée, les lois existantes resteront en vigueur.

« Après avoir satisfait au vœu public, nous ordonnons aux troupes de retourner à leurs corps respectifs, et à tout autre individu de reprendre ses occupations ordinaires.

« Signé : FERDINAND.

« Naples, 6 juillet 1820. »

Ce succès enhardit singulièrement l'association des Carbonari, et, en peu de temps, elle envahit tout le pays ; les *ventes* se multiplièrent à l'infini, au point que chaque administration, magistrature, milice, armée eut la sienne. Elles s'étalèrent au grand jour, et déchirèrent tout à fait le voile qui cachait encore leurs cérémonies.

Un jour, Naples vit un singulier spectacle.

Les Carbonari, réunis au nombre de plusieurs milliers, se rendirent processionnellement du lieu de leurs réunions à l'église du Saint-Esprit. Le cortége avait à traverser les principales rues de la capitale. Pour la première fois, la secte déploya au dehors ses riches bannières, étala avec profusion ses insignes mystérieux.

Des prêtres et des religieux, portant sur leur poitrine la croix et le poignard, ouvraient la marche ; les autres suivaient, rangés en ordre. Le cortége se rendit à l'église, où un prêtre, membre de l'association, bénit les drapeaux, tandis que le peuple se pressait en foule devant ce spectacle nouveau pour lui, admirant, avec une sorte de religieuse terreur, cet appareil, ces emblèmes mystiques, ces armes, cette multitude de sectaires liés par de terribles serments.

Le carbonarisme napolitain en était arrivé au point de former un véritable gouvernement à côté du gouvernement politique reconnu.

Jusqu'alors, cette société avait été divisée en autant de sociétés qu'il y avait de provinces dans le royaume de Naples. A cette époque, elle adopta une organisation militaire, qui, sous le nom d'*Assemblée générale,* composée de députés des associations provinciales, eut son gouvernement propre, ses lois, ses finances, ses magistrats, ses délibérations, et un chef suprême qui portait le titre de président.

Le siége de ce gouvernement était à Naples même, et bientôt *il devint assez puissant pour assister l'État, sur la demande des ministres,* dans des circonstances majeures où le gouvernement légal était impuissant à pourvoir aux besoins du moment.

Ces secours dangereux tournaient naturellement au profit des Carbonari, qui gagnaient en puissance morale tout ce que faisaient perdre au gouvernement constitutionnel des aveux fréquents d'impuissance et de faiblesse.

Ainsi, les plus ardents d'entre les Carbonari attroupaient le peuple dans les lieux publics, le haranguaient sur la politique et le gouvernement, et professaient parfois des doctrines subversives et dangereuses pour l'ordre public.

D'autre fois, un Carbonaro aux mains de la justice, conduit en prison pour des motifs étrangers à la politique, passant devant un de ces attroupements, tirait de sa poche les insignes du carbonarisme, et les agitait en l'air en s'écriant : *Adjuto, cusini!* (*Aide, cousins!*) aussitôt, la garde était attaquée par les Carbonari, et le prisonnier délivré, au mépris des lois et de la justice.

Ces excès burlesques et odieux ne manquèrent pas de compromettre fortement l'association dans l'esprit des hommes sages; une réaction ne tarda pas à s'opérer, et, les événements politiques aidant, cette redoutable société vit ses membres les plus influents obligés de chercher à l'étranger un refuge contre l'énergie du gouvernement. Ce qui prouve jusqu'à l'évidence qu'il n'y avait rien de réel dans cette attitude que les circonstances avaient faite aux Carbonari, c'est que la lutte qui amena leur dispersion s'effectua presque sans coup férir.

Voici comment M. Mazzini, un des héros de la république romaine, a jugé le carbonarisme napolitain :

« Ce qui a manqué aux Carbonari d'Italie, dit-il, c'était un chef puissant, énergique, un chef qui eût compris quelle force il avait entre les mains, et quelles grandes choses on pouvait faire avec cette force. Le carbonarisme, dans la direction qu'il avait suivie, n'avait su rien faire. Quoique entré dans les rangs du peuple, il n'avait pas foi dans le peuple, au sein duquel il cherchait des partisans, non pas tant pour les mener franchement au combat, que pour les passer en revue, et attirer par ce moyen les hommes les plus éminents de la société qu'il désirait gagner.

« Il fut aussi embarrassé de comprendre l'ardeur des jeunes gens qui, l'âme pure et pleine d'enthousiasme, venaient par milliers grossir ses rangs, rêvant à leur patrie, à une république, à une guerre à mort contre les Autrichiens, à leur réhabilitation vis-à-vis d'eux-mêmes et des nations étrangères; et les mit sous la tutelle de vieillards sans foi et sans avenir, imprégnés des idées de l'Empire, et qui en avaient la froideur et la frivole étiquette.

« Les chefs des Carbonari étaient, pour la plupart, des hommes de réaction, de destruction, à vues très-courtes, et qui n'avaient ni conception politique, ni sentiment d'unité sociale, ni foi aucune. Ils prêchaient la liberté politique, et en même temps, comme si l'homme n'était pas un tout simple, comme si l'éducation se pouvait diviser, ils prêchaient la servitude littéraire. Ils s'appelèrent chrétiens; puis, confondant d'une manière étrange la superstition et la foi, le pape et la religion, ils flétrirent l'enthousiasme virginal de la jeunesse par leur scepticisme philosophique, et par leurs négations empruntées à la critique du dix-huitième siècle. Ce furent, en un mot, des sectaires plus ou moins éclairés, non pas les hommes d'une religion éclairée...

« L'association poussa dans le sol italien des racines profondes, mais elle s'épuisa à la poursuite d'un objet chimérique. C'était un corps immense et puissant à qui il manqua une tête ; il y avait en lui absence, non pas de bonnes intentions, mais d'idées, non pas du sentiment, mais de la science de la nationalité. Séduit par quelque étrange vision qui révélait toute l'inexpérience d'un premier essai, et l'absence complète de cette foi qui seule peut inspirer de grandes actions, il crut pouvoir accomplir ce qui sera le plus grand événement des temps modernes, sans guerre, sans chocs violents, sans efforts populaires, en changeant seulement quelques mots dans les institutions du pays. »

Quand la lutte fut terminée, les chefs furent obligés de quitter Naples, et ils allèrent se réfugier, les uns en Angleterre, les autres en Suisse, d'autres encore en France.

Parmi ces derniers, se trouvaient Dugied et Joubert, qui avaient été initiés, à Naples, aux mystérieuses opérations du carbonarisme ; ils apportèrent dans la capitale les principaux règlements de cette association, et les communiquèrent à leurs amis Bazard, Buchez, Flotard, Cariol aîné, Sigaud, Guinaud, Corcelles fils, Sautelet et Rouen aîné.

Mais le carbonarisme avait des allures mystiques, vagues, insaisissables, qui ne pouvaient convenir au caractère de notre nation.

Il fallait quelque chose de plus positif, des formes plus précises, un but plus déterminé ; jamais une semblable association n'eût été acceptée en France sans modification.

Les amis de Dugied le comprirent fort bien tout d'abord, et ils chargèrent trois d'entre eux de revoir les statuts du carbonarisme italien, et de chercher à l'adapter, au moyen de quelques modifications, au génie français. Ce furent Buchez, Bazard et Flotard qui se trouvèrent donc choisis pour jeter les bases d'une Charbonnerie française. Ils s'adjoignirent plus tard quatre de leurs amis, et furent dès lors, comme nous le disions, reconnus pour fondateurs officiels de la Charbonnerie. Ces quatre amis étaient Joubert, Dugied, Cariol aîné et Limperani.

Un soir du mois de juillet 1821, un jeune homme d'une trentaine d'années environ, sortait seul et violemment ému de l'une des maisons de jeu du Palais-Royal. Il était onze heures à peu près, les rues avoisinantes étaient désertes, les réverbères jetaient de distance en distance de pâles et faibles lueurs; il tombait une petite pluie fine et serrée.

Le jeune homme marcha quelque temps sans suivre aucune direction bien arrêtée; il traversa la rue Richelieu, prit la rue Saint-Honoré, revint vers le Carrousel, puis enfin se dirigea vers les boulevards.

Derrière lui marchait un homme qui faisait le même chemin, se livrait aux mêmes détours, et se retrouva à quelques pas de lui, quand il déboucha finalement sur le boulevard.

Le jeune homme s'appelait Georges Derval; il était fils d'un vieux soldat de l'empire, possesseur d'une fortune considérable, et s'occupait presque exclusivement de se ruiner depuis quelques années.

Son père était mort quelques temps après 1815, laissant à son unique enfant quelque chose comme vingt-cinq mille livres de rente.

Georges s'était donc trouvé fort jeune à la tête d'une position brillante, sans éducation solide, vivant ici et là, sans même chercher à fixer ses irrésolutions à ce sujet.

L'époque était d'ailleurs fort mauvaise; Georges avait été élevé pour être soldat, et la paix l'avait jeté dans une oisiveté dangereuse; la plupart des officiers en demi-solde, que la restauration avait rayés des cadres de l'armée active, habitaient Paris; ils avaient, pour la plupart, connu le père de Derval, ils étaient malheureux; ils entourèrent le jeune homme, et ce dernier ne vit rien de mieux à faire que de partager avec les anciens compagnons d'armes de son père la fortune qu'il possédait.

Jusque là, cependant, il n'y avait rien encore de bien dangereux, mais cette vie oisive qu'il menait le conduisit peu à peu à la débauche, à l'orgie, au jeu!

Au jeu... c'est-à-dire à la ruine, à la misère.

Après avoir eu vingt-cinq mille livres de rente, Georges se voyait sur le point d'avoir recours aux créanciers.

Tout en marchant, Derval pensait à ce qui s'était passé depuis deux ans, et il sondait l'avenir avec effroi!

Ce soir même, il avait perdu des sommes considérables, encore deux nuits comme celle-là, et il était complétement ruiné.

Il songea avec amertume au passé, à sa fortune dissipée en si peu de temps, à son père, à lui-même, et il frémit en entrevoyant sa ruine prochaine; il regrettait maintenant de n'avoir pas été plus prudent, plus réservé, et il prit la détermination de ne plus retourner dans cette fatale maison d'où il sortait.

Mais Georges avait beau jurer, il était joueur; la passion du jeu était désormais trop profondément enracinée dans son cœur, aucune considération ne devait plus le détourner de la voie dans laquelle il était entré.

Il en était là de ces réflexions, quand l'homme qui l'avait suivi depuis sa sortie du Palais-Royal, s'approcha de lui, et lui frappa légèrement sur l'épaule.

Georges se retourna vivement, et regarda celui qui venait de l'arrêter d'une façon si familière.

Il recula vivement dès qu'il l'eut reconnu à la lueur d'un réverbère.

— Le major Bellefonds, s'écria-t-il avec étonnement.

— Moi-même, répondit le major.

— Eh que faites-vous ici, à cette heure?...

— Je vous ai suivi.

— Moi, et dans quel but?

— C'est ce que je vais vous expliquer, si vous voulez bien m'écouter ; avez-vous le temps?

— Je n'ai rien à faire.

— Alors, cela tombe à merveille ; continuons notre promenade, nous causerons en marchant.

Le major Bellefonds n'était connu de Georges Derval, que depuis qu'il fréquentait les maisons de jeu. Il en était un des hôtes habituels, et paraissait jouir, près des joueurs ordinaires, d'une considération toute particulière. Il portait habituellement une longue redingote boutonnée jusqu'au menton, un chapeau à bords larges, et une canne d'une grosseur respectable. — Un ruban de la Légion-d'Honneur ornait sa boutonnière.

Le major Bellefonds était d'ailleurs gros, court, replet, et ne paraissait pas avoir encore beaucoup souffert de la demi-solde, il était réduit. On le connaissait bien dans les estaminets hantés par les débris de la vieille armée ; il était partout, on le voyait donner des poignées de mains à tout le monde. Il criait plus fort que les autres contre les Bourbons, parlait du grand homme avec un enthousiasme que nul n'eût osé contrarier, et il avait déclaré à plus d'une reprise qu'il était prêt à verser de nouveau son sang pour une cause qu'il avait servie pendant vingt ans avec honneur et gloire.

Le major passait donc pour un homme courageux, et si l'on s'étonnait parfois de lui voir faire certaines dépenses qui semblaient au-dessus de sa position, on pensait, avec quelque raison, qu'il était heureux au jeu, et que c'était là le secret de la vie dissipée qu'il menait.

Il y avait un mois à peine que Georges avait eu occasion de rencontrer le major au Palais-Royal, et la belle humeur, l'originalité, la bonhomie franche de ce dernier l'avait tout d'abord séduit.

Georges était cependant très-réservé d'habitude, il allait au jeu pour jouer, et ne s'occupait guère de ses voisins ; les premières avances du major furent accueillies avec froideur, mais il ne se tint pas pour battu, revint plusieurs fois à la charge, et force fut bien à Derval de se rendre devant tant d'instances réitérées.

D'ailleurs le major avait connu son père, il l'avait vu lui-même tout enfant, il lui portait un intérêt tout paternel ; le moyen, pour Georges, de repousser un homme si bien disposé et qui avait été l'ami de son père.

Il finit donc par se laisser aller, et ils lièrent connaissance.

Pendant quelque temps ils marchèrent à côté l'un de l'autre, sans proférer une parole.

Georges paraissait avoir repris le cours de ses rêveries, le major réfléchissait.

Enfin, ce dernier se tourna brusquement vers Derval, et lui prit le bras.

— Vous êtes soucieux ce soir, mon ami, lui dit-il, vous paraissez avoir perdu cette charmante gaieté que je vous ai connue il y a un mois !

— C'est vrai, répondit Georges, je ne sais pourquoi ce soir je me sens triste.

— Il faut secouer cela ?

— Je fais mon possible.

— Vous avez donc beaucoup perdu, ce soir?

— Dix mille francs à peu près...

— Bah ! vous vous rattraperez demain.

— Oui !... mais à force de se rattraper de la sorte, major, on finit par se ruiner.

— En êtes-vous donc là ?

— A peu près.

— Diable ! cependant il me semble que le père Derval vous avait laissé une fortune honnête.

— Vous avez raison.

— Et tout cela a disparu.

— Il ne me reste plus que le domaine paternel, et j'avoue que je ne puis me résoudre à y toucher.

— Alors, il faut avoir recours à vos amis; ils vous prêteront, vous regagnerez ce que vous avez perdu, et tout sera dit.

Les yeux de Georges brillèrent un moment à cette perspective, mais l'éclair qui avait illuminé son regard, s'éteignit presque aussitôt.

— Des amis, dit-il avec amertume, j'en avais beaucoup quand j'étais riche, depuis que je leur ai fait voir le fond de ma bourse, ils se sont tous envolés...

— Voyez-vous cela! s'écria le major. Eh bien! mon cher ami, vous ne m'étonnez pas, et, en vous voyant si bien entouré que vous l'étiez, j'avais bien deviné que tout cela finirait mal... Mais, après tout, il ne faut pas se désoler pour cela, et il y a peut-être un moyen de relever votre fortune compromise.

— Lequel? fit Georges.

— Vous aviez recours jusqu'ici aux hommes que vous connaissiez, sur lesquels vous croyiez, avec quelque raison, pouvoir compter; il faut changer de batterie.

— Mais comment?

— Eh! que diable! il faut aller frapper à la porte de ceux que vous ne connaissez pas, c'est-à-dire, vous adresser aux hommes qui ne sont pas au nombre de vos amis.

— Mais je ne connais personne.

— Que moi.

— Vous?

— Moi seul, et c'est assez, mon cher Georges; voyons, si je vous rendais service, que diriez-vous?...

— Mais notre connaissance date à peine de quelques semaines...

— Eh qu'importe! est-ce que je n'étais pas lié avec votre père?

est-ce que je ne vous ai pas vu enfant, haut comme ma canne, moins haut même? Les souvenirs de l'armée sont puissants sur les cœurs vraiment braves, et je n'ai pas attendu ce moment pour vous porter un vif intérêt.

— Quelle générosité!

— Eh! voilà comme nous étions tous dans la vieille-garde, une grande famille, quoi! Nous étions partis le sac sur le dos, nous nous étions frayé un chemin glorieux à travers la mitraille; tonnerre! si la Restauration n'était pas venue me jeter dans un coin, comme un paquet de n'importe quoi, je serais peut-être devenu général aussi, moi...

— Vous étiez en bonne voie.

— Ah! la guerre, mon ami, la guerre, mille bombes! voilà le véritable état d'une société civilisée... Mais aujourd'hui, je vous le demande, qu'avons-nous à espérer?... Ah! si l'autre n'était pas mort!...

Georges sourit et serra avec affection la main du major.

— Allons, allons, major Bellefonds, lui dit-il, calmez-vous, que diable! les hommes qui nous gouvernent ne sont pas immortels; qui sait! le bon temps reviendra peut-être...

Le major répondit par un soupir, et serra les mains de Georges.

— Au surplus, poursuivit ce dernier avec enjouement, vous paraissez n'être point encore trop à plaindre, et, comparativement à vos anciens compagnons d'armes, vous avez un sort supportable...

Le major secoua tristement la tête.

— Vous avez raison, répondit-il, depuis quelques mois le sort m'a favorisé, j'ai gagné au jeu des sommes considérables; mais cela n'aura qu'un temps, mon cher Derval, la chance peut tourner contre moi, et alors que deviendrai je?... Mais, tenez, ne parlons plus de cela... Vous avez besoin d'argent, je suis assez heureux pour en avoir un peu de côté, voulez-vous accepter sans façon l'offre que je vais vous faire?

— Parlez.

— Si vous ne trouvez pas quelques mille francs qui vous permettent de ressaisir la veine, vous serez contraint de recourir aux usuriers : ces gens-là en auront bientôt fini avec le domaine de votre père; eh bien! moi, mon ami, j'ai quelques mille francs qui ne font rien, que la chance a fait entrer dans ma poche, et qui peuvent en sortir au premier jour; avant que je les dépense, hâtez-vous de les accepter, je serai heureux de vous obliger, et moi, du moins, je ne vous demanderai d'autre hypothèque que votre parole.

— Cette proposition est réellement pleine de générosité, major, et je ne sais si je dois...

— Bah! acceptez toujours, vous me remercierez après.

— Eh bien! soit, dit Georges, et Dieu veuille que je sois bientôt à même de reconnaître un pareil service!

Nous laisserons le major et Georges Derval continuer leur promenade et leur conversation, et si le lecteur veut bien nous suivre, nous porterons nos pas d'un autre côté.

II.

Le lendemain, vers sept heures du soir, un jeune homme entrait dans une somptueuse demeure du faubourg Saint-Germain, appartenant au général de Saint-Rouan. Le jeune homme avait vingt-cinq ans au plus; il était grand, bien pris dans sa taille, portait un habit à boutons brillants boutonnés sur la poitrine; une moustache noire détachait sa courbe gracieuse sur les tons mats de ses joues pâles.

Le jeune homme monta rapidement l'escalier du premier étage, et dès que le domestique qui était venu lui ouvrir l'eut aperçu, il s'empressa d'aller annoncer M. Octave Dillon.

Octave Dillon le suivit de près, et arriva en même temps que lui dans le cabinet du général. Ce dernier s'était déjà levé, et venait à sa rencontre.

— Bonjour! mon ami, bonjour, Octave, lui dit-il en lui tendant cordialement les deux mains; tu te fais attendre, il me semble, je t'avais donné rendez-vous pour six heures, et voilà qu'il en est sept.

— Pardon, général, répondit Octave en s'inclinant, pardon; j'ai rencontré sur mon chemin un de mes anciens condisciples, Georges Derval, et nous nous sommes oubliés un instant dans les souvenirs de notre jeunesse heureuse; mais me voici, et vous me trouverez tout disposé à regagner le temps perdu.

— Le temps perdu ne se rattrape jamais, répondit le général avec un bon sourire; voyons, cependant, approche, assieds-toi là, près de moi, et causons...

— Ne verrai je donc point ces dames ce soir? fit Octave en s'asseyant.

— Ah! parbleu! voilà bien les amoureux, vous leur parlez d'une chose, ils vous parlent d'une autre... Non, Octave, non, tu ne verras, pour le moment du moins, ni ma femme, ni ma fille, tu m'appartiens tout entier, car l'entretien que je veux avoir avec toi est grave, solennel, et il est bon que les femmes n'y assistent pas.

— Comme vous voudrez, général, comme vous voudrez, je suis à vos ordres.

Le général et Octave prirent place l'un à côté de l'autre, et, après quelques instants de silence, le premier reprit :

— Octave, dit-il, tu as aujourd'hui vingt-cinq ans, et tu aimes Fernande, ma fille : Fernande, de son côté, j'en ai acquis la certitude, ne te voit pas avec indifférence, et votre mariage est résolu dans mon esprit d'une manière définitive ; mais, tu le comprendras, mon ami, au moment de te remettre le bonheur de mon enfant, j'ai dû faire de sérieuses réflexions sur ta position, sur ton passé, sur ton avenir.

Octave regarda le général avec étonnement, et rougit. Le général s'en aperçut, et sourit.

— Oh! je sais bien, répondit-il avec bonté, que tu as toutes les qualités qui peuvent assurer le bonheur d'une femme; tu es bon, dévoué, courageux, plein d'honneur; tu es le fils de ton noble père, Octave, et je ne t'ai pas fait l'injure d'hésiter; non, je te le répète, toi seul deviendras l'époux de Fernande, parce que toi seul es digne d'elle... Mais il ne suffit pas qu'un homme ait toutes les qualités requises pour faire un bon mari, Octave, il faut encore des garanties solides pour l'avenir, et c'est à ce sujet que je désirais te parler.

Octave s'inclina sans répondre; seulement ses joues étaient devenues plus pâles, un tremblement nerveux fit remuer ses lèvres.

— Depuis la mort de ton père, Octave, poursuivit le général, je t'ai plus d'une fois engagé à prendre la carrière des armes, mon appui t'assurait un avancement rapide, tu serais devenu en peu de temps un des bons officiers de l'armée, tu as toujours évité de me répondre sur ce point, et je n'ai pas insisté; mais aujourd'hui, mon ami, je viens faire près de toi une dernière tentative, je veux te dire une fois encore quelle serait ma joie et mon orgueil de voir mon gendre porter un uniforme sous lequel ton père et moi nous nous sommes anoblis.

Octave resta quelques secondes sans proférer une parole; il était visiblement ému, ses yeux lançaient un feu sombre; il saisit avec énergie la main de M. de Saint-Rouan.

— Vous savez, général, dit-il, tout ce que le gouvernement a fait de mal à mon père; à tort ou à raison, il a été poursuivi avec une cruauté insigne; eh bien! j'ai juré, et je tiendrai mon serment, j'ai juré de ne jamais servir ces hommes que je dois considérer comme mes ennemis.

Le général réprima un mouvement d'impatience à ces paroles, et il regarda Octave avec une fixité singulière.

— Ainsi, dit-il d'une voix lente et altérée par l'émotion, ainsi tu repousses ma proposition ?

— Je ne puis l'accepter, général.

— Et si je te disais qu'à ta réponse est attachée la destinée de Fernande, que la fille du général de Saint-Rouan ne peut devenir que la femme d'un soldat !...

— Je mourrais peut-être de douleur et de désespoir, général, mais je refuserais encore.

— C'est donc une résolution irrévocable ?

— Irrévocable !..

— Écoute, Octave, reprit le général après quelques instants de silence, je ne veux point insister davantage ; tu es jeune, tu sens vivement l'injure que l'on t'a faite, je respecte ta douleur, ton indignation, bien qu'elle doive briser le plus doux rêve de ma vieillesse.

— Général !...

— Eh ! que veux-tu, nous sommes comme cela, nous autres ; nous avons vieilli dans les camps ; notre horizon, c'était les armées ennemies ; nous nous sommes habitués à voir la vie sur les champs de bataille, nous ne connaissons pas d'autre métier que le métier des armes... Une autre génération vient avec d'autres idées, des mœurs nouvelles, qu'elle soit la bien-venue ; je ne te contrarierai donc pas sur ce point, et te laisserai libre désormais... Mais ce n'est pas tout ce que j'avais à te dire, et le reste est encore plus grave...

— De quoi s'agit il donc ? fit Octave.

— Tu n'ignores pas, mon ami, qu'il y a en ce moment en France un grand nombre d'hommes qui n'ont cessé de rêver le retour des temps passés ; il y a de sourdes rumeurs qui annoncent un orage peut-être prochain ; qui sait ! ils pousseront la folie jusqu'à conspirer... Eh bien ! il faut que je te le dise, mon enfant, ton air sombre, le silence que tu gardes vis-à-vis de moi sur ta vie, ton attitude, tout cela m'effraie. Tu as une haine profonde dans le cœur ; je te regardais souvent quand tu étais auprès de Fernande, et j'ai surpris plus d'une fois ton regard vague et indécis ; Octave, prends-y garde ; le gouvernement a été injuste envers ton père, mais n'exalte pas ainsi ta douleur et ta haine, car tu deviendrais criminel !

Et comme Octave ne répondait pas, le général poursuivit :

— Voyons, mon ami, lui dit-il, cette heure est solennelle, et je ne veux pas te quitter sans être complétement rassuré ; jure-moi que tu seras prudent, et que, quoi qu'il arrive, tu ne prêteras pas ton concours aux ennemis du gouvernement...

Octave sembla hésiter un moment, puis secouant enfin la préoccupation pénible qui l'absorbait, il plaça résolûment sa main dans celle du général.

— Général, dit-il d'une voix ferme et franche, en me donnant Fernande, vous me confiez un dépôt sacré, dont je connais toute la valeur, et je jure Dieu que je mettrai tous mes soins, tout mon bonheur à la rendre heureuse ; Fernande est le seul rêve de mon cœur, elle a été l'amie de mon enfance, elle sera la compagne de ma vie !... Soyez-en certain d'avance, quand je serai son époux, je ne ferai rien jamais qui puisse compromettre son bonheur !... Mais c'est là, général, tout ce que je puis promettre, et tout ce que je promets, vous m'en voudriez vous-même, vous l'ami de mon père, si j'oubliais ce que je dois à sa mémoire outragée.

— Octave! Octave !... tu ne me dis pas tout...

— Général, quoiqu'il arrive, vous n'aurez point à rougir de moi !...

Et en parlant, le jeune homme se leva, serra encore une fois, avec une tendre affection, les mains du général, et sortit.

Quand Octave se retrouva dans la rue, dix heures sonnaient ; il était vivement ému ; ainsi, le général avait deviné une partie de son secret, il avait hésité un moment à lui donner la main de Fernande.

Octave frémit.

Fernande était, comme il l'avait dit, son seul amour, son plus doux rêve : il eût plutôt renoncé à la vie que d'abandonner l'espoir de la posséder un jour.

Et cependant Octave avait d'autres préoccupations dans l'esprit, il avait honte de son repos ; comme son père, il eût voulu servir son pays sur les champs de bataille ; il nourrissait dans son cœur une haine profonde pour tous ces hommes que la Restauration avait ramenés en France, pour ce gouvernement qui avait brisé le trône de l'empereur !

Octave conspirait.

Il s'était jeté dans la Charbonnerie avec un véritable enthousiasme; c'était bien là ce qu'il cherchait depuis longtemps; on ne lui apprenait rien, il avait rêvé tout cela, il avait appelé cette association secrète de tous ses vœux. Des offres lui furent faites, et il les accueillit avec empressement.

Mais à cette époque, l'association n'en était encore qu'à son début ; la réception du nouveau néophyte avait été reculée, et c'était ce soir même qu'Octave devait être officiellement affilié. Il avait donc hâte de quitter le général, et quand il entendit dix heures sonner, il pressa le pas; un cheval l'attendait à son hôtel, il s'empressa de le monter, et partit au galop dans la direction de Saint-Germain, où il devait être rendu à minuit.

La nuit était fort sombre ; le cheval d'Octave brûlait la route de ses quatre pieds impatients ; il avait plutôt l'air d'un fantôme que d'un être humain.

Les arbres disparaissaient à ses côtés avec une rapidité fantastique ; l'horizon changeait à chaque instant, Octave serrait les rênes avec frénésie, la bouche de son cheval écumait, il sentait lui-même une ardeur fiévreuse précipiter le sang dans ses veines.

Octave était violemment ému ; cette nuit même il allait prononcer un serment terrible, il allait résolûment s'engager dans une voie fatale, il allait armer sa main du poignard des conspirateurs. Aucune hésitation n'arrêtait ses résolutions, il se laissait entraîner par cette sympathie naturelle qu'éprouve toute jeune tête pour les cérémonies mystérieuses ; c'était un monde nouveau dans lequel il allait entrer, il eût voulu déjà se mettre à l'œuvre.

Enfin, la route qu'il suivait se dégagea tout à coup, et la ville de Saint-Germain dressa la silhouette à l'horizon.

Octave respira.

Il était onze heures et demie, il devait arriver à temps.

Cependant, la *vente* à laquelle il allait se présenter était déjà réunie dans une sorte de souterrain naturel qui s'étendait au-dessous de la forêt, et dont on avait réussi à dissimuler l'entrée à tous les regards.

La salle dans laquelle devaient avoir lieu les cérémonies de la réception, était triangulaire, tronquée à toutes ses pointes. Deux *flammes* ou gardiens étaient placés aux deux côtés de la porte avec des sabres tortillés à leur extrémité. Tous les membres déjà reçus, étaient debout autour, faisant face au milieu de la *vente*, et l'œil fixé sur le grand maître, lequel se tenait sur un trône élevé à l'orient.

Le grand maître, grand élu, portait une tunique bleu céleste, sans manches ni col ; une ceinture de peau lui ceignait les reins, serrant étroitement la tunique depuis le creux de l'estomac jusqu'aux hanches.

Cette ceinture avait sept poches.

L'une, celle pratiquée dans la division verticale, servait à cacher les papiers les plus secrets de l'ordre.

« Les six autres étaient destinées, savoir : la première et sa laté-
« rale de la division horizontale supérieure, à renfermer les bijoux
« étrangers ou du pays, appartenant au grand maître, grand élu ; les
« deux du centre, à contenir les monnaies d'or nationales et étran-

« gères, de même que les deux de la division inférieure, à contenir « les monnaies d'argent. Une lettre initiale, imprimée sur l'ouver- « ture de chaque poche, indique sa destination. Ces lettres sont : « C (carte), G (Gioje), P (Paese. Moneta del Paese), F (forestière. « Moneta forestière), O (oro), A (argento). »

Une hachette et un poignard pendaient à cette ceinture ; enfin, un turban, formé par un foulard rouge, roulé autour de la tête, complétait le costume pittoresque du grand maître.

Trois lumières, figurant le soleil, la lune et les étoiles, étaient suspendues aux trois angles et éclairaient la *vente*.

Quand l'heure fut venue, le grand maître se leva, et tira sa hachette de sa ceinture, il en frappa sept fois le *trône* placé près de lui.

A ce signal, tous les membres s'assirent sur le banc circulaire qui faisait le tour de la *vente*, et l'un des éclaireurs, *chef d'ordre*, s'avança jusqu'auprès du trône.

— Bon cousin, premier éclaireur, dit le grand maître, quelle heure est-il?

— Respectable grand élu, répondit le *chef d'ordre*, — le tocsin sonne de toutes parts, et retentit jusque dans la profondeur de notre grotte ; je pense que c'est le signal du réveil des hommes libres, et qu'il est minuit.

— Bon cousin, reprit le grand maître, premier éclaireur, à quelle heure doivent s'ouvrir nos travaux secrets?

— A minuit, respectable grand maître, lorsque les masses populaires, dirigées par nos affidés les bons cousins, directeurs, sont rassemblées, organisées, marchant contre la tyrannie, et sont prêtes à frapper les grands coups.

— Puisque tout est bien disposé, poursuivit alors le grand maître, après un instant de silence, je vous invite, mes bons cousins, à m'aider dans l'ouverture de nos travaux nocturnes, en célébrant, ainsi que tous nos bons cousins, grands élus, le *septaple avaitlage* que je commence à l'instant.

— A moi, mes bons cousins!

1° Au Créateur de l'univers ;

2° Au Christ, son envoyé sur la terre, pour établir la philosophie, la liberté, l'égalité ;

3° A ses apôtres et prédicateurs ;

4° A saint Thibalde, fondateur du Carbonari ;

5° A François Ier, comme son protecteur, et l'exterminateur de nos anciens oppresseurs ;

6° A la chute éternelle de toutes les tyrannies ;

7° A l'établissement d'une liberté sage et sans fin, sur la ruine éternelle des ennemis des peuples.

Une fois ces sept avantages célébrés, le grand maître déclara la séance ouverte, et les cérémonies commencèrent.

Le premier éclaireur sortit et revint quelques moments après, amenant par la main Octave Dillon, les yeux bandés.

Un Carbonari était allé le prendre dans un endroit de la forêt, lui avait couvert les yeux de son mouchoir, et l'amenait ainsi, afin que si la trahison se glissait quelque jour dans les rangs des conspirateurs, la police ne pût parvenir à découvrir le lieu ordinaire de leurs réunions.

Quand Octave eut été conduit au pied du trône sur lequel se tenait le grand maître, le premier éclaireur détacha le bandeau qui entourait son front, et lui dit de s'apprêter à répondre aux questions qui allaient lui être posées.

Octave promena un moment ses regards éblouis sur tout ce qui l'entourait, et il se laissa naïvement toucher par cet appareil singulier ; puis il se tourna plein de respect vers le vénérable qui lui fit signe de la main de s'approcher encore.

— Jeune homme, dit alors le grand maître, un de nos bons cousins est allé vers toi, pour t'inviter de t'unir à nous; tu as accepté les propositions qui t'ont été faites à ce sujet, et c'est aujourd'hui, pour la première fois, que tu es introduit dans le sanctuaire des bons cousins.

Octave s'inclina sans répondre, et le grand maître poursuivit :

— La mission que tu vas accepter est pleine de dangers; dès que tu seras entré dans les rangs des bons cousins, tu ne t'appartiendras plus; tu rompras pour toujours avec le monde que tu as connu; tu ne déposeras le poignard que le jour où la liberté sera rendue au peuple !...

— Je suis prêt à vous suivre dans cette voie, répondit Octave, depuis longtemps j'attendais ce moment avec impatience.

— Tu n'as aucun pacte qui te lie à nos ennemis?

— Aucun.

— Tu es libre de tout engagement?

— Que la *vente* ordonne, et j'obéirai.

— Prête donc entre nos mains le serment de tous les bons cousins, et quand tu l'auras prêté, nous t'associerons à nos travaux.

Le premier éclaireur passa alors à Octave la formule du serment ordinaire, et ce dernier lut à haute voix ce qui suit :

« Moi, citoyen libre, réuni sous le même gouvernement et les mêmes lois populaires que je me dévoue à établir, dût-il m'en coûter tout mon sang, je jure, en présence du grand maître de l'univers, et du grand élu bon cousin, qui le représente, d'employer tous les moments de mon existence à faire triompher les principes de liberté, d'égalité, de haine à la tyrannie, qui sont l'âme de toutes les actions secrètes et publiques de la respectable Charbonnerie. Je promets de propager l'amour de l'égalité dans toutes les âmes, sur lesquelles il me sera possible d'exercer quelque ascendant. Je promets, s'il n'est possible de rétablir le régime de la liberté sans combattre, de le faire jusqu'à la mort.

« Je consens, si j'ai le malheur de devenir parjure à mes serments, d'être immolé par mes bons cousins les grands élus, de la manière la *plus souffrante*. Je me dévoue à être mis en croix au sein d'une vendita, d'une grotte ou d'une chambre d'honneur, nu, couronné d'épines, et de la même manière que le fut notre bon cousin le Christ, notre rédempteur et notre modèle. Je consens, de plus, à ce que mon ventre soit ouvert de mon vivant, que mon cœur et mes entrailles soient arrachés et brûlés, que mes membres soient coupés et dispersés, et mon corps privé de sépulture. »

Et quand Octave eut achevé sa lecture d'une voix ferme, tous les assistants répétèrent d'une même voix :

— Nous le jurons!

Aussitôt commencèrent les cérémonies des épreuves ; celles qui étaient le plus usitées dans la *vente*, représentaient la Passion de Notre Seigneur, mais, dit un historien, elles s'exécutaient avec un appareil bien fait pour frapper les imaginations surexcitées.

Quand Octave eut passé par toutes ces épreuves, le grand maître lui dit :

— Au nom du grand architecte de l'univers, je vous reçois grand élu de l'ordre mystérieux de la Charbonnerie, vous, mon bon cousin, Octave Dillon, en récompense du zèle que vous témoignez, et de la promesse que nous avons reçue de vous, de vous dévouer entièrement au maintien des libertés de la France.

Octave fut alors conduit au vestiaire, et revint peu après en robe, chaussure et ornements de son grade. Il se rendit aussitôt près du trône, où le vénérable l'accueillit et l'embrassa *carbonicamente ;* il releva son capuchon sur sa tête, lui attacha sa ceinture, et plaça du côté gauche une hachette, et sur son flanc droit un poignard dans sa gaîne, qu'un crochet liait à la ceinture.

Après quoi, il lui dit :

— Maintenant, Octave Dillon, bon cousin, vous allez retourner dans le monde; reprenez-y vos occupations habituelles, comme si rien d'extraordinaire ne s'était passé; cachez bien votre secret à tous les regards, et n'oubliez jamais que l'association a des droits imprescriptibles sur vous, et que vous lui devez votre sang, le jour où elle vous le demandera. Allez... la séance est levée.

Tous les assistants sortirent, sur ces paroles, de la salle des séances, et chacun s'éloigna dans un ordre parfait.

Octave alla reprendre son cheval, et repartit au galop pour Paris.

III.

Deux mois s'étaient écoulés sans qu'aucun événement important fût venu troubler le calme dont Octave jouissait. Tous les soirs, il allait passer quelques heures auprès de Fernande, et là il oubliait quelquefois, dans les charmes d'un amour sincèrement partagé, et la haine qui couvait dans son cœur, et les terribles devoirs que son titre de Carbonaro lui inspirait.

Cependant, malgré le soin qu'il prenait de cacher à tous les regards sa sombre préoccupation, Fernande n'avait pas été longtemps sans s'en apercevoir. Elle avait cru d'abord que cette préoccupation n'était que le résultat d'une tristesse passagère; mais comme le regard d'Octave était toujours aussi rêveur, comme il ne répondait plus bien souvent que par des monosyllabes aux paroles qu'elle lui adressait, Fernande en conçut de l'inquiétude, et elle se promit bien de l'interroger à la première occasion.

Fernande avait dix-huit ans; elle était grande, svelte, d'une beauté remarquable; les boucles blondes de ses cheveux tombaient le long de ses joues rosées; elle était douce et rieuse, et cette tristesse d'Octave était le premier chagrin qu'elle eût encore conçu.

Fernande aimait Octave d'un amour profond et réfléchi; elle avait été élevée près de lui; depuis leur plus tendre enfance, ils ne s'étaient jamais quittés, ils avaient grandi l'un près de l'autre ; Octave n'avait jamais eu de secret pour Fernande, non plus que Fernande pour Octave. Ils devaient se marier dans quelques mois, et tous les deux attendaient avec impatience le moment d'être unis.

Encore quelques mois, et leur bonheur serait complet ; quelle préoccupation fâcheuse absorbait donc la pensée d'Octave, quand le bonheur était si près, quand il était sûr du cœur de sa fiancée ? Mille suppositions troublèrent un moment l'esprit de Fernande, et bien souvent elle s'arrêta à penser que peut-être Octave regrettait de s'être trop engagé, qu'il ne l'aimait plus, qu'il en aimait une autre.

Fernande frémit.

Depuis qu'elle connaissait Octave, jamais encore cette pensée ne lui était venue ; Octave lui avait dit si souvent qu'il l'aimait, qu'elle l'avait cru ; elle s'était laissée doucement aller sur cette pente de l'amour, sans songer à se retenir : d'ailleurs, autour d'elle, tout le monde partageait sa joie et sa sérénité, et sa mère et son père qui lui souriaient. Qu'allait-elle devenir cependant, si Octave ne l'aimait plus, s'il fallait renoncer à lui ! Son cœur se serra, et des larmes amères coulèrent le long de ses joues.

Fernande était trop malheureuse, elle souffrait trop, elle prit une résolution énergique, et attendit Octave pour aller droit au but et lui arracher son secret.

Un soir donc, Octave était comme d'habitude près de Fernande, et ce soir-là il semblait encore plus soucieux et plus triste que la veille ; Fernande s'en aperçut bien vite, et elle sentit les larmes emplir ses yeux. Elle n'y tint plus, et saisit les mains d'Octave.

— Octave, lui dit-elle, vous êtes triste, mon ami, qu'avez-vous ?

— Moi ! fit Octave qui tressaillit ; mais je n'ai rien, je vous jure.

— Oh ! ne me trompez pas.

— Je vous dis la vérité.

— Octave, cela n'est pas possible ; ah ! ce n'est pas d'aujourd'hui, allez, que j'ai remarqué votre attitude préoccupée; il se passe en vous quelque chose d'extraordinaire, et moi, Octave, moi, votre fiancée, votre femme bientôt, j'ai le droit de savoir...

— Enfant! répondit Octave en attirant la jeune fille dans ses bras, pourquoi t'émouvoir ainsi d'une tristesse qui passera demain peut-être? ne nous laissons pas attrister par des soucis de cette nature, songeons à être heureux; dans quelques mois, nous serons unis, et alors quel chagrin pourra nous atteindre?

Mais Fernande l'écoutait à peine; des larmes coulaient maintenant le long de ses joues; elle remua tristement la tête.

— Non, Octave, répondit-elle, ce que vous me dites n'est pas la vérité, je le sens bien à mon cœur qui ne peut se calmer, je le sens à votre voix qui tremble en me parlant... Octave, tenez, vous n'êtes plus le même envers moi; autrefois, vous n'aviez pas un secret, vous me disiez toute votre existence, jour par jour, heure par heure, et maintenant... Octave, vous ne m'aimez plus...

— Que dites-vous! s'écria le jeune homme.

— Peut-être même en aimez-vous une autre!... poursuivit Fernande.

— Ah! que je meure à l'instant, Fernande, si cela est!

Octave avait successivement rougi et pâli; il prit les deux mains de la jeune fille dans les siennes, et les serra contre sa poitrine qui battait avec force.

— Ne plus t'aimer, en aimer une autre! s'écria-t-il; mais depuis que j'existe, Fernande, c'est toi, toi seule que j'aime, et s'il fallait aujourd'hui renoncer à devenir ton époux, je mourrais! Oh! ne me parle plus ainsi, Fernande, ne me soupçonne plus, car tes reproches sont mon plus cruel châtiment.

— Cependant vous êtes soucieux depuis quelques jours. Octave, dit Fernande, qui essuyait déjà ses larmes, et sentait la confiance renaître dans son cœur.

— C'est vrai! répondit Octave.

— Cette préoccupation a une cause.

— Sans doute.

— Et vous me la cachez!

— Je te la cache, Fernande, parce que je n'ai pas voulu troubler le calme dont tu jouissais, par l'idée d'une séparation momentanée.

— Une séparation! dit Fernande qui pâlit.

— Il faut que je parte.

— Partir!... me quitter! vous! est-ce possible?

— Il le faut!... mais rassure-toi, Fernande, mon enfant chère, je pars, mais avant huit jours je serai près de toi.

— Vous n'avez pas parlé de cette absence au général.

— Il doit l'ignorer.

— Ah! je ne sais pourquoi, mais ce départ précipité, mystérieux, m'épouvante... Octave ne partez pas...

— Il le faut!

— Si je vous en priais bien, cependant...

— Je ne pourrais...

— Au nom de notre amour, Octave, au nom de notre prochain hymen.

— Fernande, Fernande, je vous en prie, n'insistez pas.

Fernande allait poursuivre, quand la porte du salon s'ouvrit, et le général parut sur le seuil.

Octave se leva effaré, et courut vers lui.

— J'ai tout entendu, dit le général.

— Vous étiez là! fit le jeune homme éperdu.

— J'étais là... d'ailleurs je connaissais déjà vos projets de départ, et c'est pour vous y faire renoncer que je venais.

— Comment? dit Octave.

La voix du général avait un accent de sévérité et de résolution, qu'Octave ne connaissait pas; il leva les yeux vers lui, et fut épouvanté de sa pâleur.

— Octave, reprit M. de Saint-Rouan, de cette heure dépend tout votre avenir, tout le bonheur de ma fille, peut être... persistez-vous à quitter la capitale?

— O mon Dieu! mon Dieu, murmura le jeune homme.

— Votre réponse dictera la mienne; si vous partez, tout est rompu entre nous, et vous pouvez dès ce moment renoncer à la main de Fernande.

— Mon père! s'écria la jeune fille, qui courut se jeter épouvantée dans les bras du général.

Cependant Octave était resté accablé sous les paroles inattendues de M. de Saint-Rouan; le regard fixé au parquet, la main dans ses cheveux, la poitrine haletante, il semblait en proie à une profonde hésitation, il n'osait lever les yeux ni sur le général, ni sur Fernande. Enfin, il parut faire un violent effort sur lui-même, et passa à plusieurs reprises sa main sur son front, essuya convulsivement quelques larmes qui mouillaient ses joues, et marcha vers Fernande.

— Fernande, lui dit-il d'une voix brisée, je vous aime plus que ma vie, plus que Dieu, vous êtes mon premier, mon seul amour; mais c'est ici un devoir d'honneur à accomplir, et vous-même vous m'ordonneriez de partir.. adieu Fernande.

— Vous partez, dit l'enfant éperdue.

— Il le faut!

— Vous renoncez à ma main.

— J'en mourrai, Fernande.

— Octave! Octave!... vous voulez donc me tuer...

Octave réprima un mouvement désespéré, il saisit vivement la main de Fernande, l'embrassa avec un transport désordonné, et courut vers la porte, sans oser regarder en arrière.

Fernande, cependant, était tombée évanouie dans les bras de son père.

CHAPITRE III.

Suite des Carbonari. — Le comité directeur. — Les agents. — Le voyage. — Mariage rompu. — Le major Bellefonds. — Thouars. — Georges et Octave. — Grandmesnil. — Berton. — L'assassinat du major.

La Charbonnerie était alors assez puissante pour tenter un mouvement ; mais elle eût voulu s'attacher davantage encore les divers régiments de l'armée. Cependant le moment était venu où il ne suffisait plus de se réunir, de déclamer contre les tyrans, de jurer fidélité sur des poignards, et de s'exalter les uns les autres, sans résultat positif ; le temps marchait avec rapidité ; les fautes du gouvernement aggravaient la situation ; les *ventes* de province se plaignaient de l'inaction à laquelle on les obligeait ; la défiance était près de s'introduire dans les rangs des Carbonari, et il devenait urgent de préparer un mouvement pour satisfaire à toutes ces réclamations.

Le comité directeur était bien de cet avis, mais il pensait aussi, avec quelque raison, que l'esprit de l'armée n'était point encore suffisamment préparé.

Les *ventes* des régiments étaient complétement distinctes des *ventes* des villes; la *vente* ne se recrutait que dans le régiment même; et lorsque ce régiment venait à changer de garnison, au moyen d'une médaille dont on confiait une moitié au président de la *vente* militaire, et dont l'autre moitié était envoyée secrètement au président de *vente* de la ville vers laquelle le régiment s'acheminait, on arrivait à tromper toutes les recherches de la police.

Mais, jusqu'alors, les *ventes* des régiments n'avaient pas compté beaucoup de membres; c'était une organisation à surveiller. Il fallait, à tout prix, trouver, avant de rien entreprendre, un moyen d'augmenter le nombre des affiliés aux *ventes* militaires.

A cet effet, il fut décidé qu'on enverrait en province quelques membres actifs de la *vente* centrale, afin d'activer le mouvement des *ventes* militaires des départements.

Cette mesure reçut immédiatement son exécution.

Floturd partit pour l'ouest, Dugied pour la Bourgogne, Rouen aîné pour la Bretagne, et Joubert pour l'Alsace; puis, pour relier définitivement les diverses opérations de la province à celles de Paris, et pour que la Charbonnerie marchât avec unité et ensemble, on créa à Paris un comité d'action.

Une fois la Charbonnerie établie sur ces bases, ses affaires prirent une direction plus nette; l'incroyable incurie de la police laissait d'ailleurs toute liberté aux agents de la société.

Ceux-ci, munis de lettres de recommandation de Lafayette, de d'Argenson, de Manuel, de Dupont (de l'Eure), de Corcelles, de Kœchlin et de Beauséjour, ne tardèrent pas à obtenir des résultats considérables.

Dès ce moment, en effet, la Charbonnerie compte des *ventes* importantes dans l'est, dans l'ouest, dans le midi : à Rennes, à Nantes, à La Rochelle, à Poitiers, à Bordeaux, à Toulouse.

Elle avait, en outre, des intelligences très-étendues dans presque toutes les *ventes* militaires, et notamment à Niort, Angers, Saumur, Thouars, Béfort, Nancy, Metz, Strasbourg, Mulhouse, Neufbrisach; Lyon était considéré comme une des *ventes* les plus redoutables et les mieux organisées.

Les officiers d'artillerie étaient entrés avec empressement dans l'association, et tout portait à croire que les progrès des *ventes* ne s'arrêteraient pas là.

C'est alors que, pour la première fois, on parla sérieusement d'une tentative, et l'on décida que le mouvement commencerait à Béfort et à Thouars.

Toutes les dispositions furent prises en conséquence, et des hommes sûrs et énergiques furent envoyés dans ces deux localités, pour y préparer les esprits.

Le lendemain donc du jour où il avait quitté la fille du général Saint-Rouan, Octave se dirigeait vers la diligence qui devait le conduire à Thouars.

C'était le soir; mille pensées funestes troublaient son esprit; il monta rapidement dans la voiture, s'enveloppa dans son manteau, et, sans même songer à adresser un regard à ses compagnons de voyage, il se rejeta dans un des coins du compartiment qu'il devait occuper. Le souvenir de Fernande était encore vivant dans son esprit, son cœur battait avec force, les larmes montaient à ses yeux, et bien qu'il fût résolu à accomplir jusqu'au bout sa mission, cependant il y avait des moments où il eût volontiers retourné en arrière.

Cependant la voiture suivait tranquillement la route, et, grâce à ses mouvements réguliers, Octave ne tarda pas à s'endormir.

Le lendemain matin, quand il ouvrit les yeux, le soleil dorait déjà les vitres des portières; on était à peine à trente lieues de Paris, il restait encore vingt heures au moins de voyage avant d'atteindre le but.

Octave jeta un regard distrait sur ses compagnons, et deux cris de joie partirent presque en même temps.

— Octave ! s'écria une voix.

— Derval ! fit Octave.

Et les deux jeunes gens se tendirent et se serrèrent la main avec la plus franche cordialité.

— Voilà un heureux hasard, reprit Georges Derval après quelques minutes de silence, nous avons quitté Paris le même jour, et peut-être allons-nous du même côté !

— Moi, je vais à Angers, dit Octave.

— C'est comme moi !

— Eh bien ! nous ferons route ensemble.

Cependant cette rencontre avait paru aussi singulière à Georges qu'à Octave ; ils désiraient vivement l'un et l'autre avoir de plus amples renseignements sur leurs intentions réciproques, mais ils n'osaient s'interroger devant tout le monde.

Au premier relai, ils descendirent de la voiture, et pendant que l'on attelait les chevaux, Georges s'approcha d'Octave, et le prit à part :

— Octave, lui dit-il, quel est donc le motif impérieux qui t'appelle à Angers? Il me semblait cependant que tu avais des raisons sérieuses de rester à Paris ; est-ce que ton mariage serait rompu?

— Peut-être !

— La fille du général de Saint-Rouan t'aimait cependant.

— Son père me l'a refusée.

— Est-ce possible !... Et où vas-tu?

— Où le ciel me conduira ; et toi-même?

— Oh ! moi, je n'avais personne à épouser, ma vie n'appartient qu'à moi, je vais tantôt ici, tantôt là, sans chercher autre chose que la satisfaction de ma fantaisie.

— C'est une singulière idée que d'aller à Angers!

— Je me fais touriste.

— Et tu vas voir le château des Plantagenet?

— Précisément!

— Alors, c'est bien! dit Octave; mais comme nous n'avons pas les mêmes goûts, tu me permettras de te souhaiter un bon voyage dès notre arrivée à Angers.

— Tu vas donc plus loin?

— Je vais à Thouars.

— A Thouars!...

Georges Derval allait solliciter une nouvelle explication, mais le conducteur de la diligence vint les prier de monter en voiture, et ils se remirent en route.

Cependant Derval ne quittait pas Octave des yeux, une idée singulière lui avait traversé l'esprit depuis quelques instants, et cette idée l'avait fait tressaillir.

Il avait hâte d'arriver à un endroit où la diligence devant séjourner plus longtemps, il lui serait possible de l'interroger plus utilement.

Il y avait encore quelques lieues à faire; Georges se rejeta dans le coin qu'il occupait, et s'abandonna à toutes ses réflexions.

De son côté, Octave était retombé dans ses rêveries, et l'image de Fernande flotta encore devant ses regards pleins de larmes.

Son mariage était rompu; il connaissait le général de Saint-Rouan, il savait qu'il ne reviendrait jamais sur sa détermination; tout espoir était donc perdu : cet amour qu'il avait nourri depuis son enfance, il fallait y renoncer pour toujours. Octave était profondément désespéré; mais il avait une mission à accomplir, et rien ne pouvait l'arrêter désormais.

Vers midi, la diligence s'arrêta, et les voyageurs furent avertis qu'ils pouvaient disposer de deux heures; c'était ce qu'attendait Georges; il s'empressa de prendre Octave par le bras, et l'entraîna loin de l'endroit où l'on s'était arrêté.

Octave ne put s'empêcher de lui faire remarquer qu'il s'éloignait plus qu'il n'était peut-être convenable; mais Georges ne voulut rien entendre.

— J'ai mes raisons, répondit-il, suis-moi.

— Où me conduis-tu?

— Dans un hôtel où nous pourrons déjeuner tête à tête.

— Mais quelle nécessité?

— J'ai à te parler.

Quand les deux jeunes gens se furent attablés, Octave prit enfin la parole :

— Voyons, dit-il à Georges, voilà une demi-heure que nous jouons aux propos interrompus, explique-moi de suite ce mystère; pourquoi m'as-tu amené jusqu'ici?

— Un motif puissant.

— Mais encore?...

— Écoute, Octave, poursuivit Georges en jetant un regard soupçonneux autour de la chambre, comme s'il eût craint que l'on entendît ses paroles, nous sommes de vieux camarades, notre amitié date du collége, et elle a résisté à une longue séparation; nous nous retrouvons aujourd'hui, et j'espère que le temps qui s'est écoulé depuis notre dernière rencontre n'a pas affaibli la vive sympathie que nous avons toujours éprouvée l'un pour l'autre; eh bien! tout à l'heure, quand tu m'as appris que ton mariage avec la fille du général Saint-Rouan était rompu, quand tu m'as dit que tu allais à Thouars, une singulière pensée a traversé mon esprit, et tout mon être a tressailli... Octave, tu conspires.

— Moi!

— Tu conspires, te dis-je, je l'ai deviné sans peine, et tu chercherais en vain à me le cacher.

— Tu te trompes.

— Non!

— Ma rupture avec le général a des causes toutes simples; nos relations se renoueront sans peine, je l'espère, et je ne vais à Thouars que pour rendre notre réconciliation plus facile.

Georges Derval remua la tête d'un air incrédule, et prit la main d'Octave.

— Non, mon ami, lui dit-il, non, tout ce que tu me dis ne peut me donner le change, et j'en sais là-dessus aussi long que toi-même; tu conspires, te dis-je, tu as quitté Paris sur l'ordre de l'association à laquelle tu appartiens, et tu ne vas à Thouars que pour t'entendre avec le général Berton, qui est, dit-on, tout disposé à entrer dans la conspiration... Eh bien!... voyons maintenant, suis-je bien informé?

Octave était resté stupéfait en écoutant les paroles de son camarade; il fronça le sourcil d'un air sombre, et regarda autour de lui à son tour.

— Georges, dit-il enfin, ce que tu viens de m'apprendre est grave, car lors même que cela serait vrai, j'aurais à me demander par quel moyen tu te trouves si bien informé.

— Un moyen fort simple, répondit Georges.

— Explique-toi!

Georges sourit et tira lentement de sa poche une moitié de médaille qu'il présenta à Octave.

— Tiens, lui dit-il, tu dois avoir l'autre moitié de cette médaille.

— En effet, dit Octave au comble de l'étonnement, qu'est-ce que cela signifie?

— Cela signifie, répliqua Georges, que comme toi, mon ami, je conspire contre ce gouvernement qui a banni nos pères; j'ai, comme toi, la haine héréditaire des Bourbons, et j'espère bien qu'avant peu, nous en aurons fini avec eux.

Octave respira à ces paroles, et essaya un sourire.

— Cela me rassure, dit-il, je commençais à craindre que notre plan n'eût été découvert, et qu'une traître ne se fût glissé parmi nous... Grâce au ciel, il n'en est rien : tu es des nôtres, et je bénis Dieu de t'avoir mis de moitié dans mon entreprise, nous sommes sûrs au moins de nous entendre jusqu'au bout... mais dis-moi, Georges, y a-t-il longtemps que tu appartiens à l'association des Carbonari?

— Deux mois au plus!

— Et qui t'y a servi de parrain?

— Le major Bellefonds.

— Le major!

— Tu ne le connais pas?

— Au contraire.

— Un homme charmant, mon ami, qui ne tardera probablement pas à nous rejoindre.

— Il doit venir à Thouars? fit Octave.

— Sans doute.

— Lui! c'est impossible.

Et le visage d'Octave se rembrunit tout à coup. Georges s'en aperçut.

— Le major, dit-il, avait quelques affaires à régler à Paris avant son départ, il n'a pu venir avec moi, mais je lui ai promis de le tenir au courant de la marche de notre entreprise, et dès qu'il y aura lieu, il viendra.

— Soit!... fit Octave, ce qui est fait est fait, il n'y a pas à revenir sur le passé, mais si tu veux m'en croire, tu n'écriras plus au major que le jour où nous aurons commencé le combat.

— Pourquoi cela?

— Qu'importe.

— Des soupçons.

— La confiance ne se commande; le major est un homme singulier; nul n'a jamais pu me dire dans quel régiment il a servi; on ignore de quelle source lui vient l'argent qu'il jette à pleines mains; quelques-uns ont pensé qu'au lieu de faire partie de l'association des Carbonari, il appartient bien plutôt...

— A quoi donc?

— A la police.

— Lui, le major!...

— Je n'affirme rien, Georges, je puis me tromper, mais tu le sais, notre entreprise est sacrée, la vie d'un grand nombre d'hommes y est engagée, il ne faut pas agir légèrement... n'écris pas au major...

— Je te le promets, répondit Georges, qui était tout à coup devenu rêveur.

Cependant l'heure de remonter en voiture était arrivée... quelques minutes après cet entretien, ils se retrouvaient sur la route de Thouars, où ils ne tardèrent pas d'arriver.

II.

Le premier soin des deux jeunes gens, en arrivant au bout de leur voyage, fut de s'informer du général Berton. Ils avaient hâte l'un et l'autre d'entrer en communication avec lui, car les instructions qu'ils apportaient de Paris étaient précises, et leur recommandaient de ne rien négliger pour avancer le commencement des opérations. Ils firent donc prévenir le général, lui firent remettre secrètement la moitié de la médaille dont ils étaient porteurs, et lui donnèrent rendez-vous à quelque distance de Thouars, dans une campagne isolée, appartenant au chef de la *vente civile* de la localité.

Puis, au jour fixé, ils s'acheminèrent vers l'endroit désigné.

Dans cette partie de la France, dit un historien contemporain, la

Charbonnerie attendait avec une impatience extrême le moment d'en venir aux mains avec le pouvoir.

Le général Berton s'était mis à la disposition de la conspiration, et avait témoigné, de lui-même, le désir de ne point remettre davantage le moment de la lutte. Il était parti récemment de Paris, et s'était dirigé vers la petite ville de Thouars, et là, il avait agi avec assez d'activité, pour attirer dans la conjuration les personnes notables de l'endroit.

Le général Berton n'était pas précisément ce qu'il fallait pour une entreprise de ce genre. Homme de cœur, soldat intrépide, joignant à quelques talents militaires, l'éloquence audacieuse d'un homme de parti, son imagination l'emportait malheureusement bien au delà des bornes, et il manquait de ce sang-froid qui est la moitié du courage du conspirateur.

Berton était le seul des généraux auxquels on s'était adressé, qui eût, sans hésiter, accepté la mission périlleuse dont on désirait le charger. Seulement, il eût dû attendre, avant d'agir, que le moment fût venu et ne point se jeter en avant, avec une folle ardeur, sans même prévoir succès, car l'entreprise de Berton offrit cette singulière particularité, que le succès même le trouva au dépourvu.

Au moment où la malheureuse pensée lui vint de se rendre à Thouars, pour donner le signal de la révolte, et lever de ce côté l'étendard révolutionnaire, Berton, qui avait longtemps suivi avec attention le mouvement des opérations du Carbonarisme sur toute la France, et qui savait au juste l'état des esprits, ne pouvait douter que son pays ne fût à la veille d'une conflagration générale, et que la dernière heure des Bourbons allait sonner. Le désir ardent qu'il en fût ainsi, l'avait si bien convaincu qu'il en était réellement ainsi, que lorsqu'il s'engagea décidément dans la voie révolutionnaire, et qu'il appela à lui les mécontents de Thouars et de Saumur, il n'eût point cru mentir, en assurant qu'à ce moment même, toute la France était en révolution, et que les Bourbons n'étaient déjà plus sur le trône.

Dès que le général eut acquis la certitude que des membres de l'association, envoyés de Paris même, étaient arrivés à Thouars et désiraient l'entretenir, toute son ardeur se réveilla, et il partit pour le rendez-vous assigné. C'était son opinion bien arrêtée que l'entreprise était mûre, et qu'il fallait à tout prix donner le signal du mouvement. C'était aussi l'avis de Georges et d'Octave.

La route qu'il avait à faire pour arriver au but de sa course, était assez longue, le général était parti vers les premières heures de la nuit; il marchait à pas rapides et pressés, songeant déjà aux moyens les plus sûrs de mener l'entreprise à bonne fin.

La lune s'était levée, les plaines s'étendaient au loin sous sa blonde et pâle lumière; le silence s'était fait autour de lui, le général s'appuyait sur son bâton noueux, et sans prendre garde aux beautés mélancoliques du paysage, il marchait.

Tout à coup, au détour du chemin, il aperçut un homme assis sur le revers du fossé. En toute autre occasion, Berton n'aurait fait aucune attention à cet homme, mais à cette heure, et dans la circonstance présente, cette rencontre pouvait avoir son danger ou son intérêt.

Ce pouvait être un ennemi, c'était peut-être un ami; dans l'un comme dans l'autre cas, il importait d'agir avec prudence : d'ailleurs le mystérieux inconnu s'était levé dès qu'il avait vu le général venir à lui, et il marcha résolùment à sa rencontre.

Le général s'arrêta et l'attendit...

Cependant l'inconnu fit quelques pas, et quand il fut à portée de son interlocuteur :

— Pardon, général, lui dit-il, pardon de vous arrêter ainsi au milieu de la route, mais je suis arrivé ce matin même de la capitale, et je tenais singulièrement à vous rencontrer avant de repartir.

— Qui êtes-vous donc? demanda Berton surpris.

— Un ami!

— Qui me le prouve?

— Ceci!

Et sur ces mots, l'inconnu tendit au général une moitié de médaille pareille à celles qu'il avait reçues d'Octave et de Georges.

A cette vue, le visage de Berton s'éclaira, et il serra la main de l'inconnu.

— Vous venez de Paris, lui dit-il avec vivacité?

— Il y a deux heures que je suis arrivé.

— Et vous avez mission de me venir trouver?

— C'est le seul but de mon voyage.

— Quel intérêt puissant a donc pu décider le comité central?...

— Un motif important... les nouvelles que l'on a reçues de divers points de la France...

— Est-il possible!... et sans doute, le comité désire retarder encore l'explosion.

— Au contraire, général, au contraire, repartit l'inconnu, le comité est plus que jamais persuadé de la nécessité de se hâter; les idées libérales gagnent chaque jour du terrain, cela est incontestable; mais ce qui ne l'est pas moins, c'est que le gouvernement ne tardera pas à être averti de nos menées, il prendra des mesures, redoublera de vigilance sur les points menacés, et ce qui est facile aujourd'hui, sera peut-être impossible demain... il faut agir.

— A la bonne heure, s'écria le général, voilà enfin une parole énergique, et je vois avec plaisir que le comité a compris les raisons que j'ai tenté de faire valoir à mon dernier voyage; oui, il faut agir... la France attend avec impatience le moment de briser ses fers; dès que le signal sera donné, l'incendie gagnera de proche en proche, et quelques heures suffiront pour arracher le pays aux mains qui le gouvernent...

— Telles sont les intentions et les espérances du comité, poursuivit l'inconnu; placé à Paris, il est plus à même de suivre les mouvements qui s'opèrent dans les départements, il ne doute pas que le moment est venu d'agir, et il vous engage à presser ce moment! Le chef de la *vente* civile demeure à quelques pas d'ici... Georges Derval et Octave Dillon vous y attendent, peut-être vous feront-ils quelques objections sur l'opportunité de la révolte, n'écoutez rien, dites leur que vous avez reçu des instructions formelles, que tarder plus longtemps serait compromettre la cause, qu'enfin, le comité l'ordonne, et qu'il faut agir.

Le général Berton serra les mains de l'inconnu dans les siennes.

— Soyez tranquille, lui dit-il, le vœu du comité sera rempli; c'est le mien d'ailleurs, et j'emploierai toute mon énergie à le satisfaire : je vais de ce pas chez le grand maître de la vente civile, et avant deux jours la France sera sauvée, ou nous serons perdus... Quand vous reverrai-je?

— Je ne sais.

— Retournez-vous à Paris?...

— Peut-être.

— Si j'avais besoin de vous, où vous retrouverai-je?

— A Saumur.

— Sous quel nom.

— Sous le mien.

— Vous vous appelez donc?

— Le major Bellefonds...

Le général salua.

— A bientôt donc, dit-il, et bon espoir.

Et comme il allait s'éloigner, le major le retint.

— Deux mots encore, général, lui dit-il...

— Parlez!

— Vous comprenez combien il importe que le mystère le plus impénétrable couvre nos relations.

— Sans doute!

— Vous allez voir Georges Derval et Octave Dillon?

— A l'instant.

— Ce sont des jeunes gens bons pour l'action, mais encore pleins d'inexpérience; le comité n'a pas voulu leur faire connaître tous ses projets; ils sont jeunes, ils auraient pu commettre quelque imprudence. Que pour tous, et pour eux surtout, ma présence ici soit un secret.

— Comptez sur moi.

— Vous me le promettez?

— Je vous le jure!

— Fort bien! général, fort bien! L'entreprise à laquelle nous travaillons est sainte, nous avons du courage et de l'audace, nous réussirons... A bientôt!

— A bientôt encore une fois! fit le général.

Et il s'éloigna, pendant que le major Bellefonds se remettait également en route, mais en prenant la direction de la ville de Thouars.

Cependant Octave et Georges attendaient le général, et déjà l'inquiétude commençait à les gagner, quand ils le virent arriver.

Georges et Octave étaient jeunes tous deux, ainsi que l'avait fait observer le major Bellefonds, et ce n'est pas à eux que l'idée serait venue d'adresser au général quelques observations sur l'opportunité d'un soulèvement; mais ils avaient déjà été renseignés à ce sujet; les esprits étaient à peine préparés, leur avait-on dit; la perspective d'une révolution nouvelle effrayait la plupart des Carbonari; ils n'aimaient peut-être pas le gouvernement contre lequel ils s'armaient, mais ils avaient peur... L'armée n'était pas précisément dévouée à la conspiration; on le disait bien de toutes parts, mais on n'en était pas sûr; chacun se consultait; on voulait encore attendre;

on espérait que la révolution s'effectuerait à Paris, et qu'elle leur éviterait tous les embarras avec lesquels ils allaient se trouver aux prises.

Octave et Georges avaient été effrayés de la pusillanimité des hommes qui devaient les seconder. Il y avait bien, çà et là, quelques hommes énergiques, résolus, prêts à tout; mais ils étaient peu nombreux. Dans cette occurence, les deux amis, approuvés par le grand maître de la *vente* civile, avaient résolu de faire des observations au général Berton.

Il valait mieux attendre, en effet, que les idées eussent mûri, se fussent encore répandues; quelques mois encore, et les fautes du pouvoir aidant, l'entreprise n'éprouvait plus aucune difficulté; elle éveillait partout des sympathies.

Mais dès les premières paroles qui furent prononcées, le général Berton sourit, et se montra inébranlable dans ses résolutions.

— On se trompait, répondit-il, si l'on croyait avoir affaire à des hommes pusillanimes; l'armée était prête, et il devait suffire de lui présenter le drapeau tricolore, pour la voir accourir avec acclamations... d'ailleurs, le moment était propice; le gouvernement ignorait tout; on allait le prendre au dépourvu; de tous les points de la France, l'étincelle allait courir; il s'agissait de résister quelques jours, et la victoire était certaine; au surplus, ajouta le général, j'ai reçu ce soir même des instructions nouvelles; elles sont précises, et ne laissent aucune place au doute; le comité central est d'avis qu'il faut agir, et ne point perdre un temps précieux en tergiversations inutiles.

— Jeunes gens, dit le général en finissant, quelle que soit la résolution que vous prendrez, la mienne est irrévocable, mes mesures sont prises, je suis certain du résultat; avant deux jours, il faut que la ville de Thouars soit à nous!... Consultez-vous donc, une fois encore, et voyez si vous voulez me suivre.

— Nous ne vous quitterons pas, dirent en même temps Georges et Octave.

— A la bonne heure, repartit Berton, et croyez-moi, le ciel est avec nous, et nous avons de plus le souvenir de la vieille armée!...

L'entretien entre ces hommes dura longtemps; ils discutèrent toutes les propositions, toutes les mesures, ils supputèrent toutes les chances de succès, et ne se séparèrent, fort avant dans la nuit, qu'après être bien convenus de l'heure où ils devaient se retrouver le lendemain pour donner le signal de la révolte.

Puis, les deux jeunes gens reprirent seuls le chemin de Thouars, laissant le général à la campagne pour ne pas éveiller les soupçons.

Ils devaient, d'ailleurs, la nuit même, prévenir les principaux Carbonari de la ville, afin qu'ils se tinssent prêts pour le lendemain.

Le lendemain donc, c'est-à-dire dans la nuit du 23 au 24 février, le général Berton, aidé de ses deux jeunes amis, du commandant de la garde nationale et de quelques habitants dévoués, surprend tout à coup le poste de la brigade de gendarmerie, et se rend maître de la ville presque sans coup férir.

Il fait aussitôt arborer un drapeau tricolore, qui, depuis longues années, était caché dans la mairie. — La boutique d'un armurier est enfoncée, et on enlève les armes qu'elle renferme. Puis, une proclamation est immédiatement lancée.

Malheureusement pour l'entreprise, les termes de cette proclamation, faite à la hâte et sans adresse, n'étaient pas de nature à rassurer les esprits effrayés, ni à attirer les esprits indécis.

Rien de plus vague que cette pièce.

On y parle d'un mouvement général sans rien préciser. Les seuls griefs que Berton trouve à reprocher à la dynastie régnante, sont quelques outrages faits à la vieille armée, et les alarmes inspirées aux acquéreurs de biens nationaux. — Cela pouvait être grave, mais ne nécessitait pas une révolution.

Berton mit d'ailleurs une indécision fatale à profiter de la légère et facile victoire qu'il venait de remporter !... Son *armée*, si l'on peut appeler ainsi la poignée d'hommes qu'il avait à sa suite, son *armée* partageait son indécision : la ville était plus surprise que vaincue... l'échauffourée était bien près de passer pour ridicule.

Cependant, le général n'en voulut pas rester là ; il adresse une allocution courageuse à ses hommes, il crie vive l'empereur, et il marche sur Saumur, pour tenter de soulever l'école royale de cavalerie.

La Restauration ne comptait pas des sympathies bien vives parmi les jeunes élèves ; l'espoir pouvait être permis. — Mais la révolte était bien difficile, et il eût fallu que Berton eût à sa disposition des forces plus imposantes.

Au surplus, le bruit de l'affaire de Thouars s'était propagé avec une vitesse prodigieuse ; il avait gagné Saumur, où, à tout hasard, on avait organisé à la hâte une sorte de défense. M. de Maupassant, maire de la ville, avait rassemblé la gendarmerie, et pris quelques mesures pour empêcher la désertion de l'école. Il tenta de rassembler la garde nationale, mais il ne put réunir que quarante hommes. — La garde nationale était hostile au gouvernement.

Malgré la faiblesse de ces ressources, M. de Maupassant n'écouta que son courage et son dévouement, et, sans savoir s'il allait avoir affaire à des forces supérieures, il alla résolûment se placer sur le pont Peuchard, avec ses gardes nationaux et vingt-quatre élèves de l'école de cavalerie.

Puis il attendit.

C'est vers sept heures du soir seulement que le général Berton se présenta sur le pont Peuchard, situé à quelque distance de la ville.

Le moment était décisif. — Il avait parmi ses hommes un élève de l'école déjà compromis par une première affaire, et qui était parvenu à se soustraire à toutes les recherches, et avait saisi cette occasion d'échapper à la peine dont il était menacé.

Ce jeune homme fut dépêché vers les autres élèves, ses anciens camarades; mais tout ce qu'il put dire pour les déterminer à suivre le général Berton, fut inutile; il ne put y réussir. M. de Maupassant redoublait de zèle et de courage, et contenait sa petite troupe par la fermeté de son attitude.

Mais les forces de Berton étaient supérieures; dans le cas d'un engagement, l'avantage devait lui rester. — Un détachement arriva heureusement au secours de M. de Maupassant, et le général qui prévit bien dès ce moment que toute tentative était inutile, ne voulut pas verser inutilement le sang de ses amis, et battit en retraite.

Pendant cette expédition, qui avait duré fort peu de temps, le sous-préfet de Bressuire avait eu le temps de se rendre à Thouars, où il n'avait pas tardé à rétablir l'ordre. Berton et les siens se trouvaient dans une position fort critique; la plupart des conjurés l'abandonnèrent, et il demeura seul avec Georges et Octave, et tout au plus avec quinze hommes.

La petite troupe se dispersa pas à pas, et Georges, Octave et Berton, se virent contraints de chercher un asile dans la campagne.

III.

Dans son malheur, Berton trouva plus de sympathies que dans sa fortune; il s'était réfugié dans les bois, mais il avait trouvé à plusieurs reprises chez un notaire de Gennel, nommé Delalande, un refuge contre les poursuites dont il était l'objet. Octave et Georges ne le quittaient que rarement, et tous les trois tentaient à renouer les fils brisés de la conspiration. Ils s'étaient attaché un chirurgien, du nom de Grandménil, lequel avait pris une part active à l'insurrection, et avait toujours fait preuve de courage et d'adresse dans toutes les missions qui lui avaient été confiées.

Ces cinq hommes formaient un noyau énergique, et Delalande, Octave, Georges, Grandménil, s'évertuaient à trouver chaque jour de nouvelles ruses pour parvenir à soustraire le général Berton à toutes les recherches.

Malheureusement la trahison veillait, et il fallait bien qu'il succombât.

Une nuit, Grandménil, après avoir quitté le général et ses amis qui soupaient à Gennel, retournait seul à Thouars, où l'appelaient quelques malades, quand au détour du chemin, il rencontra le major Bellefonds.

Le major avait disparu pendant tout le temps qu'avait duré l'échauffourée, nul n'avait eu de ses nouvelles, et on le croyait reparti pour Paris. Mais le major savait admirablement son rôle, et il se cachait au moins avec autant de prudence que le général.

Le major alla droit à Grandménil, il le salua comme une vieille connaissance. Le chirurgien le regarda d'un air étonné, et plein de soupçons, il se tint sur ses gardes.

— Parbleu! s'écria le major, il y a longtemps, cher monsieur, que je désirais vous parler, je me félicite de vous avoir enfin rencontré.

— Qu'y a t-il donc? demanda Grandménil en fronçant le sourcil.

— Oh! presque rien.

— Un malade à soigner?

— Mieux que cela.

— Qu'est-ce alors!

— Il s'agit de votre avenir, monsieur, de votre propre avenir... on m'appelle le major Bellefonds.

— Ce nom m'est inconnu...

— Je le crois bien, mais l'homme qui le porte est tout disposé à vous rendre service, quoique vous ne le connaissiez pas, et si vous y mettez un peu de bonne volonté, l'affaire ne sera pas longue à traiter.

— Parlez!

— Voici... vous êtes jeune, vous avez du talent, du courage, de l'énergie, et cependant voilà près de dix années que vous végétez ici ; j'ai mieux que cela à vous offrir.

— Qu'est-ce que cela signifie?

— Eh mon Dieu, ce que je vous dis, vous vous l'êtes dit vous même mille fois, et cela n'a rien d'étonnant; eh bien monsieur Grandménil, demain si vous le voulez, cette position précaire qui vous est faite changera complétement; demain, vous aurez une fortune, une place assurée, une existence heureuse, assurée, pour vous et vos enfants; cela vous convient-il?

— Mais je ne comprends pas.

— C'est cependant bien clair.

— Expliquez vous.

— Puisque vous voulez que je parle avec franchise, je vous dirai sans détour, que le gouvernement est décidé à user de rigueur envers les conspirateurs ; que le général prend des précautions inutiles pour se cacher, que la police sait à quoi s'en tenir, qu'elle sait où il se retire, lui, Octave Dillon et Georges Derval, qu'elle vous connaît aussi bien qu'eux, qu'enfin, demain, si elle le veut, elle aura sous sa main les derniers débris de la conspiration de Thouars.

Pourquoi ne le fait-elle pas seule, alors? dit Grandménil.

— Pourquoi! c'est qu'elle craint de manquer le général, et qu'elle veut le prendre vivant... A la rigueur, ce n'est donc pas une trahison que je vous demande, car le général sera pris dès qu'on le voudra, ce qu'on vous demande, c'est d'aider le gouvernement à s'emparer de sa personne, et je ne doute pas, que si vous voulez réfléchir un moment, vous ne me secondiez dans cette affaire.

— Vous pourriez vous tromper, monsieur le major.

— Je ne crois pas.

— Cependant, je vous jure.

Cependant, je vous affirme, monsieur Grandménil, que votre intérêt est profondément engagé dans cette affaire, le gouvernement est décidé à sévir, et je ne dois pas vous cacher qu'en cas de refus, avant quelques minutes, vous allez être arrêté.

— Quelques minutes?

— Sans doute.

— Mais je suis armé!...

— Moi, je ne le suis pas.

— Eh bien?

— Eh bien, il y a là, à deux pas, quelques hommes qu'un simple signal appellerait ici, et qui ne vous feraient aucun quartier... ainsi, voyez, monsieur Grandménil, réfléchissez, et dites-moi si vous consentez à me prêter votre appui dans cette circonstance.

Grandménil laissa tomber sa tête sur sa poitrine; il était affreusement pâle; une émotion poignante faisait trembler ses lèvres.

— Et vous m'assurez, dit-il enfin, que le général est perdu!

— Perdu, c'est le mot... il s'agit seulement de le prendre.

— Et il ne lui sera fait aucun mal.

— Aucun, cela ne servira qu'à élever votre fortune.

— Le gouvernement a donc des intentions sur moi?

— Demain même, vous serez nommé chirurgien de l'école de cavalerie, et le gouvernement n'en restera pas là.

— Alors...

— Vous consentez?..

— Puisque vous ne me laissez pas le choix.

— A la bonne heure... voilà qui est bien... dit le major en touchant les mains de Grandménil, et soyez certain que le gouvernement saura vous tenir compte des services que vous lui aurez rendus. Allez donc à Thouars, comme si rien ne s'était passé entre nous, et demain, à pareille heure, vous me trouverez ici, et je vous expliquerai quels moyens j'entends employer pour nous emparer de la personne du général.

Grandménil partit, et le lendemain, vers minuit, il arriva à la demeure du notaire de Gennel.

Octave, Georges et Berton l'attendaient; on s'enquit avec curiosité de ce qui se passait à Thouars, de ce que disaient les journaux, enfin de tous les propos que tenaient leurs ennemis.

Grandménil répondit que l'échauffourée avait produit plus d'effet qu'on ne pouvait s'y attendre; leurs ennemis étaient consternés; bon nombre de gardes nationaux de Saumur et des villes environnantes, avaient hautement témoigné leurs sympathies pour la cause qui avait succombé; il finit en laissant entrevoir à Berton que tout espoir n'était pas perdu, et que peut-être, ils étaient à la veille de relever leur entreprise, et cette fois, avec des chances certaines de réussite.

Berton n'en demandait pas tant; il écouta ces récits avec avidité, et les assurances de Grandménil ne tardèrent pas à le convaincre.

D'ailleurs ce dernier, soutenu par Octave et Georges qui le croyaient sincère, alla encore plus loin.

Il annonça qu'un nouveau régiment de carabiniers venait d'arriver à Chateaudun, et que l'association des Carbonari comptait dans ce régiment bon nombre d'hommes dévoués, qu'avec un secours aussi puissant, il serait facile de s'emparer de la ville et d'entrainer l'école.

Berton, nous l'avons dit, était doué d'une imagination vive et impressionnable; les assurances qu'on lui donnait, répondaient si bien à l'attente de son cœur, que tous ses doutes disparurent; il remercia Grandménil avec effusion, et Octave et Georges partageant son enthousiasme, cette nuit passa comme un rêve nocturne!

Le chirurgien lui avait parlé d'un sous-officier nommé Wœlfel, comme d'un homme énergique et propre à diriger les préparatifs d'un mouvement pareil à celui qu'ils méditaient, et le général manifesta aussitôt le désir d'être mis en rapport avec cet homme.

D'abord Berton ne se rendit aux entrevues que sous un nom supposé. Wœlfel se trouvait seul au rendez-vous. Mais bientôt il fit entendre au général qu'il était nécessaire que plusieurs de ses camarades s'entendissent avec lui, et Berton y consentit.

Cette entrevue fut fixée à quelques jours de là, dans une maison de campagne isolée, où devaient se trouver quatre sous-officiers déguisés en chasseurs.

— Pendant que vous chasserez, dit Berton à Wœlfel, Octave Georges et moi, nous ferons la pêche, et je veux vous faire manger du poisson pris et apprêté par moi !

Au jour et à l'heure convenus, les sous-officiers arrivaient en effet, avec leurs fusils de chasse. Wœlfel entre, pendant que le général, fidèle à sa promesse, tenait lui même, sur le feu, la poêle où se faisait la matelotte.

Georges l'assistait.

— Pardieu, s'écria-t-il en les voyant entrer, vous me trouvez en besogne, et m'en ferez compliment.

Wœlfel court à lui et l'embrasse : aussitôt les trois sous-officiers qui l'accompagent arment leurs fusils et couchent en joue le général. Alors Wœlfel se retire à quelques pas, et le couchant en joue à son tour :

— Vous êtes mon prisonnier, lui dit-il, général, je vous arrête.

D'abord Berton veut rire de cette plaisanterie, mais comme il allait répondre par des paroles de gaieté à l'action de Wœlfel, un coup de feu se fait entendre à la porte de la maison [1].

Georges traverse rapidement le groupe des sous-officiers, et arrive à temps pour recevoir Octave dans ses bras, et apercevoir le major Bellefonds qui relevait son fusil.

[1] Paris révolutionnaire.

Tout était perdu.

Un détachement de carabiniers cernait la porte; Georges rentra précipitamment dans la ferme, tua un des sous-officiers qui se tenaient debout devant le général, et profitant du désordre inséparable d'une pareille scène, il s'esquiva en sautant par la fenêtre.

Quant au général, il ne chercha pas à se défendre, et sans adresser à Wœlfel la moindre parole de mépris ou de reproche, il se constitua prisonnier. Il fut conduit aussitôt à Saumur, d'où on le transféra bientôt à Poitiers.

Son procès fut aussitôt commencé et il fut condamné à mort!

Octave était mort sous le coup, Georges avait disparu; ce n'est pas que ce dernier tînt précisément à la vie, mais il avait eu le temps d'apercevoir et de reconnaître le major Bellefonds avant de s'enfuir, et il voulait se venger!

Le major, cela n'était plus douteux, le major était le traître qui les avait tous vendus, et Georges voulait le punir.

Pendant quelques jours il erra à travers la campagne qui environne Thouars et Saumur; puis, quand il se fut assuré que le major était parti pour Paris, il quitta le pays et gagna la capitale.

A Paris, il était plus facile de se soustraire aux poursuites; par surcroît de précaution, Georges s'était fait, au visage, une balafre qui le rendait méconnaissable, et ainsi défiguré, il pouvait en toute sécurité parcourir en plein jour tous les quartiers de la capitale.

Une nuit, il venait de quitter le Palais-Royal, qu'il fréquentait souvent dans l'espérance d'y rencontrer le major, lorsqu'en entrant dans la rue Richelieu, il se trouva face à face avec l'agent secret de la police.

Georges ne put retenir un cri. — Le major le considéra avec attention.

— Dorval! s'écria-t-il enfin d'une voix enjouée.

— Moi-même, répondit Georges.

— Pardieu ! je vous croyais mort.

— Pas encore.

— Et d'où venez-vous?

— De Thouars !

— Ah ! vraiment, eh bien, mon cher ami, si vous voulez, il y a encore une bonne entreprise à tenter.

— Qu'est-ce à dire?

— Ne comprenez-vous pas ?

— Expliquez-vous.

— Eh bien, une affaire semblable va se passer à Béfort, et si vous voulez...

— Misérable, murmura Georges d'une voix sombre, tu m'as donc cru capable.

— De quoi donc? fit le major.

— Major Bellefonds, reprit Georges avec éclat, vous êtes un lâche et un misérable ; vous m'avez fait entrer dans une conspiration pour en être le traître, vous avez tué Octave à bout portant, quand il était sans défense, vous êtes un lâche, entendez-vous, et c'est moi qui me suis chargé de venger en même temps, et Octave, et le général Berton.

— Georges...

— Tais-toi !...

— Que voulez-vous faire?...

— Je veux, du moins, te mettre à jamais dans l'impossibilité de nuire aux hommes de cœur qui pourraient croire encore à ta parole ; à vous, major Bellefonds, pour Octave et pour le général Berton !

En disant ces mots, Georges tira un poignard de son sein, et avant que son adversaire ait eu le temps de se mettre en défense, il le lui plongea tout entier dans la poitrine.

Le major tomba mort sans proférer une parole.

CHAPITRE IV.

Suite des Carbonari. — M. Langlois. — Léa Langlois. — Premier amour. — Lucien Gérard. — Le congé. — La promenade. — Tentation. — Encore les *bons cousins*. — Fantasmagorie. — Lanterne magique. — Pièce curieuse. — Le grand élu. — Honneur, vertu, probité. — M. Abel des Roches.

A peu près vers la même époque, vivait près de Béfort un vieillard d'une soixantaine d'années, qui avait été autrefois fournisseur des armées, et qui s'était retiré avec sa fille, charmante enfant de seize ans, dans une sorte de château féodal. M. Langlois habitait les environs de Béfort depuis la rentrée des Bourbons, et il ne s'occupait, en apparence du moins, que de ses propriétés, de sa fille, et des nombreux domestiques qui l'entouraient.

Mais M. Langlois avait de singulières manies, comme nous le verrons bientôt.

Léa, sa fille, était bien alors, la plus délicieuse créature qu'une imagination de poëte ait jamais rêvée; d'une taille frêle et délicate, Léa était blonde comme Eve, elle avait deux beaux yeux qui semblaient refléter la pure sérénité du ciel, et quand ses deux lèvres s'entr'ouvraient par un franc et beau sourire, c'était pour laisser apercevoir une double rangée de dents d'une blancheur éblouissante!

Léa n'avait jamais quitté son père, et depuis qu'elle était au monde, jamais le moindre chagrin n'avait troublé sa belle âme tranquille, jamais un nuage n'avait passé sur son front si pur, jamais une larme n'était tombée de ses yeux!

Léa allait à travers la vie comme dans une fête enchantée, avec la gaieté insouciante de la jeunesse, l'ivresse folle d'une âme chaste et pure; le matin, elle courait à travers le parc plein d'ombre, écoutant le chant matinal des oiseaux sous les feuilles vertes, poursuivant les papillons voyageurs, saluant le soleil éclatant qui montait dans les cieux, heureuse de l'air, du jour, de l'harmonie qui émane de toutes choses.

Pendant longtemps, telle avait été la vie de la jeune fille : son père la regardait en souriant; il la suivait de loin, et observait avec orgueil le développement mystérieux que chaque jour apportait à sa beauté.

Léa était belle, mais elle n'y prenait pas garde : les cheveux flottant sur ses épaules, une gaze légère roulée autour de son col, elle ne se doutait pas de sa beauté!... elle ne voyait guère que ses domestiques, son père, et quelques amis de M. Langlois, vieux débris de l'empire, qui ne pouvaient plus guère inspirer de coquetterie à une enfant de quinze ans!...

Un jour cependant, tout cela changea comme par enchantement.

Léa devint tout à coup plus soucieuse; on la vit moins souvent courir et folâtrer dans le jardin; elle ne courait plus comme une enfant après les papillons; elle prenait moins de plaisir à écouter le chant des oiseaux sous la feuillée!

Que dire?

Depuis quelque temps, une transformation mystérieuse s'était opérée chez la jeune fille; l'enfant était devenue femme; elle aimait!

Un jour, un jeune homme, qui portait l'uniforme de l'armée, était venu chez M. Langlois; c'était le fils d'un vieux soldat de l'empire, que son père avait recommandé, en mourant, au fournisseur; le jeune Lucien Gérard avait longtemps négligé de se présenter à M. Langlois, mais son régiment étant venu tenir garnison à Béfort, il n'avait pas hésité, il était venu!

Lucien avait vingt-cinq ans! Il était grand, bien pris dans sa taille, et portait, avec une réelle distinction, l'uniforme de sous-lieutenant : il avait les yeux vifs et doux, une moustache noire, une voix brève, mais qui avait plus d'une inflexion suave; il parla peu, se montra d'une réserve extrême, fut cependant très-empressé auprès de la jeune fille, et quand il partit, Léa s'étonna naïvement que le temps lui eût paru si court.

Pour elle, c'était comme une initiation à l'amour; jamais encore elle n'avait éprouvé un pareil trouble, une semblable satisfaction; il lui sembla que les heures s'étaient écoulées si rapidement que c'est à peine si elle avait eu le temps d'entendre Lucien; mais elle se rappelait bien ses traits; ils étaient profondément gravés dans sa mémoire; elle ne devait plus les oublier.

A partir de ce jour, ce fut pour elle une existence toute nouvelle. Chaque fois que quelqu'un paraissait à la grille du parc, elle levait vivement la tête en rougissant, espérant peut-être voir poindre à l'horizon l'uniforme que l'on avait trouvé si charmant; mais c'était quelques domestiques ou quelques vieux amis de M. Langlois, et la pauvre Léa reprenait impatientée sa lecture interrompue.

Lucien revint cependant, non pas assez souvent pour devenir

indiscret, mais assez souvent pour donner de lui l'idée de croire qu'il prenait quelque plaisir dans la compagnie de ses hôtes.

Peu à peu les relations devinrent moins cérémonieuses : Léa n'était presque qu'une enfant encore ; elle commença par l'appeler monsieur, puis monsieur Gérard, puis monsieur Lucien : Lucien, de son côté, trouva cette suite d'appellations à son goût, et il suivit l'exemple qu'on lui donnait. Il appela d'abord Léa, mademoiselle, puis mademoiselle Léa... Enfin, cela marcha si bien qu'au bout d'un mois de visites, de promenades dans le parc, de musique au piano, Lucien disait Léa tout court, et Léa, Lucien.

Comment cela était-il venu? ni Lucien ni Léa n'auraient pu le dire ; mais qui aurait songé à le leur demander? eux-mêmes ne s'en apercevaient pas!...

Ils s'aimaient depuis bien des semaines déjà, que Léa ne s'en doutait pas, et que Lucien lui-même se demandait encore s'il n'était pas temps de rompre ce jeu innocent, qui pouvait peut-être l'entraîner trop loin.

Lucien songeait, en pensant ainsi, qu'il était sans fortune, et que Léa était la fille unique d'un vieillard qui n'avait pas moins, disait-on, de soixante mille livres de rente!

Cependant, ces jeux, tout innocents qu'ils étaient, ne pouvaient continuer éternellement ainsi, et, un beau matin, Lucien se réveilla avec l'idée bien arrêtée de cesser toute relation avec Léa.

Lucien était un honnête jeune homme, qui n'eût jamais consenti à abuser de la naïveté de Léa ; il l'aimait de toutes les forces de son âme ; la résolution qu'il prenait devait jeter pour longtemps le trouble dans son existence, mais il ne pouvait plus longtemps continuer de pareilles relations sans compromettre son honneur.

Toutefois, comme il ne voulait pas être taxé d'impolitesse dans une famille qui l'avait accueilli avec tant de bienveillance, il résolut d'aller trouver M. Langlois, de lui annoncer son départ pour quelque temps, et de faire comprendre à Léa elle-même le motif réel, sérieux d'une pareille détermination.

Il sollicita donc de son colonel un congé qu'il obtint, et il partit.

C'était le matin ; le ciel étendait au-dessus de sa tête sa belle tenture bleue, frangée de nuages blancs ; l'air était frais et plein des premiers parfums du jour ; tout semblait rire et chanter autour de lui.

Lucien était triste cependant.

Au moment d'accomplir son sacrifice, il sentait combien il lui coûtait ; au moment de se séparer éternellement de Léa, il comprenait à quelle profondeur l'amour qu'elle lui avait inspiré avait pénétré son cœur.

C'était la première fois qu'une pareille mélancolie s'emparait de son esprit, et il se trouvait impuissant à la combattre. Quand il passa la grille du parc, il était plein d'irrésolutions, et le courage était près de l'abandonner.

Léa était à la fenêtre du salon ; un secret instinct de son cœur lui avait dit que Lucien viendrait ce jour-là, et elle l'attendait avec confiance.

Elle courut au-devant de lui, et l'amena dans le cabinet de travail où se tenait son père jusqu'à l'heure du déjeuner.

M. Langlois parut presqu'aussitôt que sa fille ; il serra avec une cordialité touchante les mains du jeune officier, le remercia d'avoir songé à eux, et le retint pour plusieurs jours.

Lucien se laissa faire, attendant qu'une occasion favorable se présentât pour parler à Léa, et lui faire part de ses résolutions...

Après le déjeuner, M. Langlois prétexta quelques ordres à donner, et disparut.

Les deux jeunes gens, une fois libres, quittèrent le château et gagnèrent le parc.

Cependant, plus il avançait dans cette journée solennelle, plus Lucien semblait hésiter sur le parti à prendre. Léa était si jolie ; elle se montrait si heureuse de le voir, de lui parler; toutes ses actions, tous ses gestes, ses paroles, ses regards, disaient avec une naïveté si touchante l'amour dont son âme était pleine, que Lucien s'arrêtait ému, et que les paroles venaient expirer sur ses lèvres.

Il était aimé; il n'en pouvait plus douter, tout le lui disait; et il allait d'un même coup déchirer le cœur de la pauvre enfant et le sien. Cependant son honneur parlait plus haut; il réunit tout son courage, et prenant tout à coup un air grave et presque solennel, il fit asseoir Léa près de lui, et s'emparant de ses deux mains :

— Léa, lui dit-il d'une voix que l'émotion faisait trembler, Léa, depuis ce matin, je veux vous parler, et je n'ose pas; me pardonnerez-vous d'interrompre un moment nos jeux d'enfant, pour vous parler un langage qui vous étonnera peut-être, mais que je ne puis tarder plus longtemps à vous faire entendre.

— Comme vous êtes pâle! Lucien, dit Léa interdite.

— Je suis bien profondément ému, Léa, poursuivit le jeune homme, depuis ce matin j'hésite à vous dire tout ce qui se passe en mon cœur; mais il faut cependant que je m'explique, car un plus long silence serait une déloyauté; Léa, je vais partir.

— Partir! fit Léa en joignant les mains avec épouvante.

— Oui, Léa.

— Votre régiment quitte Béfort?

— Non, c'est moi qui quitterai le régiment.

— Mais pour quel motif, sous quel prétexte?

— Faut-il vous dire!...

— Ah! parlez! parlez! Lucien, je vous en prie.

— Eh bien! Léa, je veux partir, je veux m'éloigner de ces lieux, parce que chaque jour mon mal augmente, et que bientôt je ne serai plus maître du secret que j'ai réussi à cacher jusqu'à présent à tous les regards... Léa, je vous aime!...

— Lucien!...

— Je vous aime! Léa, et pardonnez-moi de vous le dire sans détour, avec franchise; cet amour sera désormais le seul rêve de ma vie, mon seul bonheur... mais il ne me fera jamais oublier ce que je dois à votre père, à vous, à moi-même.

— Ah! que dites-vous, Lucien?

— Écoutez-moi, mon amie, poursuivit le jeune officier après quelques minutes de silence pénible, écoutez-moi, avec toute la bonté de votre cœur... Léa, je vous aime comme je n'ai jamais encore aimé personne; l'amour que vous m'avez inspiré fera le bonheur ou le désespoir de mon existence, mais il ne peut m'aveugler à ce point, de devenir un malhonnête homme.

— Expliquez-vous!

— Vous le savez, Léa, je suis pauvre, je n'ai à moi que mon épée, et je ne puis espérer, dans ce temps de calme, de me créer une position brillante sur les champs de bataille. Une distance immense nous sépare donc, et malgré l'amitié que m'a toujours témoignée votre père, je suis certain qu'il ne consentira jamais à me donner votre main.

— Et c'est là, Lucien, ce qui vous épouvante?

— N'est-ce point assez?... cet obstacle n'est-il pas insurmontable?

— Peut-être.

— Que dites-vous?

— Écoutez-moi, à votre tour, reprit Léa avec un sourire charmant; vous venez de me dire que vous m'aimiez, et, dans la situation critique où vous vous trouvez, je ne veux vous rien cacher de mes sentiments; Lucien, moi aussi je vous aime!...

— Léa!...

— Mon père, vous ne l'ignorez pas, vous avez pu vous en apercevoir, est pour moi d'une bonté inépuisable, et je ne sache pas qu'il ait jamais refusé de satisfaire aucun de mes caprices.

— C'est sa bonté même qui m'effraie.

— Sans doute, ni vous, ni moi ne voudrions en abuser ; et puis le mariage est une chose grave, n'est-ce pas, et peut-être y aura t-il bien des considérations qui l'empêcheront de vous donner son consentement...

— C'est ce que j'ai pensé, c'est ce qui m'épouvante, me désespère !...

— Eh bien ! rassurez-vous, Lucien ; si je connais les qualités excellentes de mon père, je connais aussi ses petits défauts, et si vous voulez suivre en tout point mes conseils, si vous voulez enfin m'obéir d'une manière absolue, j'ai lieu d'espérer que peut-être...

— Ah ! serait-ce possible ! s'écria Lucien ; mais ce serait le bonheur ! Léa, ne me bercez pas d'une pareille illusion... si elle ne doit jamais se réaliser.

— Essayons toujours, Lucien, répondit Léa en mettant sa main dans celles du jeune officier, et si nous ne réussissons pas, nous n'aurons du moins, ni l'un ni l'autre, rien à nous reprocher.

— Ah ! vous êtes un ange ! dit Lucien en baisant avec transport les mains que la jeune fille lui abandonnait.

Quelques heures après, Lucien abordait M. Langlois, lui exposait franchement l'état de son esprit et de son cœur, et lui demandait catégoriquement la main de sa fille.

Lucien, malgré les assurances de Léa, s'attendait à un refus bien clair ; mais, à son grand étonnement, M. Langlois sourit, resta quelques minutes sans répondre, et finit par prendre le jeune officier par le bras, et l'entraîner sous les allées ombreuses du parc. Lucien se laissa faire, et ils atteignirent ainsi une partie du parc entièrement isolée, et que l'on n'avait pas l'habitude de prendre pour but de promenade.

Une fois arrivés là, M. Langlois s'arrêta, et fit asseoir Lucien près de lui.

— Lucien, lui dit-il alors, la demande que vous m'avez faite ne m'étonne ni ne me blesse, je trouve tout naturel que l'on soit amoureux de Léa, ma fille, qui est une charmante enfant, et qui fera le bonheur de son mari. Je suis certain d'avance, mon ami, que vous rendriez ma fille heureuse si je vous la confiais, et, bien que vous soyez sans fortune, j'aimerais mieux vous la donner à vous qu'à tout autre... Mais, ceci une fois bien posé, mon ami, je dois entrer dans un autre ordre de considérations.

— Ah! parlez! parlez! s'écria Lucien, qui commençait à renaître à l'espoir.

— Eh bien! dans les circonstances politiques où nous nous trouvons, vous ne trouverez pas mauvais que j'hésite, et qu'avant de rien décider, avant de rien répondre de précis, je vous demande...

— Ah! je suis prêt à répondre! fit Lucien.

— Vous savez, mon ami, poursuivit M. Langlois, que j'ai toujours regretté le grand homme que nous avons perdu, et auquel, nous autres, vieux débris de l'Empire, nous devons toute notre fortune... Jamais! au grand jamais! je ne pourrai accepter sans protestation énergique le gouvernement que la France subit en ce moment! Vous qui êtes le fils d'un vieux soldat, Lucien, ne pensez-vous pas comme moi?

— Je suis soldat, répondit simplement le jeune officier, et j'ai juré obéissance à mes chefs, fidélité au roi.

— Mais, enfin, ne préféreriez-vous pas servir un autre gouvernement, servir un autre drapeau?...

— Je ne me suis jamais interrogé à ce sujet.

— Eh bien! écoutez-moi, Lucien; moi, je n'ai pu rester aussi calme que vous paraissez l'être; j'ai fait des démarches actives, je me suis, depuis longtemps déjà, mis en rapport avec les chefs de l'opposition libérale, et dans ce moment... je conspire.

— Vous! fit Lucien effrayé et en jetant un regard soupçonneux autour de lui.

— Oui, moi, mon ami. Vous n'êtes pas sans avoir entendu parler de tout ce qui se passe de tous côtés, une sourde agitation règne d'un bout à l'autre de la France; c'est un immense feu qui couve, et qui bientôt doit éclairer le pays tout entier!... Il y a dans les rangs de l'association des *Charbonniers* tout une population jeune, aventureuse, audacieuse; au signal donné, elle se lèvera tout entière, le drapeau tricolore à la main, et alors malheur à ceux qui tenteront de nous arrêter dans notre route!...

— Ce que vous dites m'effraie, interrompit Lucien; car enfin le gouvernement est sans doute informé des menées des libéraux, et il a pris ses mesures pour écraser toute insurrection...

— Soit! Lucien, c'est votre opinion, ce n'est pas la mienne, je ne veux pas discuter; mais je tenais à vous dire tout cela, pour vous mettre en demeure de réfléchir... Je vous le répète donc, je serais très-disposé à vous accorder la main de Léa, mais pour rien au monde je ne vous la donnerais, si je devais, au jour du combat, vous rencontrer dans les rangs de mes ennemis.

La conversation en resta là pour ce jour, et Lucien se hâta d'aller la rapporter tout entière à Léa.

Il était encore tout ému, et la jeune fille ne put cependant s'empêcher de sourire en l'écoutant parler.

— Rassurez-vous, dit-elle enfin à son amant, rassurez-vous, Lucien, la manie de mon père est plus amusante que dangereuse: aussi je vous invite à dire comme lui, et à accepter toutes les propositions qu'il vous adressera.

— Mais c'est trahir la foi jurée!

— Non, mon ami, croyez-moi, faites ce que je vous conseille, et soyez certain que jamais je ne voudrais vous engager à faire une chose qui ne fût ni loyale ni honnête.

Lucien ne fit pas davantage d'observations, il se laissa faire, promit à M. Langlois tout ce qu'il exigea de lui, et consentit, en dernier lieu, à être solennellement initié aux mystères de l'association de la Charbonnerie.

M. Langlois n'en demandait pas plus, et il lui promit en revanche qu'il ne mettrait pas d'obstacle à son mariage avec sa fille.

II.

Le lendemain, Lucien sortit vers onze heures ou minuit, du château de M. Langlois et gagna la campagne. Il était couvert d'un long manteau; un chapeau à larges bords couvrait son front.

Pendant quelque temps, il suivit les sentiers battus sans rencontrer la moindre personne; tout était calme et silencieux autour de lui; la lune éclairait doucement le paysage qui l'entourait; le jeune officier marchait d'un pied ferme, et sans éprouver la moindre émotion.

Enfin, il arriva à un endroit où la route se bifurque tout à coup; Lucien parut se consulter un moment, puis enfin, il franchit résolùment le fossé qui le séparait des champs voisins, et s'élança à travers la plaine.

Il erra ainsi encore quelque temps sans aucune direction bien précise, et finit par atteindre un petit bouquet d'arbres qui se détachait du milieu de la plaine, comme une fraîche oasis; Lucien regarda autour de lui si personne ne l'avait suivi, et il se fraya aussitôt un passage à travers les broussailles.

Mais il avait à peine fait quelques pas qu'il fut arrêté.

— Où vas-tu? lui dit une voix formidable qui sembla sortir le dessous terre.

— Ah! ah! fit le jeune officier, il paraît que c'est ici.

Et sans chercher à distinguer son interlocuteur :

— Je vais trouver les bons cousins, répondit-il d'une voix qui ne cédait en rien à celle qui s'était déjà fait entendre.

— Pourquoi?

— Pour y apprendre les vrais principes de la vertu.

— Qu'as-tu remarqué en venant ici?

— Un tronc d'arbre sur lequel étaient cinq bases bien appuyées et bien édifiées.

— Quelles sont ces bases principales.

— Le petit drap, l'eau, le feu, le sel et le christ.

— Que signifie le petit drap?

— Celui où je serai enterré après ma mort.

— Que signifie l'eau?

— Celle qu'on jettera sur mon corps quand je ne serai plus.

— Que signifie le feu?

— Les chandelles qui s'allumeront autour de mon cadavre.

— Que signifie le sel?

— La terre dans laquelle je serai enseveli.

— Que signifie le christ?

— La croix qui se portera en procession devant mes dépouilles mortelles.

— C'est bien... tu es digne, par ces premières réponses, d'être compris au nombre des bons cousins... viens, et laisse-toi conduire.

Un homme sortit alor des broussailles où il s'était tenu caché pendant ce mystérieux entretien, il banda les yeux du jeune officier, et le prenant par la main, il le fit sortir du bouquet d'arbres, et le mena à travers la campagne.

Cette nouvelle course dura à peu près une demi heure, au bout de laquelle les deux hommes s'arrêtèrent.

Lucien fut alors débarrassé de son bandeau, et il remarqua qu'il se trouvait à quelque distance de l'endroit même d'où il était parti.

Mais c'est à peine s'il eut le temps de faire cette observation, car son cicérone reprit gravement :

— Écoute, nous allons descendre dans les entrailles de la terre, pour nous purifier au contact de tous les éléments, et nous rendre dignes de travailler à la régénération de l'humanité; homme, si tu sens ton cœur disposé à la faiblesse, arrête-toi; ne nous suis pas dans cette voie souterraine; retourne dans le séjour d'où tu viens.., mais si, au contraire, ton âme est robuste et est disposée à braver les dangers qui t'attendent, viens et apprête-toi à combattre.

— J'irai jusqu'au bout, répondit Lucien avec un sourire.

L'homme lui prit aussitôt la main, et ils se remirent en marche une seconde fois. Seulement au bout de quelques secondes, Lucien sentit une seconde main se substituer à la première, et il crut distinguer, malgré l'obscurité profonde qui l'entourait, qu'il avait affaire à M. Langlois lui-même.

Ils descendaient en ce moment les degrés d'un escalier étroit et sombre.

Après avoir descendu une vingtaine de marches environ, une porte se présenta : M. Langlois y frappa trois coups discrets ; la porte s'ouvrit.

Derrière ses battants, se tenaient deux hommes de grande taille qui portaient à la main des flambeaux et des épées nues.

Lucien trouva que ces deux hommes ressemblaient fort aux deux jardiniers du château.

M. Langlois prononça quelques paroles mystérieuses qui avaient un fort parfum de cabale; les deux jardiniers s'inclinèrent respectueusement et relevèrent leurs glaives.

— Passez ! fit M. Langlois, et surtout ne vous effrayez pas.

Lucien sourit; il franchit la pièce où se tenaient les deux jardiniers, et qui était une sorte d'antichambre souterraine.

Dès qu'ils eurent passé le seuil, la porte se referma derrière eux, avec un fracas réellement diabolique.

— Où sommes-nous? demanda Lucien.

M. Langlois eut un petit rire contraint.

— N'ayez pas peur, répliqua-t-il tout bas, les monstres que vous allez voir ne sont terribles que pour les traîtres!... Ce sont des épreuves que j'aurais voulu vous épargner, mais elles sont indispensables, et tout bon cousin doit s'y soumettre.

— Oh! je m'y soumets de grand cœur, dit Lucien.

Un craquement se fit autour de la chambre; on eût dit que les murailles allaient cesser de soutenir la voûte.

En même temps une lueur circulaire apparut, indécise d'abord, puis rouge, puis blanchâtre.

Sur ce fond éclatant, des ombres grises se dessinèrent. — C'étaient des masses confuses qui ne représentaient aucun objet distinct; mais elles approchaient doucement, doucement, et leur marche silencieuse et muette convergeait vers un centre commun, qui était le point où se tenaient M. Langlois et Lucien.

En approchant, les formes se dessinaient plus nettement; elles prenaient des apparences humaines; vous eussiez dit un cercle de personnages vêtus de blanc, qui allait se rétrécissant toujours et toujours se resserrant. C'étaient bien des hommes; on distinguait leurs longs vêtements gris, que drapaient leurs plis affaissés, et qui ressemblaient à des suaires.

Mais la lueur s'éteignit. — Quand elle reparut, après quelques secondes, sa teinte verdâtre emplissait sa chambre de reflets livides.

Ces personnages étranges, alignés en cercle, étaient maintenant immobiles; ils n'avaient plus leurs longs manteaux, et la lumière verte éclairait les ossements à jour de leurs poitrines.

C'était un cordon de squelettes.

Chacun d'eux avançait sa main décharnée dans une attitude menaçante, et leurs yeux vides semblaient fixés sur les deux arrivants.

— Que signifie ceci? dit Lucien en feignant d'avoir un frisson.

M. Langlois sourit, mais il ne répondit pas, ne voulant pas troubler, par quelques paroles oiseuses, la solennité de la cérémonie.

Une voix tomba de la voûte.

— Que ceux dont le cœur n'est pas pur, dit-elle, rebroussent chemin et retournent parmi les pécheurs; que ceux dont le cœur n'est pas à l'abri de la crainte, s'en aillent chercher la lumière du jour, et se réfugient parmi les faibles!

Les murailles craquèrent, les squelettes s'éloignèrent lentement, lentement...

Leurs formes devinrent confuses; puis on ne distingua plus rien qu'un cercle faiblement lumineux. Puis les ténèbres revinrent plus profondes.

Il y eut alors un moment de solennel silence, mais la comédie ne devait pas en rester là : presqu'aussitôt, les murailles se remirent à craquer; une lumière éblouissante envahit la salle; des flammes s'élançèrent de toutes parts, comme s'il se fût agi d'un véritable incendie.

— Le feu purifie, dit la voix de la voûte... Chrétiens songez à Dieu...

— Va-t-on nous assassiner! dit Lucien en riant.

— Mon ami, répondit M. Langlois, prenez patience, nous n'avons plus que quatre épreuves.

Un sifflement aigu se fit entendre; les flammes rouges allèrent où étaient allées les squelettes verdâtres.

— Il faut supporter tout cela. dit M. Langlois, pour être jugé digne d'entrer dans une *vente*. Quand on a passé par là, voyez-vous, on est naturellement capable de tout... rien n'effraie... on braverait les jésuites en personne... Ah! ah! cela m'a coûté fort cher à établir, mais cela fonctionne bien... qu'en dites-vous?

Lucien ne savait trop si c'était de la part du juge simplicité ou moquerie. Il faisait noir comme dans un four... impossible d'observer les physionomies.

Lucien grommela une réponse amphibologique et fit appel à son sang-froid, pour soutenir vaillamment les autres épreuves promises.

D'ailleurs, M. Langlois avait à peine achevé de parler que les murailles craquèrent de nouveau, et le tableau changea.

Ce furent des sifflements épouvantables, des plaintes, des sanglots, mêlés à des hurlements de bêtes féroces. Des points sanglants apparurent çà et là dans la nuit. Ces points approchaient et brillaient davantage. C'était comme des charbons ardents. Et la salle s'éclairait peu à peu d'un jour douteux, faux, mobile, tout plein d'illusions et de reflets montants ; l'œil distinguait vaguement des choses effrayantes. — Ces prétendus charbons étaient les flamboyantes prunelles de toute une armée de monstres.

Il y avait des tigres, des lions, des loups, des panthères, et parmi eux des cadavres mutilés et sanglants qui venaient d'assouvir le terrible appétit des monstres. — Le sol était jonché de reptiles hideusement entortillés — des serpents, des vipères, des couleuvres agiles, et des dragons, montrant dans l'ombre les écailles miroitantes de leurs cuirasses.

— N'ayez pas peur, dit M. Langlois, tout cela n'est qu'une plaisanterie ; mais voyez ce diable de serpent, comme il approche...

M. Langlois, malgré les exhortations qu'il adressait à son compagnon, et bien qu'il eût assisté souvent à de pareils spectacles, n'était pas tout à fait rassuré ; il saisit le bras de l'officier.

La voix de la voûte dit :

« Ainsi sont les soutiens du despotisme, au milieu des monstres qui emplissent le monde ; libéraux, aiguisez vos glaives et apprenez à frapper. »

Un dernier hurlement se fit, affreux, épouvantable, attaquant l'oreille comme un million de traits de scies.

Le lion rugit, le loup hurla, l'once frémit, le sanglier gronda, le tigre prolongea ses rauquements qui font trembler ; les chats sauvages miaulèrent, les taureaux mugirent, les hyènes glapirent. Sous la voûte, les chauves-souris grincèrent ; d'énormes oiseaux à tête humaine firent entendre des cris inconnus. Sur le sol, les serpents sifflèrent et agitèrent leurs perçantes crécelles. Il y avait des hennissements, des aboiements, des coassements, des huées. La création tout entière hurlait sous ces voûtes magiques.

Puis, tout se tut.

Les murailles craquèrent ; l'obscurité se fit.

— Ne peut-on nous faire grâce du reste? demanda Lucien légèrement impatienté.

M. Langlois essaya de sourire.

— Ah! ah! dit-il, cela vous fait de l'effet! Je vous avais prévenu ; jugez donc de ce que doivent endurer, à notre place, les pauvres garçons de néophytes qui ne s'attendent à rien... Il y en a qui font des maladies atroces... C'est très-ingénieux...

— Très-ingénieux, répéta Lucien.

— J'ai fait venir de Paris, tout exprès pour cela, un des plus fameux physiciens, un vrai sorcier, mon cher Lucien : il m'a pris fort cher ; mais, en définitive, tous ces monstres, toutes ces flammes ne nous reviennent pas à plus d'un napoléon la pièce ;... et c'est solidement établi... Mais il faut bien faire quelques sacrifices pour la cause sainte de la liberté.

— C'est vrai, répliqua Lucien ; mais il y a sacrifices et sacrifices.

M. Langlois ne comprit pas.

Les murailles craquèrent, mais cette fois rien ne parut ; seulement, le sol manqua tout à coup sous les pieds de Lucien et de M. Langlois, qui furent précipités d'une hauteur considérable.

C'était l'*épreuve de l'air*.

Lucien n'aurait point su se rendre un compte bien exact de la sensation qu'il éprouva; ses membres ne reçurent aucun choc appréciable, et pourtant, après cette chute, il se trouva sur la pointe aiguë d'un rocher entouré de vide, de tous côtés par le vide.

L'intrépide Langlois était toujours auprès de lui, pâle, mais gardant assez bien son équilibre. Leur situation était assurément effrayante. Le moindre faux mouvement pouvait les lancer dans un abîme sans fond.

— Ne craignez, dit M. Langlois, qui ne paraissait pas fort rassuré; tout cela n'est qu'illusion et fantasmagorie! Nous n'avons point changé de place et nos pieds, sont toujours sur le même plancher solide; mais tout cela est si parfaitement imité.

Lucien ne répondit pas; il était à bout de patience. La voix de la voûte mugit quelques paroles emphatiques; les murailles craquèrent, et l'on dut passer à d'autres exercices.

Ces momeries sont bien vieilles, presqu'aussi vieilles que le monde.

Depuis les prêtres égyptiens, elles ont effrayé les imaginations faibles et subjugué l'ignorance durant quarante siècles. La Pythie leur empruntait une bonne part de son prestige sous les voûtes païennes de Delphes. Elles aidaient merveilleusement à la prospérité de tous les établissements d'oracles, et nous les retrouvons, au Bas-Empire, jusque dans les palais des Césars dégénérés. Plus tard, elles mirent un peu de drame dans les monotones ténèbres des sociétés secrètes, qui tinrent toujours le poignard d'une main quelque peu tremblotante. Puis, de loges en ventes, ce fut une complète dégringolade. Elles tombèrent des grands souterrains de l'Allemagne féodale dans quelques caves de boutiquiers, où de bonnes gens s'en amusent encore quand ils sont las de se disputer la consommation au piquet.

Il y a loin de la copie puérile et bourgeoise au redoutable original, bien loin de ces spectres en carton aux mortelles épreuves de l'antre de Trophonius, et des cavernes du moine de Memphis. Les prêtres de Thèbes la Superbe, et les magiciens qui menaient les grands mystères au temps des Pharaons, verraient de mauvais œil, sans doute, ces pauvres parodies, et leur baguette infernale ferait surgir peut-être de véritables monstres qui dévoreraient sans pitié tout le personnel de la représentation, initiés et machinistes.

On ne fit grâce à Lucien ni de l'épreuve de l'eau, ni de l'épreuve du feu. Les murailles craquèrent encore trois ou quatre fois; la voix de la voûte prononça une couple d'absurdes sentences. Puis, une main mystérieuse saisit Lucien dans l'ombre et l'entraîna rapidement.

— Ouf! fit M. Langlois.

Après ces épreuves formidables, ces flammes, ces monstres, ces poignards, le moins qu'on pouvait attendre, c'était une réunion composée de moines espagnols, de Francs-Juges allemands, de braves Vénitiens et de traîtres du mélodrame français.

M. Langlois avait disparu comme par enchantement au moment où l'on enlevait le jeune officier. Ce dernier se retrouva seul dans une vaste salle éclairée faiblement par une lampe d'opale.

Il n'y avait personne dans cette salle, mais au bout de quelques minutes, les deux portes du fond s'ouvrirent et deux hommes entrèrent.

Ces deux hommes étaient armés d'une hachette et d'un poignard, et portaient à la main un sabre en forme de flamme de feu de couleur d'or; ils apportaient à Lucien un vêtement complet de récipiendaire.

Ce vêtement se composait d'une paire de sandales, d'un turban, d'une tunique, et d'une ceinture *inférieure*.

Lucien revêtit à la hâte ces diverses pièces, et, quand il fut prêt, on le conduisit dans la salle de réception.

C'était une sorte de grotte profonde, qu'aucune lumière n'éclairait encore; quand les portes s'ouvrirent devant lui, il entendit un mouvement se faire à l'intérieur, et il s'arrêta :

— Bon cousin, premier éclaireur, dit le grand maître, dont il reconnut aussitôt la voix, quelle heure est-il?

— Respectable grand élu, répondit celui auquel cette question était adressée, le tocsin sonne de toutes parts, et retentit jusque dans la profondeur de notre grotte; je pense que c'est le signal du réveil général des hommes libres, et qu'il est minuit.

— Bon cousin, reprit le grand maître, à quelle heure doivent s'ouvrir nos travaux secrets?

— A minuit, respectable grand élu, lorsque les masses populaires, dirigées par nos affidés les bons cousins directeurs, sont rassemblées, organisées, marchent contre la tyrannie, et sont prêtes à frapper les grands coups.

La grotte s'éclaira alors tout d'un coup, jusque dans ses plus sombres recoins, et Lucien fut introduit.

Un long cordon de Carbonari faisait le tour de la grotte; tous étaient armés du glaive terminé en flamme, et jetaient sur lui des regards terribles. Le jeune officier reconnut dans ses redoutables adversaires la plupart des domestiques du château; il sourit.

M. Langlois siégeait au fond, sur un magnifique trône en bois doré; aucun voile ne masquait ses traits; il se tenait droit, haut, fier, comme un grand élu pénétré de l'importance des fonctions dont il est revêtu.

On avait fait la leçon au jeune récipiendaire; il s'avança, escorté de ses deux gardiens, jusqu'au pied du trône, et s'inclina profondément.

— Respectable grand élu, dit-il en se relevant, ces épées, dont la pointe est tournée vers ma poitrine et semble menacer mes jours, ne me font pas trembler, n'éveillent en moi aucune crainte; mon cœur est à l'abri de la terreur, et c'est pourquoi je viens demander l'honneur d'être admis au rang des hommes forts qui composent cette *vente*.

— Qui donc es-tu? demanda M. Langlois.

— Je sers les tyrans.

— Et es-tu décidé à servir une autre cause?

— Je suis prêt.

— Veux-tu servir nos intérêts par tous les moyens possibles?

— Je ne serai qu'une épée entre vos mains, vous en dirigerez la pointe où vous voudrez.

— C'est bien! Écoute... et puissent tes réponses te concilier l'estime des membres présents.

Un murmure approbateur parcourut un moment l'assemblée, et, le silence s'étant rétabli de nouveau, M. Langlois reprit :

— Jeune homme, dit-il d'une voix de stentor, êtes-vous content d'être reçu bon cousin?

— J'en suis extrêmement satisfait, répondit Lucien du ton d'un écolier qui récite une leçon.

— A quelle fin?

— Par le zèle de m'instruire, par l'amitié que j'ai vouée aux bons cousins, et par le désir de les secourir dans leurs besoins.

— Quel âge avez-vous?

— Je suis né depuis ma réception dans la respectable Charbonnerie.

— Quel est le plus grand plaisir des bons cousins?

— Celui de pouvoir se secourir et aider.

— Quel est le signe de la barraque d'un bon cousin?

— La marque de trois coups de hachette.

— Pourquoi trois bons cousins assistaient-ils à votre réception?

— Pour démontrer le prêtre, le parrain, la créature que l'on baptise et la puissance de la Très Sainte-Trinité.

— Que signifie la Vendeta?

— Le jardin des Oliviers.

— Par quel chemin se rend-on à la Vendeta?

— Par le sentier de Daniel.

— Depuis quand la Charbonnerie est elle exempte de contributions?

— Depuis le temps de François Ier, roi de France.

— Pourquoi lui donna-t-il ce privilége?

— Parce que ce roi s'étant égaré à la chasse, il fut reçu dans une barraque de bon cousin et fort bien traité.

— Comment se nomment les bons cousins?

— Les Garçons de la Pelle.

— Quelle est la devise des bons cousins?

— Foi, Espérance, Charité.

— Quelle est la parole de la *vente?*

— Honneur, Vertu, Probité.

— C'est bien ! dit M. Langlois, évidemment satisfait des réponses du récipiendaire; jamais peut-être, depuis que cette *vente* existe, aucun membre n'avait encore répondu avec tant de netteté. Jeune homme, la *vente* est contente, et le grand élu vous déclare *bon cousin!...*

Un mouvement se fit, tous les sabres se baissèrent, le cercle désarmé des Carbonari se rapprocha de Lucien, on lui fit prononcer le serment redoutable; puis, ses gardiens, ou *flammes*, vinrent le reprendre, et le reconduisirent jusqu'à la porte extérieure, après lui avoir toutefois fait changer d'habit.

Quoique Lucien fût très-disposé à rire de tous les détails de cette comédie, cependant il avait hâte d'en finir avec ces mensonges, et vingt fois pendant ces grotesques cérémonies il avait été sur le point de se dévoiler aux yeux de M. Langlois, de lui dire tout ce qu'il pensait de ces momeries ridicules; mais alors le souvenir de Léa passait devant son regard ému, tout son être tressaillait, et il se laissait faire.

Quand il sortit de la grotte, le jour avait paru depuis longtemps; il se hâta de rentrer au château, et son premier soin fut de s'informer de Léa; elle était levée et l'attendait.

Lucien y courut.

III.

En le voyant entrer, Léa ne put s'empêcher de rire; sa gaieté gagna le jeune officier, et tous les deux restèrent pendant quelques secondes sans pouvoir se parler.

— Eh bien! dit enfin la jeune fille, eh bien! mon ami, avez-vous eu bien peur, comme je vous l'avais recommandé? vous êtes-vous acquitté sincèrement de votre rôle, et mon père est-il convaincu de votre sincérité, de votre dévouement à la cause des serpents, des crocodiles et des monstres?

Lucien baisa doucement les mains que lui abandonnait Léa, et s'assit près d'elle.

— J'ai fait, lui répondit-il, tout ce que vous m'avez ordonné de faire, Léa, j'ai été bien effrayé, j'ai pâli, j'ai tremblé, et je suis persuadé que M. Langlois n'a conçu aucun doute sur ma sincérité.

— C'est à merveille!

— Mais dites-moi, Léa, où tout cela nous conduira?

— Tout cela, Lucien, nous conduira à flatter la manie de mon bon père, et à le rendre plus disposé à vous accorder ma main; n'est-ce pas là ce que vous désirez?

— Oh! c'est le seul rêve de ma vie, et si je réussis, je ne regretterai, soyez-en sûre, aucun des ennuis que ces comédies ridicules m'ont causés.

— Pauvre Lucien! fit Léa; c'est moi qui vous remercierai alors; mais, vous l'avez vu, c'est la manie de mon bon père; il est l'ennemi des Bourbons, il regrette l'Empereur, et il conspire; pour lui, c'est un jeu d'enfant, il s'effraie volontiers de ces monstres qu'il a créés, et j'ai dû moi-même me prêter à ces caprices de vieillard, et subir une partie des épreuves qu'il vous a imposées.

— Vous, Léa?

— Moi, mon ami; mais j'avais été prévenue, et je n'ai point eu peur; mon père, qui n'en savait rien, a déclaré que j'avais l'âme fortement trempée, et qu'aucun événement ne pouvait m'inspirer de crainte.

Lucien se tut un moment, puis il reprit:

— Tout cela est fort bien, Léa, et je n'aurais pas la moindre objection à faire si nous vivions dans des temps ordinaires; mais, vous l'ignorez peut-être, et dans l'intérêt de votre père, dans le vôtre, je ne dois pas vous cacher que l'horizon s'assombrit beaucoup depuis quelque temps, et...

— Quoi donc?

— De sourdes agitations troublent le pays, mon amie; cette association des Carbonari a étendu au loin des ramifications profondes; l'armée elle-même en est infestée; le gouvernement a dû déjà réprimer quelques tentatives coupables, et je crains qu'avant peu de temps nous n'ayons à combattre l'esprit de désordre qui s'est infiltré dans toutes les classes.

— Est-ce possible!

— Dans ces circonstances, Léa, je devais vous prévenir; le gouvernement ne se demandera pas, croyez-le, si M. Langlois est innocent, si la *vente* qu'il a établie chez lui est sérieuse ou ridicule, il verra ici ce qu'il aura trouvé ailleurs, et il pourrait se faire...

— Vous m'effrayez !

— Réfléchissez bien, mon amie, songez à tout cela, et n'oubliez pas qu'à un moment donné c'est la vie de votre père qui serait en danger.

Comme Lucien achevait ces mots, il aperçut dans la cour du château un sous-officier de son régiment qui paraissait s'informer du lieu où il pourrait le trouver.

Il se hâta d'aller le rejoindre.

Le sous-officier lui apprit qu'il était demandé sur-le-champ à Béfort; que le colonel croyait devoir prendre des mesures rigoureuses; que la ville avait été troublée la veille par l'arrivée de quelques étudiants de Paris; qu'enfin il n'y avait pas un instant à perdre.

Lucien comprit de quelle importance il était pour lui de rejoindre au plus tôt son régiment; il alla donc aussitôt prendre congé de Léa, et partit immédiatement pour Béfort.

Lucien était ému; ses pressentiments ne l'avaient pas trompé, l'horizon politique s'assombrissait; il devenait urgent de prendre un parti dans ces circonstances critiques.

Lucien ne fut pas long à prendre le sien.

Le jeune officier ne connaissait que son drapeau; il n'avait jamais servi que les Bourbons, et bien que, par les liens du sang, il eût peut-être dans le cœur quelque regret du passé, son devoir lui enseignait la fidélité au serment qu'il avait prêté au roi.

Mille pensées amères vinrent en même temps remuer profondément son cœur; dans le cas d'une insurrection, il allait se trouver dans le camp ennemi de celui où se rangerait M. Langlois; cette seule situation le séparait à jamais de Léa; l'avenir qu'il avait rêvé était perdu... Son cœur se brisait à cette pensée, et par un secret instinct il se retournait alors vers le château qu'il venait de quitter, et semblait l'embrasser dans un dernier et suprême regard.

Léa était si naïve et si pure, si douce et si aimante; c'était si bien là la femme qu'il avait rêvée; la crainte de la perdre l'accablait et lui ôtait toute sa force, toute son énergie, tout son courage!

Comme il approchait de la ville, il vit venir à lui un jeune homme qu'il avait déjà eu occasion de rencontrer dans les salons de Béfort, et une fois ou deux au château de M. Langlois. Ce jeune homme avait vingt-cinq ans; il s'appelait Abel Desroches, et était connu dans tout le pays pour ses opinions exaltées; Lucien l'avait peu fréquenté, non-seulement pour ces raisons, mais encore parce qu'il avait entendu dire qu'il avait été éperdument amoureux de Léa.

Abel Desroches aborda Lucien le visage riant.

— Bonjour! lieutenant, lui dit-il du plus loin qu'il le vit. Ah! ah! il paraît que l'on se hâte de faire rentrer toutes les forces dont le gouvernement peut disposer...

— Que voulez-vous dire? fit Lucien en jouant l'étonnement.

— Ah! vous êtes discret, reprit Abel; c'est trop juste, le devoir avant tout; mais nous savons, nous autres, ce qui s'est passé, et je comprends que l'on vous ait donné l'ordre...

— Quel ordre?

— Eh parbleu! celui de quitter au plus tôt le château de M. Langlois, et de rentrer à Béfort.

— Et quand cela serait! dit Lucien en fronçant le sourcil.

— Allons! allons! ne nous fâchons pas, lieutenant; il viendra un moment, je l'espère, où nous nous entendrons mieux.

Et en parlant ainsi, Abel Desroches clignait de l'œil, et adressait à Lucien quelques signes d'intelligences.

Lucien ne voulut pas y répondre, et il voulut passer son chemin; toutefois, avant de poursuivre, il se tourna vers son interlocuteur, et lui adressant un regard où brillait peut-être trop de mépris:

— J'ignore quels événements se sont passés depuis mon départ, dit-il d'une voix ferme, mais ce que je sais, monsieur, c'est que je comprends les devoirs que j'ai à remplir, et que jamais je n'aurai rien de commun avec vous !

— Qu'est-ce que cela signifie? dit Abel stupéfait.

— Cela signifie tout ce que vous voudrez.

— On m'a donc trompé?

— Qu'est-ce à dire?

— Ou plutôt vous nous avez donc trompés?

— Moi!

— Ah! n'importe! lieutenant, n'importe! ceci cache un mystère qu'il faudra éclaircir, et nous verrons si nos ennemis pourront venir impunément surprendre nos secrets, pour aller ensuite nous dénoncer, comme des traîtres.

Lucien allait répondre, mais Abel Desroches salua profondément et s'éloigna, laissant le jeune officier inquiet et pâle.

Qu'avait-il voulu dire? à quoi faisait-il allusion? Lucien n'aurait pu le dire, et cependant tout son être frissonna.

C'était une énigme dont il ne pouvait avoir le mot qu'à Béfort; il se hâta d'y rentrer pour s'éclairer à ce sujet.

CHAPITRE V.

Suite des Carbonari. — La vente centrale. — Le colonel Pailhès. — Les trente. — Physiologie des conjurations. — L'oreille de Bazard. — Prouesses de M. Langlois. — Retour au château. — L'expiation. — La mort d'Abel.

De graves événements s'étaient accomplis depuis son départ de Béfort pour le château de M. Langlois.

La Charbonnerie était alors fort puissante, ainsi que nous l'avons dit plus haut : et de toutes parts, des réclamations arrivaient, pressant la *vente* centrale de hâter le moment de l'insurrection. La *vente* centrale, qui seule était à même de préciser au juste les forces matérielles et les moyens d'action de l'association pouvait seule aussi choisir le moment opportun, et le lieu favorable à une telle entreprise. On hésita pendant quelque temps avant de donner le signal :

mais lorsqu'enfin, il ne fut plus possible de reculer, quand on comprit que ce serait porter un coup fatal au crédit de la *vente* centrale, que de remettre l'explosion du complot, il fut décidé que le colonel Paillès partirait pour Béfort avec un certain nombre d'étudiants de Paris, et que le général Lafayette se rendrait dans cette ville, de manière à y arriver avant l'action !

Trente jeunes gens furent en conséquence désignés pour cette expédition, et ils acceptèrent tous avec empressement : pour des membres de l'association des Carbonari, c'était d'ailleurs un devoir de marcher, dès que l'ordre en était donné, et ici, l'ordre répondait merveilleusement à ce besoin impérieux d'aventures qui est au fond du caractère français !

Ces jeunes gens, ces enfants, savaient bien qu'ils marchaient à la mort, mais on leur avait parlé de la liberté, de la patrie, et leur âme généreuse s'était laissée séduire; ils partirent sans hésiter, le front joyeux, les lèvres souriantes.

L'un d'eux avait, dit-on, pour le matin même du départ, un rendez-vous d'honneur, un duel :

— Je puis bien, répondit-il à ceux qui enviant son sort, lui adressaient quelques objections à ce sujet, je puis bien faire encore ce sacrifice à ma cause, puisqu'il ne m'est pas même permis de faire connaître mon départ; je passerai pour un lâche, mais j'aurai fait mon devoir, et je m'expliquerai à mon retour, *s'il y a lieu !*

Et ils partirent !

Ils oubliaient tout, amis, famille, tout, pour ne songer qu'au salut de la patrie qu'on leur disait menacée — car c'est toujours avec ces grands mots qu'on enivre la pauvre jeunesse folle.

Les historiens racontent que lorsqu'ils se virent en pleine campagne, ils ne purent contenir les élans de leurs cœurs enthousiastes ; ils se prirent à chanter ce chant terrible d'une sanglante époque, la *Marseillaise !*

C'est ainsi qu'ils traversèrent les campagnes étonnées, sans prendre garde que cette imprudence pouvait les compromettre et perdre l'entreprise. — A Béfort, tout était préparé pour les recevoir; on se mit en mesure et on attendit le dernier signal!

« Cependant, le moindre délai pouvait être fatal; la petite ville avait pris, depuis l'arrivée du petit bataillon, un air inusité; on se demandait tout bas avec inquiétude ce qui allait se passer; les confidences maladroites, imprudentes, se multipliaient; certaines indiscrétions avaient éveillé quelques soupçons.

« Les conjurés ne demandaient qu'à agir, mais les chefs retenaient le signal, attendant toujours l'arrivée de Lafayette sur la popularité de qui on comptait beaucoup, pour donner au mouvement un retentissement nécessaire.

« Que faisait cependant le général Lafayette? que faisaient à Paris, les chefs de la vente centrale? que faisaient tous ces hommes qui, les premiers avaient été d'avis de commander un mouvement?

« Ces hommes s'oubliaient dans le vain espoir d'un succès que leurs incertitudes rendaient impossible, et ils s'occupaient prématurément de poser les bases d'une constitution en cas de réussite.

La constitution de l'an III!

N'est-ce pas là, l'histoire de toutes les conspirations; les conspirateurs n'ont-ils pas été fatalement pris sur le même modèle!

Douze ou quinze vieux coquins mettent en avant quelques centaines de dupes. Quant ces dupes ont emboîté le pas, les vieux coquins vont se cacher, *pour attendre le succès...*

Si le succès vient, les vieux coquins se font ministres; — si le succès ne vient pas, ils se drapent en victimes et mettent en prose de club toutes les chansons politiques de ce bon M. de Bérenger.

Et toujours! et toujours!

Toutefois, on ne pouvait rester éternellement l'arme au bras, attendant une occasion qui pourrait ne pas se présenter; il était urgent, au contraire, pour ne pas perdre le fruit de tant de travaux, de précipiter les événements, et de faire naître, s'il était possible, cette occasion vainement attendue.

A cet effet, on dépêcha le peintre Ary Scheffer, à Béfort, afin de sonder le terrain, de voir les conjurés, de s'entendre avec eux, et de s'assurer de l'opportunité du moment. Le peintre devait revenir aussitôt, prévenir le général Lafayette, lequel n'attendait que ce retour pour se mettre en route avec son fils, et aller rejoindre les amis qui n'attendaient plus que lui.

Le peintre Ary Scheffer s'acquitta fort bien de sa mission, et le général ne tarda pas à partir pour Béfort! mais ce retard avait suffi pour perdre l'entreprise.

L'insurrection avait été fixée au 31 décembre à minuit. Un poste de douaniers avait été gagné, et s'était mis au service de la conspiration. Diverses tentatives avaient été faites auprès des officiers de la garnison; quelques-uns s'étaient laissés séduire; mais, malgré toutes les promesses faites à Lucien, ce dernier était resté inébranlable.

Le sergent-major Pacquetil retint pendant deux jours les soldats dans les chambres de la caserne, sac au dos et disposés à marcher, mais toutes ces tentatives, cette attitude extraordinaire éveillèrent l'attention des chefs, la trahison se mit de la partie et tout fut perdu.

La trahison est le contre-poison homœopatique de toutes les conspirations.

Un sous-officier effrayé des suites que pouvait avoir une telle entreprise, si elle venait à manquer, ne vit d'autre ressource que de tout dévoiler au commandant de place, et de sauver ainsi ses jours aux dépens de ceux des autres conjurés.

Le commandant une fois prévenu, il devenait impossible que la conspiration n'échouât pas!

Dès la première alarme, la troupe est, en effet, immédiatement réunie, et les conjurés surpris n'ont que le temps de se rendre en toute hâte sur la place publique. Le lieutenant du roi qui arrive sur la place, reçoit en pleine poitrine un coup de pistolet; mais la balle s'aplatit sur sa croix... Dès ce moment tout est dit, et la conspiration avorte avant même d'avoir reçu un commencement d'exécution.

Cependant, après cet insuccès, il n'y avait plus qu'une chose importante, c'était d'empêcher à tout prix, l'arrivée du général Lafayette à Béfort : c'eût été là, à coup sûr, une charge accablante, et pour le député, et pour ceux des conspirateurs qui avaient été pris!

« Bazard était le chef du mouvement; un seul moment lui suffit pour mesurer le danger de la situation ; et sans calculer davantage, il s'élance vers Paris, brûlant la route, et interrogeant du regard la campagne, pour voir s'il n'est pas suivi lui-même.

« Il arrive ainsi à un village, où le fils Corcelles avait été placé en sentinelle pour attendre le général et le prévenir de certains faits.

« Le général n'était pas encore arrivé : Bazard s'impatientait, craignant qu'un trop long retard ne vînt compliquer la situation. Enfin, une chaise de poste paraît à l'horizon, Bazard vole à sa rencontre, et pendant qu'il explique au général comment la conspiration vient d'échouer, la voiture rebrousse chemin, et s'éloigne bientôt avec la même rapidité qu'elle avait mise à venir! »

On était alors au mois de janvier — il faisait un froid de douze degrés; les postillons disaient qu'il fallait avoir tué père et mère, pour voyager par un pareil temps; lorsque Bazard arriva à Paris, il avait une oreille gelée.

Français! plaignez l'oreille de ce patriote!

Pendant que ces faits se passaient, que devenaient cependant M. Langlois, et la charmante Léa sa fille?...

M. Langlois avait été prévenu des événements qui devaient s'accomplir, et dès minuit, tous les membres de sa *vente* étaient réunis, attendant un signal pour marcher, et se réunir en armes, aux conjurés victorieux.

M. Langlois, malgré son grand âge, se sentait enivré du zèle le plus louable, il exhortait les uns, exaltait les autres, leur parlait du passé, du présent, de l'avenir, et cherchait à faire passer dans leurs cœurs, cette ardeur qui était dans le sien.

Léa était fort agitée et fort inquiète, c'était la première fois qu'elle assistait à de pareils événements, et l'attachement qu'elle avait pour son père, l'amour qu'elle portait à Lucien, lui en faisaient comprendre toute la gravité.

M. Langlois, Léa le pensait du moins, n'était pas sincèrement lié à la conspiration ; il avait conspiré ; il avait, pendant quelques mois, réuni autour de lui, durant la nuit, des hommes bizarrement accoutrés, armés de longs poignards, il avait pu se croire un conspirateur terrible, et Léa pensait que cela avait suffi.

Malheureusement il n'en n'était pas ainsi.

M. Langlois s'était exalté l'imagination dans ces jeux ténébreux, il avait fini par se prendre au sérieux, et quand les affidés des sociétés secrètes de Paris étaient venus le trouver et lui dire que l'on comptait sur son dévouement à la sainte cause de la liberté, M. Langlois avait accepté avec orgueil, la difficile mission qu'on lui avait confiée.

Il avait convoqué ses hommes à un dernier rendez-vous, et quand à l'heure de minuit, il avait compté autour de lui tous les gens de la domesticité du château, il leur avait tenu à peu près ce langage :

— Mes amis, avait-il dit, les circonstances dans lesquelles nous nous trouvons sont de la dernière gravité; il est important que vous le compreniez. Nos amis de la capitale ont désigné Béfort comme le point sur lequel devaient commencer les opérations; c'est un grand honneur pour le pays, ce sera une gloire immortelle pour nous, d'avoir les premiers levé l'étendard de la révolte... Mais ne l'ignorez pas, c'est une lutte à mort qui va s'engager, et il faut que chacun apporte dans cette lutte, tout son courage, toute son énergie, tout son patriotisme!... dites, vous sentez-vous la force d'accomplir cette mission ?

Et les domestiques, qui savaient bien qu'ils seraient renvoyés s'ils hésitaient, répondirent qu'ils étaient prêts, en agitant leur poignard de fer blanc.

— C'est bien, poursuivit M. Langlois enivré, c'est bien ; nous sommes ici les véritables francs juges du dix-neuvième siècle ; notre vengeance sera impitoyable pour ceux qui nous ont tenus sous le joug jusqu'à ce jour, et nous rendrons la liberté à notre pays. Que chacun garde ses armes, et que la plus entière discrétion règne parmi nous, jusqu'au jour où nous pourrons lever le front avec audace.

La séance, tumultueuse comme toutes celles de ce genre, s'était prolongée jusqu'au jour ; les événements annoncés devaient s'être accomplis à Béfort ; M. Langlois brûlait de l'impatience la plus vive ; quelques hommes furent dépêchés au dehors, en éclaireurs, pour recueillir les nouvelles qui venaient de la ville, mais ces hommes rentrèrent presque aussitôt, la figure bouleversée et pâle, et vinrent raconter ce qui s'était passé.

Ce fut un coup de foudre pour M. Langlois.

Il leva les mains au ciel avec désespoir, et conjura ses frères, comme il les appelait, de ne pas s'effrayer. Il fallait plus que jamais faire preuve d'adresse et d'audace ; se séparer avec calme pour ne pas donner l'éveil à l'autorité; enfin garder une attitude indifférente, pour ne pas trahir les amis qui pouvaient avoir succombé.

Les domestiques et les jardiniers du château étaient suffisamment épouvantés ; ils ne demandèrent pas mieux que de se retirer près de leurs femmes ; ils craignaient d'être surpris en flagrant délit ; ils renouvelèrent donc leurs serments entre les mains de M. Langlois, et quelques minutes plus tard, ce dernier était seul, et se disposait à rentrer au château. Mais au moment où il allait franchir la dernière marche de l'escalier qui menait du souterrain dans le parc, un homme, les cheveux et les vêtements en désordre, se précipita dans ses bras avec des paroles de frayeur.

Cet homme était Abel Desroches.

Abel Desroches se trouvait sur la place publique au moment où l'on avait tenté d'assassiner le lieutenant du roi; il avait de suite compris que l'entreprise était perdue, et s'était hâté de chercher son salut dans la fuite.

Mais où chercher un abri, où la trahison ne fût pas à craindre? Tout était possible à ce moment, et il fallait à tout prix se soustraire à l'activité des premières recherches.

Il se rappela alors M. Langlois, et courut d'un trait, de Béfort jusqu'au château!

— Abel! Abel! fit M. Langlois, dès qu'il l'eut reconnu, vous, vous, ici!...

— Moi-même, balbutia Abel ému et essoufflé.

— Et d'où venez-vous?

— De Béfort.

— Vous étiez donc des nôtres.

— J'ai pris part à toutes les opérations de la conspiration, répondit Abel, j'ai voulu, au prix de mon sang, rendre la liberté à mon pays; mais les événements sont plus forts que nous, nos ennemis l'emportent encore une fois!

Abel Desroches raconta alors à M. Langlois, qui l'écoutait avidement, tout ce qui s'était passé la nuit même à Béfort; la trahison du sous-officier, l'arrivée du lieutenant du roi, l'indifférence des habitants de la ville sur lesquels on croyait pouvoir compter, enfin, l'arrestation de quelques-uns des conjurés.

Pendant ce récit, M. Langlois avait plusieurs fois pâli et rougi; quand Abel Desroches eut achevé, il lui prit la main, et la serra cordialement.

— C'est bien, lui dit-il d'un accent satisfait, vous êtes un noble et courageux jeune homme, je vous admire et vous estime! Mais dites-moi, Abel, parmi les conjurés dont on a opéré l'arrestation, n'en est-il aucun dont vous ne puissiez dire les noms?

Abel cita quelques noms, mais M. Langlois remua lentement la tête.

— Ce n'est pas cela, répondit-il, il y a à Béfort, dans le régiment qui y tient garnison, un jeune officier auquel je m'intéresse; c'est un des nôtres aussi, et je vous l'avoue, ce serait pour moi une peine cruelle s'il avait été victime de son dévouement à notre cause.

— De qui voulez-vous parler? demanda Desroches.

— De Lucien.

— Comment! Lucien.

— Sans doute!

Abel Desroches sourit, et haussa des épaules.

— Oh! rassurez-vous, répondit-il, M. Lucien est jeune, mais il est prudent; il a été un des premiers à se rendre aux ordres de son colonel, et c'est lui qui, le premier, avec un courage digne d'une meilleure cause, a procédé à l'arrestation de nos frères.

M. Langlois écoutait d'un air incrédule :

— Allons! dit-il, c'est impossible, vous vous serez trompé, mon ami; Lucien est dévoué à notre cause; il a été affilié à la *vente* dont je suis le grand élu, et je suis certain...

— Soit! fit Abel Desroches; je veux bien m'être trompé, et n'entends point vous enlever cette illusion; vous apprendrez d'ailleurs assez tôt sa trahison... mais écoutez!...

Un roulement de tambour venait de se faire entendre à quelque distance... M. Langlois se hâta de conduire Abel Desroches dans des salles reculées du souterrain, et il rentra au château au moment même où un détachement y débouchait par la grille, sous les ordres du lieutenant Lucien, et aux acclamations de *vive le roi*, que poussaient les domestiques et les jardiniers rassemblés!

III.

Dès que Lucien eut donné les ordres nécessaires aux soldats placés sous ses ordres, il marcha vers le château, et se fit conduire près de M. Langlois. Ce dernier l'attendait avec un visage sévère ; il l'accueillit d'un regard méprisant.

Mais Lucien ne se laissa pas intimider par cet accueil glacial; il savait que Léa était perdue pour lui, et placé entre son honneur et son amour, il n'avait pas hésité, il avait renoncé à son amour.

Aussi, en approchant de cette demeure où il avait été si heureux quelques mois auparavant, ce n'est pas Léa qu'il cherchait du regard; il aurait plutôt cherché à éviter sa rencontre; on lui avait dit que des conjurés pouvaient bien s'être réfugiés de ce côté; il connaissait le caractère de M. Langlois, il le savait aventureux, il pouvait croire qu'il avait donné asile à quelques débris de la conspiration. Cette situation était dangereuse pour le père de Léa, Lucien voulait la faire cesser immédiatement, et enlever ainsi tout prétexte aux poursuites que l'on ne manquerait pas d'exercer contre l'ancien fournisseur des armées.

Lucien s'inclina profondément devant M. Langlois, et se tint debout à quelques pas de lui :

— Monsieur, lui dit-il d'une voix où perçait une profonde émotion, j'étais loin de croire que nous nous reverrions dans des circonstances... et que je serais chargé surtout d'une mission aussi délicate; je bénis le sort cependant, puisqu'il m'a confié une mission qui, tombant entre d'autres mains, vous aurait été peut-être plus dangereuse, plus redoutable.

— J'étais loin de croire aussi, répliqua M. Langlois, la dernière fois que nous nous sommes vus, monsieur, que nous dussions jamais nous rencontrer dans des camps ennemis; les promesses que vous m'aviez faites, les serments solennels que vous avez prononcés me donnaient lieu d'espérer que nous partagerions les mêmes revers, sinon les mêmes triomphes ; — mais Dieu en a décidé autrement, monsieur, vous servez nos ennemis, je n'y puis rien, et j'attends avec calme l'exécution des ordres que vous avez reçus.

— Vous n'ignorez pas, poursuivit Lucien, que des événements se sont passés cette nuit à Béfort; une tentative criminelle a été faite, mais elle a échoué devant l'attitude indifférente de la population, et les mesures énergiques que le gouvernement avait prises.

— Je sais tout cela, repartit M. Langlois avec fierté, et je n'ai qu'un regret, c'est de n'avoir pu me mêler à ceux qui ont pris part à ces événements...

— Quelques-uns des conjurés, continua Lucien, ont été arrêtés, d'autres ont pris la fuite; parmi ces derniers, plusieurs ont pris cette direction, et comme votre château est depuis longtemps signalé à l'autorité, j'ai recu l'ordre...

— J'ignore, interrompit M. Langlois d'un ton railleur, qui a pris soin d'instruire si bien l'autorité, et de lui désigner ma demeure, mais ce que je sais fort bien, monsieur, c'est que jamais je ne ferai le rôle de dénonciateur, et que si quelques malheureux ont compté sur mon dévouement, je ne leur ferai pas faute, en dépit des menaces du gouvernement.

— Mais c'est vous perdre, monsieur.

— Je le sais.

— Une autre attitude vous eût acquis au contraire la bienveillance du gouvernement.

— Je n'ai que faire de la bienveillance des hommes que je hais...

— Ainsi, c'est votre dernier mot?

— Exécutez les ordres que vous avez reçus...

Lucien se retira sur ces paroles, et alla rejoindre son détachement.

Comme il traversait les appartements déserts, il aperçut de loin Léa qui venait à lui.

Son cœur se serra... Dans ce moment surtout, il eût voulu pouvoir l'éviter; mais elle marchait précipitamment, il ne pouvait s'éloigner sans l'inquiéter; il prit aussitôt son parti, et alla résolûment à elle.

— Lucien! Lucien!... s'écria Léa, dès qu'elle fut près de lui, que se passe-t-il donc mon ami, et pourquoi notre château est-il envahi?.. J'espère que les jours de mon père ne sont pas en danger; vous le savez d'ailleurs, vous même, toutes ses conspirations ne sont que des jeux d'enfant ou de vieillard, et ne peuvent inquiéter personne.

— Vous avez raison, Léa, répondit Lucien, votre père est innocent, et ce n'est pas lui que je suis venu rechercher ici; mais on suppose qu'il a donné asile à quelques conspirateurs, et ce sont ces derniers qu'il importe d'arrêter.

— Mon père les livrera.

— Il a refusé.

— Que dites-vous?

— La vérité, Léa; votre père est aveugle, il s'obstine dans le rôle qu'il s'est fait, et ce rôle, qui était sans danger il y a quelques jours, pourrait aujourd'hui le compromettre gravement.

— Lucien, vous m'effrayez!

— Ah! j'ai fait, pour l'amener à quelques sages concessions, tout ce que j'ai pu, mais il ne m'a pas écouté; il est plein d'indignation et de colère contre moi; il prétend que j'ai trahi sa cause, que sais-je! que je l'ai même dénoncé à l'autorité...

— Oh! vous, Lucien! fit Léa en pressant les mains du jeune officier dans les siennes.

— Oui ! moi, Léa, moi, qui ai tout fait au contraire pour vous éviter ces chagrins, ces ennuis, ces terreurs ! moi qui donnerais mon sang, ma vie pour détourner les malheurs qui peuvent le menacer !

— Mais que faire? Lucien ; oh ! conseillez-moi, tenez, car je ne sais, ma tête se perd, mon esprit s'effraie, et je suis incapable de trouver une issue à cette impasse.

— Laissez-moi faire, chère Léa, répondit Lucien ; vous savez combien je vous aime et combien je vous suis dévoué, je ne ferai rien, soyez-en sûre, qui doive troubler votre repos, et le fallût-il, je ferais volontiers le sacrifice de ma propre existence pour sauver votre père.

Lucien s'éloigna alors, laissant la jeune fille indécise, troublée, inquiète, se demandant avec effroi comment se terminerait ce drame mystérieux dans lequel était engagé ce qu'elle avait de plus cher au monde.

Quelques jours se passèrent ainsi, pendant lesquels les hommes postés par Lucien aux abords du château firent une garde vigilante, empêchant personne d'entrer au château ou d'en sortir, sans s'être préalablement fait reconnaître.

Lucien avait fait parler quelques domestiques de M. Langlois ; il savait qu'Abel Desroches avait été recueilli au château ; il ignorait, à la vérité, le lieu de sa retraite, mais il se doutait qu'on l'avait placé dans quelque coin obscur de la *vente*.

Une descente eût été facile, et un quart d'heure eût suffi pour s'emparer de la personne d'Abel ; mais Lucien pensait avec raison qu'une pareille arrestation n'eût pu se faire sans éclat, et M. Langlois se fût évidemment trouvé compromis.

Il songeait donc au meilleur moyen à employer pour atteindre ce but sans bruit ; mais, quoi qu'il fît, il ne trouvait rien.

Lucien haïssait profondément Abel Desroches ; il l'avait vu à l'œuvre ; c'était un des membres les plus actifs de la *vente* de Béfort, c'est lui qui avait tiré à bout portant un coup de pistolet sur le lieutenant du roi. Pour rien au monde, il n'eût voulu laisser échapper une pareille proie ; mais il ne savait, en réalité, comment s'y prendre, et craignait, en outre, que toutes ses hésitations ne vinssent à le compromettre lui-même.

Il en était là de ses réflexions, quand Léa entra dans sa chambre.

Elle était pâle, agitée ; ses cheveux flottaient en désordre sur son dos.

Lucien courut à elle dès qu'il l'aperçut, et il lui prit les mains avec effusion.

— Léa, dit-il, qu'avez-vous? d'où vient cette pâleur répandue sur votre visage? pourquoi vos mains tremblent-elles dans les miennes?

— Lucien, répondit Léa en promenant son regard effaré autour de la chambre, nous sommes seuls, n'est-ce pas?

— Sans doute.

— Et je puis parler, sûre de n'être entendue que de vous?

— Nous sommes seuls.

— Eh bien! je sors de chez mon père...

— Que vous a t il dit?

— Vous aviez raison, mon ami, il y a au château un conjuré qui s'y cache depuis le 1er du mois.

— Je le sais.

— Cet homme s'appelle Abel Desroches.

— Je savais tout cela, Léa.

— Oui, Lucien, vous saviez tout cela ; mais ce que vous ignorez sans doute, c'est que mon père s'est exalté outre mesure au contact de cet homme ; il l'aime, il l'admire, il n'en parle qu'avec l'enthousiasme le plus désordonné ; il veut le sauver, enfin, dût-il le faire au péril de ses jours ou de votre honneur.

— Est-ce tout, Léa ?

— Non, Lucien, dit Léa avec hésitation.

— Qu'y a-t-il donc encore ?

— Une chose que je n'ose vous dire.

— Parlez...

— Eh bien ! apprenez que mon père, gagné par Abel Desroches, qu'il connaît à peine, séduit par le dévouement dont il a fait preuve dans la récente entreprise des Carbonari, a juré...

— Achevez !

— De lui donner ma main.

— Vous, Léa, vous, épouser un pareil homme !

— Ah ! j'en mourrai !

— Cela ne sera pas, je le jure ! s'écria Lucien, dont les yeux lancèrent d'ardentes étincelles, car je vais de ce pas trouver votre père, et il faut que cette nuit cette affaire ait son dénoûment.

— Qu'allez-vous faire ? demanda Léa, qui se sentait gagner par une épouvante mystérieuse.

— Écoutez, Léa, poursuivit le jeune officier d'une voix émue et en attirant la jeune fille dans ses bras, vous m'aimez, n'est-ce pas ?

— Oh ! plus que ma vie !

— Et vous ne voudriez pas être la femme d'un autre ?

— Jamais !

— Cependant, Léa, vous avez le sentiment de l'honneur profondément gravé dans le cœur, et vous ne consentiriez jamais à donner votre main à un homme qui aurait renié son drapeau, parjuré son serment ?

— Lucien !...

— C'est bien ! Léa, c'est bien ! moi, je vous aime plus que ma vie aussi, et, je vous le dis, vous ne serez pas la femme d'Abel Desroches, ou je ne serai plus là pour empêcher une pareille profanation !

Lucien reconduisit Léa jusqu'à sa chambre, rentra peu après dans la sienne, y prit deux pistolets chargés qu'il glissa dans sa ceinture, et se dirigea aussitôt vers l'appartement de M. Langlois.

Le malheureux vieillard était debout encore, sombre, agité. Lucien marcha à lui d'un pas ferme.

— Monsieur, lui dit-il d'une voix brève, voilà bientôt cinq jours que je suis ici sans avoir rien fait pour exécuter les ordres qui m'ont été donnés ; cependant je n'ignore pas qu'un homme est caché dans les salles souterraines du château, et que cet homme s'appelle Abel Desroches...

— Qui vous a dit cela ? fit M. Langlois en pâlissant.

— Qu'importe ! repartit Lucien, il y est, et cela me suffit... Si j'ai hésité jusqu'à ce jour, c'est que je tenais, tout en accomplissant la mission qui m'avait été confiée, à ne compromettre aucun hôte de cette demeure, et je crois que j'ai enfin trouvé le moyen que je cherchais.

— Et ce moyen...

— Venez... et vous le saurez.

M. Langlois se leva sur l'invitation qui lui en était faite, et, tous les deux, prirent le chemin qui conduisait à l'entrée secrète de la *vente*.

Chaque fois qu'une sentinelle se trouvait sur la route, Lucien s'avançait, disait le mot d'ordre, et ils passaient ; ils arrivèrent ainsi jusqu'à un bouquet d'arbres du parc, où se trouvait l'entrée.

Avant d'aller plus loin, M. Langlois s'arrêta.

— Monsieur, dit-il à Lucien, malgré tout le respect que peut m'inspirer le caractère exceptionnel dont vous êtes revêtu, je dois vous déclarer que je ne ferai pas un pas de plus avant que vous ne m'ayez expliqué le but de cette course mystérieuse ; où voulez-vous donc me mener, et que prétendez-vous faire ?

— Comme vous voudrez, monsieur, répondit Lucien ; aussi bien, nous sommes ici seuls, et j'aime autant m'expliquer ouvertement avec vous, sans mettre un tiers dans la confidence.

— Parlez.

— Il y a quelques mois, monsieur, vous vous en souvenez sans doute, je venais fréquemment dans ce château, et vous avez eu alors pour moi des bontés que je n'oublierai jamais...

— Je m'en souviens aussi, dit M. Langlois d'un ton railleur.

— Depuis, poursuivit Lucien sans prendre garde à l'objection, des événements graves se sont accomplis; mais je ne pense pas qu'ils aient eu assez d'influence sur votre esprit pour vous engager à ne pas tenir certaines promesses que vous m'avez faites dans des temps plus heureux.

— C'est selon, dit M. Langlois.

— Vous m'aviez promis la main de mademoiselle Langlois.

— Sans doute, et je vous l'aurais donnée sans la moindre hésitation, si vous-même vous n'aviez pas renié tous vos serments, et si je ne vous retrouvais pas aujourd'hui dans les rangs de mes ennemis.

— Ainsi, vous refusez?...

— Je refuse, répondit M. Langlois, et je le voudrais d'ailleurs, que cela ne me serait plus possible, car la main de ma fille est donnée à un homme qui, lui du moins, a servi noblement la cause de la liberté, et n'a pas forfait à l'honneur.

— Soit! monsieur; mais je ne dois pas vous laisser ignorer que je connais l'homme que vous avez choisi pour gendre; je sais qu'il est caché dans les souterrains du château, et j'ai reçu la mission de m'emparer de sa personne et de la livrer aux tribunaux.

— Alors, pourquoi me faire venir ici? croyez-vous que je veuille assister froidement et comme un traître à l'arrestation de mon hôte?

— A Dieu ne plaise que j'aie jamais une pareille pensée! répliqua Lucien; Abel Desroches est votre hôte, vous n'avez pas craint de lui offrir un abri, bien que vous dussiez vous compromettre en agissant ainsi; je n'ai d'autre pensée, d'autre désir, que de vous sauver vous-même, en essayant de sauver le prisonnier.

— Que voulez-vous dire? demanda M. Langlois avec étonnement.

— Une chose fort simple, monsieur, il y a en ce moment, en présence, deux hommes qui prétendent également à la main de mademoiselle Langlois, l'un Abel Desroches que vous aimez, l'autre que vous haïssez; je veux vous apprendre à connaître ces deux hommes et à les estimer selon leur valeur réelle.

— Cependant... fit M. Langlois.

— Venez, monsieur, dit Lucien d'un ton d'autorité sans réplique, venez et vous jugerez!

Les deux hommes descendirent alors les degrés de l'escalier qui conduisait aux souterrains, et quelques minutes après, ils arrivaient dans la salle où Abel Desroches avait été relégué.

En voyant paraître le jeune officier, Abel se leva interdit et pâle, et son regard chercha instinctivement, s'il n'y avait pas une issue par laquelle il pût se soustraire à une arrestation imminente.

La salle était éclairée comme pour une réunion; un feu éclatant brillait dans la cheminée; un lit somptueux avait été établi dans un des coins; à côté était placée une table encore chargée des débris d'un repas abondant.

Abel Desroches n'avait pas eu trop à se plaindre de sa captivité.

Lucien marcha résolûment à ce dernier, pendant que M. Langlois dont la curiosité était vivement éveillée, se tenait debout devant la cheminée et s'apprêtait à écouter :

— Monsieur, dit Lucien d'une voix ferme dès qu'il fut parvenu près de Desroches, je ne suis point venu pour vous arrêter, quoique la chose m'eût été facile, puisque je connaissais votre retraite; d'autres soins m'appellent en ce moment dans cette salle, et je désire que nous ayons ensemble une explication courte mais catégorique.

— Que voulez-vous? demanda Abel avec inquiétude.

— Vous aimez mademoiselle Langlois, monsieur

— Cela est vrai.

— Et sa main vous a été promise.

— En effet.

— Eh bien, moi aussi, monsieur, j'aime cette jeune fille, et si j'en crois mes pressentiments, j'ai tout lieu de penser que mon amour est partagé.

— Est-ce possible !... fit Abel.

— Vous le voyez donc, monsieur, il me serait facile, puisque j'ai la force en ce moment, de me débarrasser d'un rival importun, et de rester seul maître du terrain ; mais j'ai pensé que cela ne serait ni loyal, ni convenable, et j'ai voulu rétablir les chances entre nous, et vous mettre à même de me disputer la main de Léa, avec des armes égales aux miennes.

— Qu'est-ce que cela signifie? demanda M. Langlois en regardant Lucien avec étonnement.

— Quelle est cette comédie? ajouta Abel Desroches en souriant.

— Ceci n'est pas une comédie, répondit Lucien, c'est un drame, monsieur, nous aimons l'un et l'autre mademoiselle Langlois; Léa ne peut appartenir qu'à l'un de nous d'eux, il faut donc que l'un de nous d'eux cède la place à l'autre.

— Mais je suis votre prisonnier, moi, objecta Abel Desroches, je n'ai ni armes, ni...

— J'ai prévu tout cela, monsieur, repartit le jeune officier, j'ai apporté avec moi deux pistolets; ils sont chargés tous les deux, ces souterrains sont discrets, nul n'est prévenu, nous serons donc parfaitement à l'aise pour vider le différend... tenez, voici des pistolets, je garderai celui que vous n'aurez pas choisi!

En parlant ainsi, Lucien tira ses deux pistolets de sa ceinture, et les tendit d'une main ferme à Abel Desroches; mais ce dernier hésita encore avant d'accepter.

— Je veux croire, dit-il en raillant, que vous n'avez été poussé dans tout ceci par aucune idée égoïste, mais je vous le demande, monsieur, si je vous tue, ma position en sera-t-elle changée, et ne serai-je pas comme avant exposé à être pris par vos soldats furieux de votre disparition, de votre mort, et qui n'hésiteront pas à me faire un mauvais parti.

— C'est une objection que j'ai encore prévue, répliqua Lucien, et ce billet revêtu de ma signature vous servira pour sortir du château quand vous voudrez... j'espère que cette objection sera la dernière, et que vous ne tarderez pas davantage à accepter un combat qui doit vous faire libre et heureux!

— Cependant, essaya encore de dire Abel.

— M. Lucien a raison, dit tout à coup M. Langlois qui s'avança et alla prendre la main du jeune officier, qu'il serra avec émotion; c'est bien, mon ami, c'est généreux, c'est grand, vous étiez digne de combattre dans nos rangs... Allons! Abel, finissons-en; la proposition qui vous est faite ne saurait être repoussée par vous, à moins que vous ne teniez à faire douter de votre courage.

Abel Desroches bondit à cette supposition, et s'empara vivement de l'un des pistolets que lui tendait Lucien; puis ils se placèrent à dix pas, et attendirent l'un et l'autre, que M. Langlois eût donné le signal.

Ce dernier frappa donc trois fois dans ses mains, et deux coups de pistolet partirent à la fois.

Dans le premier moment la fumée épaisse qui s'éleva empêcha de rien distinguer, mais quand elle se fut dissipée, M. Langlois put voir Lucien debout et pâle, tenant encore son arme dans la main, et à quelque distance de lui, Abel Desroches étendu sans vie sur le sol.

Lucien et M. Langlois coururent vers lui avec empressement,

mais un premier coup d'œil leur suffit pour s'assurer de la réalité.

Abel Desroches était mort sur le coup, sans avoir même prononcé une seule parole.

Cependant bon nombre d'arrestations avaient été faites à Béfort, le soir même de l'affaire.

Parmi les premiers conjurés dont on parvint à s'emparer, figuraient Guinaud, que l'on prit d'abord pour le chef du complot, Rouen jeune, Pauce, Paulin, Brunel, Canisy, Grenier, Salveton, Vernière, Roussillon, Grometty lieutenant, Pacquetet sergent-major; Scholteau sergent; Pruche, Gosselin, Saint-Venant, Baltisti, Netzer, le colonel Pailhès venu de Paris quelques jours auparavant, Dublard, ex-lieutenant; tous étaient membres de l'association des *Charbonniers.*

Dès que le complot de Béfort fut connu à Paris, le gouvernement envoya des ordres sévères, pour que les coupables qui avaient échappé fussent pris, et jetés en prison; mais ces ordres furent vains, et la plupart des chefs purent se soustraire par la fuite à toutes les poursuites.

On n'en procéda pas moins au jugement de ceux qui restaient, et l'on espéra un moment qu'un châtiment exemplaire leur serait infligé.

Heureusement pour ces derniers, qu'ils furent servis par des défenseurs énergiques et puissants, et soutenus par l'attitude de la population alsacienne qu'on craignait de soulever par un jugement trop rigoureux.

Quatre seulement des conjurés furent condamnés : Tellier à l'unanimité; Pailhès, Dublard, Guinaud à la simple majorité de sept voix contre cinq.

La peine infligée fut égale pour tous, c'est-à-dire cinq ans de prison, 500 fr. d'amende, et deux ans de surveillance de haute police.

C'est ainsi que finit cet épisode de l'histoire du Carbonarisme en France.

Quant à Lucien, le jeune officier qui y a joué un rôle, si le lecteur tient à avoir quelques renseignements sur son compte, nous lui dirons que M. Langlois finit par se laisser toucher par les larmes de Léa; Lucien, d'ailleurs, était un garçon plein d'honneur et de loyauté, M. Langlois le savait bien; et à tout prendre, il valait encore mieux le prendre pour gendre que d'exposer sa fille, sa bonne et chère Léa, à tomber entre les mains d'un conspirateur émérite comme Abel Desroches.

CHAPITRE VI.

Suite des Carbonari. — Les quatre sergents de La Rochelle. — Honneur et vertu! Napoléon II. — Société des chevaliers de la liberté. — Fin de la Charbonnerie.

Les deux insurrections que nous venons de rapporter, sont les seules que le Carbonarisme ait réellement tentées en France. L'histoire des quatre sergents de la Rochelle se rattache bien, si l'on veut, à celle des Carbonari; mais cette histoire ne constitue pas véritablement une conspiration, et nous n'avons pas à en parler ici. On a écrit beaucoup de livres, de romans, de contes sur les quatre sergents de la Rochelle, nous n'avons trouvé nulle part la vérité. On a fait de ces quatre hommes des héros; les circonstances seules les ont élevés un moment à cette hauteur, mais ils étaient loin, les uns et les autres, de présenter le caractère qu'on leur a donné.

Mais si ce n'étaient point des grands hommes, du moins n'avaient-ils point mérité de servir de texte à tant d'affreux bouquins ! La paix soit à leurs cendres ! N'était-ce pas assez pour eux de l'échafaud !...

Cependant les mouvements divers qui éclataient successivement sur tous les points du territoire, témoignaient suffisamment de l'existence d'une vaste conspiration; le gouvernement avait l'éveil, il ne négligea aucune occasion de s'éclairer sur l'association dont l'existence lui était signalée, et il prit des précautions sévères pour en connaître les chefs et les membres les plus actifs.

Ce ne fut pas long.

La police avait de nombreuses données, les conspirateurs, qu'exaltait l'espérance d'un succès prochain, ne cachaient plus déjà leurs menées; en peu de temps, le gouvernement sut à quoi s'en tenir.

« Un complot a été récemment découvert, disait un procureur général; ce complot se rattache à une vaste conspiration que l'on a représentée comme embrassant dans ses ramifications un grand nombre de villes, et qui a pour but avoué la conquête et le maintien de la liberté. Le principal moyen pour arriver à ce résultat, est le renversement du gouvernement du roi et de toutes les autorités constituées par lui.

« Pour assurer les progrès, le secret et le succès de ses opérations, cette conspiration, sous le nom de Carbonari, a pris les formes d'une association mystérieuse, composée de grandes fonctions hiérarchiques, et d'un grand nombre de cercles particuliers, qui s'ignorant réciproquement, aboutissent à un cercle principal, chef-lieu de chacun des départements indiqués comme ayant pris part à la conspiration, correspondant par l'intermédiaire de ce dernier à un cercle supérieur et suprême, dont le siége est à Paris, et qui donne l'impulsion à tous les autres cercles.

« Un serment redoutable, à l'observation duquel on s'engage, sous peine de mort, lu entre les conjurés, leur impose diverses obligations. Pour fortifier encore ce serment, pour en assurer l'effet, et peut-être aussi pour inspirer une sorte de sécurité aux nouveaux adeptes que l'on affilie à l'association, on affecte de leur dire qu'elle a une police plus forte, plus active, plus entendue que celle du gouvernement du roi, et qui, en conséquence, paralyse, quant à eux, l'effet de cette dernière.

« Des signes de reconnaissance donnent aux affiliés les moyens de se reconnaître au besoin. Le plus usuel, celui par l'attouchement des mains, se fait de manière à ce qu'en se prenant les mains droites, les deux pouces forment un N. Cet emblème, fort intelligible, manifeste suffisamment quelle autorité les conjurés voudraient substituer à l'autorité légitime, et quel est le genre de liberté qu'ils regrettent et qu'ils désirent reconquérir.

« Le mot d'ordre est *honneur* et *vertu*. Le mot de ralliement est *probité*, dont chacune des personnes qui veulent se reconnaître prononce alternativement une syllabe.

« Des commissaires, choisis dans l'association, voyagent pour établir une correspondance sûre entre les différents cercles; leur présence a, en outre, l'effet de faire concevoir aux nouveaux initiés une haute idée des forces et des moyens de la conspiration.

« Ce sont principalement les officiers inférieurs et les sous-officiers que l'on s'attache à séduire; des espérances d'avancement rapide sont données, des promesses d'argent sont faites et souvent réalisées, pour les entraîner dans la conspiration. Ce moyen est considéré comme le plus propre à opérer la défection de l'armée, par l'influence que la position des sous-officiers les met à même d'exercer sur les soldats, etc. »

Un autre procureur général s'exprimait ainsi :

« Il existe en France, disait-il, des sociétés secrètes connues sous le nom de *Charbonnières*, dans lesquelles se trament des complots contre l'État. Il est démontré qu'elles partent toutes d'un même centre. C'est à elles que nous devons les complots qui ont éclaté à Saumur, à Béfort, etc.

« Partout ces hommes annonçaient l'exclusion des Bourbons, l'existence d'un gouvernement provisoire, la reprise du drapeau et de la cocarde tricolore.

« Partout on a trouvé sur les accusés les copies des mêmes statuts.

« Sans doute, les sociétés maçonniques n'ont en elles-mêmes rien de blâmable, quand elles se bornent au but de leur institution ; mais elles peuvent, soit par elles-mêmes, soit par des comités, s'occuper d'objets qui ne seraient pas étrangers à la politique.

« Au surplus, les sociétés secrètes du genre des *Charbonnières* tendent à nous ramener le régime impérial, Napoléon II, et à leur suite le despotisme dont nous sommes heureusement délivrés.

« Ces sociétés constituent une conspiration permanente contre l'État. Ceux qui en font partie ont, sous le nom de *Carbonari*, dévoilé, en Italie et dans le Piémont, leurs coupables projets. Leurs règlements saisis en France prouvent qu'il y a, chez les uns comme chez les autres, uniformité de tendance et de vue.

« C'est à Paris qu'existe leur directeur ; c'est de là que partent toutes les instructions, tous les ordres ; c'est ce que les conjurés appellent le gouvernement provisoire. Les provocations à la révolte partent toutes de Paris ; les complots s'exécutent à des époques très-rapprochées, sur tous les points.

« Les complots ne se dénotent-ils pas encore par les voyages multipliés et mystérieux des conjurés ? Ces voyages, d'après les statuts des Carbonari, n'auraient d'autre but que d'établir les communications des *ventes* particulières aux *ventes* centrales, et de celles-ci à la *vente* supérieure... »

Enfin, un troisième procureur général, celui qui portait la parole dans l'affaire des quatre sergents de La Rochelle, instruit par l'expérience du passé, s'exprimait à peu près en ces termes :

« Une vaste conspiration contre l'ordre social, en même temps que contre les trônes et contre chaque famille de citoyens, menacés d'être replongés dans les horreurs de l'anarchie, bien plus que contre les dynasties de souverains, a été formée.

« Cette conspiration est l'ouvrage de la secte des Carbonari, répandue en Italie, en Allemagne, en Suisse, en Grèce, et qui a envahi la France, en commençant par la Corse.

« Le serment des affiliés est conçu en ces termes :

« Je jure de tenir, avant toutes choses, à la liberté ;

« D'affronter la mort en toutes les occasions pour les Carbonari ;

« D'abandonner, au premier signal, les frères de mon propre « sang, pour aider et secourir mes frères les *Carbonari.* »

« Quant à leur but, il était celui de tous les pays, renverser la dynastie.

« Cette vaste conspiration se compose d'un comité directeur, ou *vente suprême,* qui a trois ministres chargés de faire exécuter ponctuellement tous ses ordres.

« Au-dessous de cette *vente suprême,* l'association se divise en plusieurs degrés de petites réunions de huit à vingt membres, absolument inconnus les uns aux autres.

« Ces degrés de réunions, vassales de la *vente suprême,* sont au nombre de trois principaux :

« Les hautes *ventes,* qui sont immédiatement au-dessous de la *vente* suprême ;

« Les *ventes* centrales ;

« Les *ventes* particulières.

« Chaque *vente* particulière envoie à la *vente* centrale un député, et celle-ci en envoie un à la haute *vente.*

« C'est par ces commissaires, liés par leur serment, sous peine de mort, à ne jamais révéler à leur propre *vente* rien de ce qui touche aux personnes dont est composée la *vente* suprême, que, de *vente* en *vente*, les ordres de la *vente* suprême arrivent aux derniers rangs des *Carbonari*.

« Cette société n'écrit jamais, et fait connaître les ordres verbalement par des commissaires qui vont d'un lieu à un autre.

« En dehors de la Charbonnerie, il existe une autre société d'épreuve et le noviciat de la première.

« Elle s'appelle *Société des Chevaliers de la liberté*.

« Les initiés sont enchaînés par le serment de secourir leurs frères et d'obéir à leurs chefs; on ne leur révèle aucun des grands desseins. Quand on les a suffisamment éprouvés, on les admet au rang des *Carbonari*.

« Pour se soustraire aux regards de la justice, beaucoup de *Carbonari* ont dû se former ouvertement en loge de *franc-maçonnerie*.

« Toutes les lois se réduisent à ces points essentiels :

« Obéir aveuglément aux chefs, conquérir la liberté à main armée, et, pour cela, se munir d'armes; observer un secret impénétrable sur l'existence, les noms et les desseins des Carbonari.

« Toute infraction à ces règlements est punie de mort.

« Au reste, les Carbonari, d'accord sur un premier point, détruire ce qui est, sont divisés entre eux sur tous les autres points et sur ce qui sera. »

Le Carbonarisme n'avait, en effet, aucune idée bien fixe sur la situation et sur l'avenir du pays; les uns voulaient la République, c'était le petit nombre; d'autres voulaient renverser la branche aînée, et se préoccupaient peu du reste; le plus grand nombre, c'est-à-dire tous les membres actifs de l'armée, et les soldats ou officiers licenciés ou en demi-solde, voulaient le retour de l'Empire avec le fils de l'Empereur, Napoléon II.

Toutefois, ainsi qu'on a pu s'en convaincre par ce qui précède, le gouvernement était trop bien instruit de tout ce qui se passait pour permettre de nouvelles manifestations à main armée; la tentative avortée des sergents de La Rochelle fut donc le dernier acte, l'acte suprême de la Charbonnerie en France.

Les sergents de La Rochelle une fois morts, l'institution alla de mal en pis, jusqu'au moment où ses principaux membres, ceux qui, plus sages et plus prudents, ne s'étaient pas compromis, entrèrent dans une autre association qui prit le titre de : *Aide-toi, le ciel l'aidera.*

Le principal vice de la Charbonnerie, vice radical, vice fatal de toute grande association, fut d'avoir admis au nombre des affiliés des hommes dont on n'était pas sûr.

Le manque d'unité dans les opérations, l'hésitation des uns, la pusillanimité des autres, mille causes patentes ou cachées ont puissamment contribué à frapper d'impuissance une société qui paraissait, dans le principe, destinée à un avenir important.

Quoi qu'il en soit, toujours est-il qu'après la mort des sergents de La Rochelle, la Charbonnerie s'affaiblit peu à peu, et qu'elle arriva bientôt à se décomposer tout à fait.

Deux partis se forment dans son sein, dit M. Louis Blanc; l'un veut qu'on se prononce nettement pour la République, et il entoure Lafayette; l'autre ne veut pas qu'un gouvernement quelconque soit imposé à la nation, et il se couvre du nom de Manuel.

Ces divisions, sourdes d'abord, s'aigrissent bientôt, s'enveniment et éclatent en accusations réciproques.

L'anarchie pénètre la Charbonnerie par tous les pores, et, à sa suite, s'introduisent les défiances injustes, les haines, l'égoïsme, l'ambition.

La période du dévouement passée, celle de l'intrigue commençait.

LES COMMUNÉROS.

CHAPITRE PREMIER.

Madrid. — Vasconcellos. — Isabelle. — Rendez-vous d'amour. — Le marquis de Miraflores. — Le señor Pedro de Castillo. — Les confidences et les mystères. — L'espion — La fontaine d'or. — Encore une réception aux flambeaux, avec poignards, etc. — Les assassins de la reine. — Don Henri.

Vers le milieu du mois de juillet de l'année 1840, un jeune homme, d'une vingtaine d'années, se promenait seul dans les jardins du palais de Madrid. La nuit était venue, les étoiles s'allumaient au firmament, tout était calme et silencieux, la lune montait lentement à l'horizon ; on n'entendait que ce murmure mystérieux qui s'élève à cette heure de toute chose, et que l'on prendait volontiers pour la respiration de la terre.

Henri de Vasconcellos paraissait insensible aux beautés de la nuit; il se promenait avec agitation à travers les bosquets en fleurs, et écoutait avec avidité le moindre bruit qui arrivait à lui, ou regardait anxieusement sous les allées baignées d'une ombre douce, ces fantastiques clartés que la lune laissait tomber sur son front pâle.

Minuit venait de sonner.

Les fenêtres du château qui, un instant auparavant, éclataient sous les vives lueurs des bougies et des lustres, s'éteignaient maintenant une à une; un voluptueux silence avait succédé à l'animation de tout à l'heure, et c'est en vain qu'Henri de Vasconcellos plongeait son regard autour de lui, ou prêtait l'oreille.

Il était bien seul, et personne ne paraissait se douter qu'il était là.

Il s'assit sur un banc de marbre, s'accouda sur le socle d'une statue, et rêva!

Henri était depuis quelques mois seulement à Madrid, mais les connaissances qu'il y avait faites, lui assuraient un avenir des plus brillants; c'était déjà à cette époque un beau et élégant jeune homme, il avait deux beaux yeux noirs qui lançaient de vives étincelles, des cheveux noirs qui retombaient en boucles soyeuses le long de ses joues brunes; sa taille était bien prise, sa main petite et blanche.

Outre ces avantages physiques qui l'avaient tout d'abord signalé à l'attention des femmes, Henri possédait encore des qualités plus sérieuses que lui avaient conquises les sympathies des personnages influents de la cour.

Henri avait reçu une éducation profonde; élevé loin de l'atmosphère des villes, il avait grandi et s'était développé à l'air pénétrant et vif de la campagne.

Henri de Vasconcellos était le dernier descendant d'une race illustre, d'origine portugaise, et il avait compris de bonne heure qu'il lui importait de soutenir dignement l'éclat du nom de ses ancêtres; il avait étudié avec ardeur, il avait appris tout ce qu'il est possible d'apprendre; il avait repoussé avec énergie toutes ces séductions enchanteresses qui attendent tout jeune homme au début de la vie, il avait vécu dans l'isolement et la solitude, et s'était trouvé à vingt ans, fort déjà, instruit, l'esprit éclairé, dépassant de la tête les jeunes gens de son âge.

C'est alors qu'il était venu à Madrid.

Il n'y connaissait personne, mais son père y avait laissé des amis, et dès son arrivée, il fut présenté à la cour, et mis en position de faire une fortune rapide.

Henri se laissait faire, il avait beaucoup d'ambition, il sentait qu'il était capable de monter rapidement les nombreux degrés de l'échelle sociale, il avait toutes les qualités requises pour répondre à ce qu'on attendait de lui, et avant trois mois, il était attaché au service de la reine, qui l'avait déjà particulièrement distingué.

Rien donc n'aurait manqué au bonheur d'Henri Vasconcellos, si l'amour ne s'était mis tout à coup de la partie.

Henri avait rencontré parmi les femmes qui entouraient la reine, une jeune fille, une enfant, dont son cœur s'était vivement épris, et à partir de ce jour, tous les rêves d'ambition qu'il avait pu faire disparurent, et il n'eut plus qu'une seule pensée, qu'un seul désir, qu'un seul but dans la vie, Isabelle !...

Malheureusement, Isabelle était la fille de l'un des personnages les plus influents de la cour, et il n'y avait pas lieu d'espérer que Henri, malgré ses avantages physiques et moraux, pût jamais devenir l'époux de la jeune fille.

Mais qu'importe ! les amants ne connaissent pas les difficultés, il semble, au contraire, que les obstacles ne servent qu'à irriter leur amour et aiguiser leurs désirs ; Henri de Vasconcellos était d'ailleurs trop vivement épris pour renoncer ainsi, sans lutter, au bonheur qu'il avait rêvé, il ne tint aucun compte des objections que son esprit lui suggéra tout d'abord, et mit tout en œuvre pour se faire aimer d'Isabelle !

Isabelle ne demandait pas mieux que d'aimer et d'être aimée ; c'était une enfant encore, elle naissait à peine à la vie; son âme s'ouvrait confiante, et souriait aux premières illusions : elle vit Henri, et son regard lui dit si bien tout ce qui se passait dans son cœur, qu'elle s'attendrit et qu'elle eut compassion.

Au surplus, Henri était le plus beau cavalier qu'il y eût alors à la cour; tout le monde parlait de lui, plus d'une femme l'aimait, plus d'une jeune fille rêvait à lui, les vieillards eux-mêmes ne cachaient pas la sympathie qu'il leur inspirait : Isabelle se trouva fatalement entourée de personnes qui développèrent, sans le savoir, ce germe qui était au fond de son cœur.

Elle ne sut pas combattre, elle ne voulut même pas; c'était la première fois qu'un pareil trouble pénétrait en elle; c'était une sorte d'enivrement qui s'emparait de tout son être, elle se sentait emportée par une force irrésistible vers Henri, et elle n'essayait pas même de résister.

Et puis, Henri paraissait si amoureux, il y avait dans son attitude tant de douleur mal contenue, tant de prière, tant d'invitation humble et touchante, Isabelle était sans défense contre de pareilles séductions; elle ne se demanda pas si Henri pouvait prétendre à sa main, si son père consentirait jamais à cette union, elle l'aima et se laissa aimer!

Le jeune Vasconcellos ne fut pas longtemps sans s'apercevoir de son bonheur, et ce fut pour lui une ivresse sans égale; Isabelle était charmante; aucune femme n'avait comme elle cette grâce naïve de l'âge pur, cette élégante nature, cette beauté chaste ! C'était bien là la femme que tout poète a rêvée!

Henri n'avait pas cherché d'ailleurs à établir de comparaison; parmi toutes ces femmes qu'il avait rencontrées, et qui eussent peut-être été fières d'être distinguées par lui, aucune n'avait fixé son regard, il n'avait vu qu'Isabelle!

Dès qu'il se sentit aimé, il imagina mille moyens de se rapprocher de la jeune fille, et comme cette dernière n'était pas coquette, comme elle l'aimait avec un complet abandon, ils ne tardèrent pas à se rencontrer, et à s'avouer leur mutuel amour.

— Je vous ai aimée dès le premier jour, dit Henri, dès le premier jour j'ai compris que mon sort était lié au vôtre, et qu'il ne pouvait plus y avoir désormais pour moi de bonheur que près de vous; peut-être me suis-je trompé, Isabelle, peut-être cet amour qui emplit mon cœur et mon esprit, n'est-il pas partagé; eh bien, tenez, soyez franche et sincère, dites-moi la vérité, ne me cachez rien, et s'il est vrai que vous ne m'aimiez pas, s'il me faut absolument renoncer à l'espoir d'être aimé de vous, je partirai, je m'éloignerai de ces lieux, j'irai mourir loin d'ici, emportant dans mon cœur votre image pure et sainte.

Isabelle sourit et glissa sa main dans celle du jeune homme.

— C'est peut-être mal ce que je fais, dit-elle avec un céleste sourire, mais j'obéis à une volonté plus forte que la mienne, Henri, non, il ne faut pas que vous partiez, car cet amour que vous demandez, il y a longtemps qu'il est à vous!

A partir de ce jour, les deux jeunes amoureux se virent souvent à l'insu de tout le monde, tantôt ici, tantôt là, partout où il y avait de l'ombre, du silence, partout où ils pouvaient se croire à l'abri des regards indiscrets.

Ils étaient sans témoins, mais leurs témoins à eux, c'étaient la lune, les étoiles, c'était Dieu qui lisait dans leurs cœurs chastes et purs!

Cependant une pareille intrigue ne pouvait rester longtemps ignorée à la cour d'Espagne; le père d'Isabelle en fut averti, et entra dans une grande colère, en apprenant que sa fille s'était oubliée jusqu'à aimer un jeune homme sans fortune et qui n'avait que son nom pour tout bien. Il avait fait appeler Isabelle et lui avait adressé de vives remontrances.

Henri avait été prévenu à temps de ces fâcheuses nouvelles, et dans ce moment il attendait avec une anxiété facile à comprendre le résultat de l'entrevue d'Isabelle et de son père.

Henri resta près d'une heure accoudé et rêveur ; enfin, comme il allait se lever, et peut-être s'éloigner, il entendit le frôlement d'une robe de soie sous les allées pleines d'ombre, et quelques secondes après Isabelle était près de lui.

— Enfin! enfin! c'est vous, Isabelle, s'écria le jeune homme en allant à elle, et en lui prenant les mains qu'il baisa, si vous saviez combien cette attente m'a été cruelle!

— Oh! j'ai bien pensé à vous, repartit Isabelle, mais je n'ai pas pu venir plus tôt, mon père m'a retenue, et d'ailleurs les nouvelles que j'avais à vous annoncer sont si tristes, que l'hésitais à venir vous les faire connaître.

— Qu'y a-t-il donc?

— Une chose affreuse, Henri.

— Mais encore?

— On me marie!

— Que dites-vous?

— La vérité.

— Oh! Isabelle, et vous avez consenti!

— Et que puis-je faire, Henri, que puis-je dire à un père irrité et qui ordonne?...

— Ainsi tout est fini, Isabelle, nous allons nous séparer, vous reniez vos serments, vous oubliez votre amour.

— Ah! je mourrai avant...

— Oh! non, cela ne sera pas; tenez, j'irai plutôt implorer sa Majesté la reine, je lui dirai que nous nous aimons, qu'une séparation serait notre mort à tous les deux; j'appellerai sa pitié sur nous, la reine est bonne, et elle nous sauvera!

Isabelle remua tristement la tête.

— Hélas! dit-elle, n'espérez pas nous sauver ainsi, mon ami; la reine est bonne, sans doute, et dans toute autre occasion elle aurait peut-être pris intérêt à notre amour, mais aujourd'hui cela n'est pas possible, car cet époux que l'on me destine...

— Eh bien!

— C'est elle qui l'a désigné...

— Mais qui donc est-il?

— Henri!

— Parlez!

— Cet époux est le marquis de Miraflores!

Il y eut un silence. — Henri laissa tomber sa tête sur sa poitrine et il songea.

Il y avait là quelque mystère impénétrable, mystère de cour; ce n'était pas la première fois qu'il entendait prononcer ce nom; le marquis de Miraflores était fort connu à Madrid, et l'on disait tout bas qu'il était aimé de la reine!

Pourquoi donc ce mariage? Les conseillers de la reine voulaient-ils donner le change à l'opinion, détruire une fable, dépister la calomnie? Pourquoi avait-on choisi Isabelle pour un tel rôle? Le marquis de Miraflores était jeune, riche, il pouvait prétendre à la main d'une femme d'une condition encore plus élevée que ne l'était celle de la jeune fille... Il se perdait dans ces mille conjectures, et ne savait sur quelle pensée s'arrêter!

Enfin, il parut prendre un parti décisif, il releva la tête avec fierté et énergie, et attira Isabelle surprise dans ses bras.

— Ecoutez-moi bien, Isabelle, lui dit-il d'une voix émue, je vous aime, moi, plus que tout au monde, et à aucun prix je ne renoncerai à vous; dites-moi, Isabelle, vous sentez-vous assez de courage, assez de confiance en moi, pour remettre votre sort entre mes mains.

— Que voulez-vous donc faire, Henri, demanda Isabelle inquiète?

— Je ne sais encore, répondit Vasconcellos, mais j'ai besoin de savoir, dans cette extrémité, si je puis compter sur vous comme sur moi-même, et si au moment où il nous faudra prendre un parti décisif, vous n'aurez pas peur, et vous ne reculerez pas.

— Henri, vous savez que je vous aime, dit Isabelle, je n'ai d'autre ambition que d'unir mon sort au vôtre.

— Bon! bon! mon enfant chère, vous êtes pure comme l'ange de Dieu, et je vous sauverai du sort que l'on vous prépare; retournez donc au palais, Isabelle, ne laissez rien paraître de ce qui se passe en vous, aux regards intéressés qui nous épient, et avant deux jours, ou nous serons perdus ou nous serons sauvés!

Isabelle et Henri se séparèrent sur ces paroles; la première regagna le palais en toute hâte, tandis que le second sortit des jardins par une porte dérobée, près de laquelle aucun poste ne veillait.

Henri avait pris son parti : il ne voulait, à aucun prix, laisser Isabelle aux mains du marquis de Miraflores, et le moyen qu'il avait imaginé pour la soustraire à cette extrémité, était une fuite prompte jusqu'à la frontière. Il songeait donc aux dispositions les plus propres à favoriser cette fuite; son chapeau était enfoncé sur ses yeux, il avait ramené son petit manteau sur ses épaules, la nuit était noire; en sortant du palais, il se heurta à quelqu'un qui se promenait en sens contraire, mais il passa son chemin sans y prendre garde, et ne s'arrêta qu'en entendant les éclats de rires immodérés que poussait l'homme qu'il venait de heurter d'une façon quelque peu incivile.

— Pardieu! s'écria une voix qu'Henri crut reconnaître, du diable si je vous aurais remis sous cet accoutrement de conspirateur!

— Don Pedro! fit Henri, qui revint sur ses pas.

— Don Pedro del Castillo, monseigneur, qui cherche, sans pouvoir le trouver, le motif important pour lequel vous errez dans les rues de Madrid, à une pareille heure de nuit.

— Est-ce donc défendu?

— Ce n'est que singulier.

— Mais vous-même, maître Pedro del Castillo, comment se fait-il que vous y soyez?

— Oh! moi, c'est différent.

— Mais encore...

— Au fait, mon jeune ami, les bruits qui courent dans ce moment sur votre compte demandent peut-être une explication catégorique de votre part, et si vous le voulez bien, nous allons nous faire une confession générale et réciproque.

- A quel propos?

— Vous le saurez.

— Vous m'intriguez!

— Tenez, mon jeune ami, laissez-moi vous conduire, et peut-être demain ne serez vous pas fâché de m'avoir suivi.

Les deux jeunes gens quittèrent les abords du palais royal, et traversèrent Madrid pour gagner les faubourgs.

II.

Don Pedro del Castillo était un grand gaillard de cinq pieds six pouces au moins; il portait les cheveux rouges, la figure ouverte et franche, et ses yeux, d'un noir vif, semblaient par instants lancer d'éblouissantes étincelles.

Henri l'avait rencontré quelquefois à la cour, il savait qu'il devait la position qu'il occupait à la faveur dont le roi l'honorait; ils s'étaient liés tous les deux, après quelques jours à peine de connaissance, et se témoignaient une amitié sincère.

Don Pedro del Castillo avait cependant des allures singulières qui avaient plus d'une fois donné à penser à Henri; souvent, don Pedro disparaissait pendant des semaines entières, on ne le voyait plus nulle part, on le cherchait en vain partout, personne n'eût pu dire en quels lieux il avait passé, et c'était quand on le croyait bien loin de Madrid, quand on ne l'y attendait plus, qu'on le voyait tout à coup reparaître, plus vif, plus aimable, plus spirituel que jamais.

Don Pedro avait donc deux existences, l'une qu'il cachait avec beaucoup de soin, l'autre à laquelle il initiait tout le monde ; on ne lui connaissait d'ailleurs qu'un seul ami, et cet ami c'était Henri de Vasconcellos.

Une nuit, entre autres, ce dernier rentrait à son domicile, quand, au détour d'une rue, il aperçut à quelques pas devant lui un homme dont la tournure lui rappelait à s'y méprendre celle de don Pedro.

Il pressa le pas pour s'assurer du fait; mais le mystérieux promeneur l'avait entendu, et il hâta sa marche; le costume qu'il portait n'était pas le même que Henri avait vu le matin même sur les épaules de don Pèdre; mais à la manière dont il portait l'épée, la façon dont son chapeau était placé sur son front, mille détails enfin l'assuraient que c'était bien là son ami.

Pourquoi fuyait-il donc?... Était-il en bonne fortune?... alors, pourquoi ne pas l'avouer, pourquoi ne pas inviter Henri à lui céder la place, plutôt que de le fuir ainsi qu'un malfaiteur?

Cette poursuite dura une demi-heure environ, au bout de laquelle, la lune s'étant dégagée de quelque nuage qui l'obscurcissait, Henri put voir celui qu'il poursuivait.

C'était bien don Pedro del Castillo.

Henri demeura interdit, et au moment où il allait s'élancer vers son ami et solliciter une explication catégorique, ce dernier disparut tout à coup par une petite porte qui se referma vivement derrière lui.

Le lendemain, Henri de Vasconcellos avait vainement interrogé don Pedro, ce dernier avait répondu, avec un imperturbable sang-froid, qu'il ignorait ce dont il s'agissait, qu'il n'avait pas quitté sa demeure de toute la soirée, qu'enfin il avait vraisemblablement pris un autre personnage pour lui.

Henri accepta ces explications vagues, mais il ne se tint pas pour battu, et se promit bien d'éclaircir ce mystère.

Les préoccupations de son amour étaient venues le distraire dans ce moment, et il oublia complétement les investigations qu'il voulait tenter.

Il était deux heures du matin, à peu près, quand les deux jeunes gens arrivèrent à la demeure de don Pedro. Ils montèrent lestement jusqu'au dernier étage de la maison devant laquelle ils s'étaient arrêtés, don Pedro alluma une bougie, et ils se débarrassèrent de leurs manteaux.

Puis, ils prirent chacun un siége, s'approchèrent de la fenêtre qu'ils ouvrirent, et commencèrent leurs confidences. Ce fut don Pedro qui prit le premier la parole.

— Voyons, mon cher ami, dit-il d'une voix franche et en regardant Henri, voyons, ne me cachez rien de ce qui vous intéresse, et peut-être pourrai-je, dans cette circonstance, vous être de quelque utilité. Je vous ai trouvé tout à l'heure sortant des jardins du palais de la reine, le chapeau sur les yeux, enveloppé dans votre manteau; vous veniez évidemment d'un rendez-vous d'amour.

— Triste rendez-vous! fit Henri.

— Triste ou gai, c'en était un, n'est-il pas vrai?

— Sans doute.

— Fort bien; et la jeune fille qui vous aime appartient à la cour?

— Ne la connaissez-vous pas?

— La charmante Isabelle?

— C'est elle seule que j'aime, c'est elle seule que je veux posséder!...

— A merveille! mon ami, à merveille! mais, vous le savez, nous nous sommes promis d'être francs l'un et l'autre, et nous ne devons pas nous tromper.

— Et pourquoi vous tromperais-je?

— Eh! le sais-je!

— D'où vous vient cette défiance?

— Tenez, mon cher Henri, vous êtes un cavalier charmant, les femmes raffolent de vous, cela est connu, et je m'en suis moi-même aperçu plus d'une fois; eh bien! ne serait-il pas possible, je ne dis pas que cela soit, je ne fais qu'une supposition; ne se pourrait-il pas faire qu'une grande dame, une très-grande dame se soit éprise de vous, et que vous ayez consenti à cacher des amours réelles et effectives sous les apparences d'un amour imaginaire ou platonique: en d'autres termes, la jeune et jolie Isabelle ne servirait-elle pas, sans s'en douter, à couvrir d'autres amours mystérieuses?

Henri regarda don Pedro d'une façon singulière.

— Qui donc vous a donné le droit de douter de ma parole? dit-il avec fierté; ce que vous supposez, maître Pedro del Castillo, n'est rien moins qu'une lâcheté, et les Vasconcellos en sont incapables, sachez-le bien!

— Eh! là! là! ne nous fâchons pas, mon ami, reprit don Pedro en riant, ne nous fâchons pas; pour mon compte, j'aime bien mieux qu'il en soit ainsi, et je sais quelqu'un qui sera certainement de mon avis.

— Qui cela?

— Le mari.

— En vérité, je ne vous comprends pas, et tout ceci me semble une énigme!

— Il n'est pas nécessaire que vous compreniez tout cela, Henri, ce sont des mystères auxquels on n'a rien à gagner quand on s'y trouve mêlé; le mieux est de n'y pas faire attention. Mais ce que vous me dites me fait plaisir, et j'espère que vous voudrez bien répondre avec la même sincérité, aux questions que j'ai encore à vous poser.

— Mais c'est une véritable inquisition!

— Elle sera réciproque si vous le voulez, et vous verrez que je ne cacherai rien de ce qui pourra vous être agréable d'apprendre.

— Parlez donc, maître Pedro del Castillo, dit Henri en riant.

— Vous m'avez dit, poursuivit don Pedro, que le rendez-vous donné par la jeune Isabelle, n'avait pas été précisément gai, je désirerais savoir quelles sont les préoccupations qui l'ont pu attrister.

— Une chose fort simple, répondit Henri, Isabelle et moi nous nous aimons ; notre seul désir, notre seule ambition est d'être unis le plus prochainement possible ; mais des obstacles ont été créés, et pour tout vous dire, ce soir, Isabelle m'a appris qu'on allait la marier.

— Ah ! ah ! cela ne m'étonne pas, et rentre beaucoup dans l'ordre d'idées que j'ouvrais tout à l'heure.

— Quel ordre d'idées?

— Oh ! ce n'est rien, ne faites pas attention... poursuivez seulement, poursuivez : ainsi Isabelle va se marier.

— Oui, par l'ordre de la reine.

— Vraiment, et pourquoi la reine s'occupe-t-elle avec tant d'intérêt de cette jeune fille?...

— Je l'ignore.

— Et l'époux qu'on lui destine?

— C'est elle-même qui l'a désigné.

— Et il s'appelle?

— Le marquis de Miraflores.

Il y eut un silence; don Pedro del Castillo se mordit les lèvres, et regarda Henri d'une façon singulière.

Puis il fit deux ou trois tours dans la chambre sans dire un seul mot, et revint se placer à quelques pas du jeune Vasconcellos.

— Ainsi, lui dit-il alors d'une voix insinuante, voilà vos amours brisées, votre bonheur perdu ; il vous faudra renoncer à Isabelle, et chercher d'autres distractions pour votre cœur.

— N'en croyez rien, repartit vivement Henri.

— Comment?

— Isabelle m'aime, je ne souffrirai pas qu'elle soit sacrifiée ainsi...

— Eh! que ferez-vous, malheureux, si la reine a résolu ce mariage?

— Eh bien, j'irai me jeter aux genoux de la reine.

— Gardez-vous-en bien.

— Pourquoi?...

— Pourquoi! pourquoi... parce que la reine ne reviendra pas sur sa première résolution, qu'elle sera mécontente de votre audace, et que peut-être il vous arrivera malheur.

— Mais que faire alors?

— Je ne vois qu'un moyen.

— Quel est-il?

— La fuite.

— J'y ai songé.

— Eh bien!

— Eh bien, s'il le faut, je fuirai, mais auparavant...

— Auparavant, mon ami, interrompit don Pedro del Castillo, vous ne commettrez aucune imprudence; d'ailleurs, j'ai moi-même quelques confidences à vous faire, et peut-être ce que j'ai à vous dire modifiera-t-il vos intentions.

— Parlez donc, dit Vasconcellos, car j'ai hâte de sortir, à quelque prix que ce soit, de l'impasse dans laquelle je me trouve!

Don Pedro allait poursuivre, quand quelques coups frappés discrètement à la porte détournèrent subitement son attention. Il courut aussitôt s'assurer de la personne qui frappait, il revint vivement vers Henri, après avoir regardé.

— Qui donc est là? demanda ce dernier.

— Chut! fit don Pedro.

— Du mystère.

— Oui.

— Je vous gêne peut-être.

— Oh! fort peu; mais il ne faut pas que l'on vous voie ici... venez, là dans ce cabinet... bouchez vos oreilles, mon ami, et n'entendez rien de ce qui va être dit.

Henri disparut aussitôt dans un cabinet, et quand don Pedro eut fait rapidement disparaître toute trace de son passage dans la chambre, il alla ouvrir la porte.

— Entrez, monseigneur, dit-il en s'inclinant respectueusement devant la personne qui entrait, j'étais loin de m'attendre à une pareille visite, surtout à cette heure...

— Cependant tu es levé, dit le nouvel arrivé.

— Je rentre.

— Et n'as-tu rien appris de nouveau depuis hier matin...

— Beaucoup, au contraire, monseigneur.

— Eh bien, j'aime les nouvelles, tu le sais, voyons, ne me cache rien, dis-moi tout!

L'inconnu s'assit près de la fenêtre, non loin du cabinet où s'était jeté Henri, et il s'apprêta à écouter don Pedro del Castillo. Ce dernier s'empressa de satisfaire sa curiosité.

— Et d'abord, dit-il à voix basse, j'ai vu dans la soirée les principaux membres de notre association, je leur ai annoncé un nouveau néophyte, et il a été décidé que le tribunal secret se réunirait dans la nuit de demain.

— C'est à merveille, repartit l'inconnu, mais j'espère que tu ne leur as pas dit mon nom.

— Je m'en suis bien gardé, monseigneur, vous passerez demain pour mon frère, et pour un membre généreux d'une famille qui a toujours été dévouée à la cause de la liberté.

— Voilà qui est bien, don Pedro, tu es un homme habile, et j'espère qu'un jour je me trouverai en position de te récompenser largement des services que tu me rends, mais cette affaire n'est pas la seule qui m'intéresse, tu le sais, et je désire connaître...

— Je me suis informé de tout, monseigneur, interrompit don Pedro del Castillo, et je crois pouvoir vous assurer que nous marchons à la solution de la crise.

— Dis-tu vrai?

— Vous allez voir, monseigneur, j'ai appris en effet, cette nuit, qu'il est fortement question d'établir le marquis de Miraflores.

— On le marie!

— On le marie...

— Eh bien, cela ne prouve qu'une chose, c'est que les conseillers de la reine ont pensé que le crédit du marquis commençait à baisser, et qu'il était urgent de le remplacer par un autre... Ces hommes sont sans vergogne, ils ne craignent ni Dieu ni diable.

— C'est peut-être vrai, monseigneur, mais ce que vous ignorez, c'est que la femme que l'on destine au marquis...

— Quelle est-elle?

— Isabelle.

— Est-ce possible!...

— Rien n'est plus vrai.

— Mais cette jeune fille aime Henri de Vasconcellos...

— Sans doute.

— Ce mariage est au contraire un danger de plus pour l'Espagne, il faut l'empêcher à tout prix... et il me semble qu'au lieu d'assister à la solution de la crise, nous allons en voir une nouvelle se préparer.

— Détrompez-vous, monseigneur, car je connais le jeune Vasconcellos, je l'ai vu, je lui ai parlé, il m'a raconté ses amours, et semble tout disposé à enlever sa maîtresse, plutôt que de permettre au marquis de Miraflores de l'épouser.

— En es tu certain?

— Il m'en a fait le serment.

— Et tiendra-t-il son serment?

— Henri de Vasconcellos, monseigneur, est jeune, honnête et brave, il aime la jeune Isabelle, comme on aime à cet âge, c'est-à-dire avec un complet oubli de toute chose, il se fera tuer plutôt que de l'abandonner!

— En effet, ceci vaut mieux; la reine sera furieuse contre ses conseillers habituels, et peut-être alors trouverons nous moyen...

L'inconnu laissa tomber sa tête dans ses mains et se prit à réfléchir profondément. Don Pedro del Castillo se tenait debout devant lui, dans une attitude respectueuse, et n'osait interrompre le cours de ses rêveries.

Cependant Henri de Vasconcellos n'avait perdu aucun mot de l'entretien qui venait d'avoir lieu; tout cela l'avait profondément étonné, et il se demandait avec stupéfaction quel rôle don Pedro del Castillo jouait au milieu de toutes ces intrigues. Sans doute ce personnage mystérieux, qui venait d'être introduit, était quelque agent de la police, le ministre lui-même, peut-être; don Pedro s'en était fait le complaisant... il trahissait de nombreux amis pour gagner la faveur du parti opposé à celui des conseillers de la reine. — C'était un dédale dont il cherchait vainement à sortir, et sa curiosité était violemment excitée.

Enfin, il n'y put plus tenir, et pendant que le silence régnait dans la chambre, il ouvrit doucement la porte du cabinet dans lequel il était caché, et risqua un œil...

Mais il eut à peine jeté un regard sur le personnage mystérieux, qu'il se recula avec épouvante, et eut toutes les peines du monde à réprimer un cri d'étonnement près de s'échapper de ses lèvres.

III.

Le lendemain soir, Henri et don Pedro del Castillo étaient seuls encore dans cette chambre où nous venons de les voir.

Henri était triste, don Pedro paraissait soucieux.

Henri aimait don Pedro de toutes les sympathies vives de son cœur, il lui en coûtait beaucoup de le soupçonner, et cependant il ne voulait pas rester sous l'influence mauvaise de ces pensées.

Enfin, il fit un effort sur lui-même, et s'approcha de don Pedro à qui il tendit la main.

— Don Pedro, lui dit-il, le visage souriant, l'événement de cette nuit m'a laissé dans l'esprit une inquiétude que je n'y veux pas garder plus longtemps; vous êtes un homme d'honneur, mon ami, je n'en doute pas, je ne veux pas en douter, mais je vous l'avouerai, les paroles qui ont été échangées dans l'entretien mystérieux de cette nuit, m'ont profondément troublé, et je tiens à savoir.

— Vous avez donc écouté? fit don Pedro del Castillo en fronçant le sourcil.

— Que vouliez-vous donc que je fisse dans ce cabinet?

— Et vous savez qui était là, avec moi?

— Sans doute, c'était...

— Chut! fit don Pedro, taisez-vous, malheureux, et empressez-vous d'oublier tout ce que vous avez entendu.

— Pourquoi donc ce mystère?

— Pourquoi! vous me demandez pourquoi! mon jeune ami, mais parce que si vous avez compris le sens caché des paroles échangées, et que vous en ayez conçu quelque étrange ambition, c'est fait de vous, et avant deux jours vous aurez cessé d'exister.

— Je ne vous comprends pas.

— Eh bien! tant mieux! voilà les réponses comme je les aime...

Henri, ne comprenez pas, je vous en supplie, dans mon intérêt et surtout dans le vôtre; passez au milieu des sourdes intrigues qui se trament autour de vous sans y faire la moindre attention; vous êtes étranger à tout cela, vous; vous n'avez jamais vu le roi; vous aimez Isabelle, vous voulez l'épouser, vous l'enlèverez si on vous la refuse; voilà votre thème, ne sortez pas de là, ou vous êtes mort!

— Mais quel est donc le mot de cette énigme?

— Le mot de cette énigme, je vous le dirai, mais plus tard, quand vous serez sauvé, et que je serai moi même hors de danger.

— Mais expliquez-moi au moins quelle est cette réunion mystérieuse qui doit avoir lieu cette nuit.

— Oh! quant à ceci, Henri, je ne demande pas mieux, et je devais même vous proposer de m'accompagner... Cette association est celle des *Communeros,* ni plus ni moins; celui que vous avez vu hier chez moi doit s'y faire recevoir membre cette nuit, et pour éviter tout soupçon, vous vous ferez recevoir également... Venez... l'heure est déjà avancée, et il importe que nous arrivions des premiers.

Henri et don Pedro s'éloignèrent en même temps, et arrivèrent, près d'une heure après, à l'autre extrémité de Madrid.

Don Pedro tourna alors quelques petites rues étroites et sombres, et finit par entrer dans une vaste cour déserte et silencieuse, au bout de laquelle ils descendirent les marches d'un escalier tournant, éclairé seulement par une méchante lampe.

A mesure qu'ils descendaient, l'obscurité devenait plus profonde; enfin ils s'arrêtèrent devant une porte d'airain, près de laquelle veillaient deux hommes armés de longues pertuisanes.

— D'où venez-vous? dit l'un des hommes à don Pedro del Castillo.

— *Della fontana de Oro,* répondit ce dernier.

Et ils passèrent.

La première salle dans laquelle ils entrèrent était vaste, spacieuse et peu éclairée; quelques hommes seulement s'y tenaient; ils se levèrent, et saluèrent profondément don Pedro quand il passa devant eux.

La seconde salle était plus grande encore que la première; il y avait dedans une foule compacte, serrée, tumultueuse; les discours les plus exaltés s'y faisaient entendre; chacun allait et venait à travers cette foule sans ordre; don Pedro et Henri eurent bien de la peine à arriver à la troisième et dernière salle.

Celle-ci était petite, basse, et singulièrement ornée.

Un vaste drap noir, constellé de lames d'argent, en faisait le tour; un christ d'ivoire se détachait sur le fond sombre; à droite et à gauche, il y avait une tribune; au fond, une sorte de tribunal, où étaient gravement assis trois vieillards à la figure vénérable, au front chauve, à la barbe blanche.

Henri de Vasconcellos se sentit pris d'une vive émotion en pénétrant dans cette dernière salle; c'était la première fois qu'un pareil spectacle s'offrait à ses regards; il ignorait quels étaient ces hommes, dans quel but ils se réunissaient; il fut frappé du caractère majestueux et grave de ce qui l'entourait, et il s'inclina avec un respect profondément senti.

Don Pedro del Castillo s'avança jusqu'au tribunal, et s'adressant aux juges immobiles :

— Vénérables, leur dit-il, deux néophytes réclament l'honneur d'être admis au nombre des membres de l'association des *Communeros;* nos frères consentent-ils à les recevoir?

— Ces hommes sont-ils dignes de cet honneur?

— Je le crois.

— Tu les connais?

— Je les connais.

— Et tu te proposes d'être leur parrain?

— Oui, vénérables.

— Qu'il soit donc fait comme tu le désires! des mesures vont être prises en conséquence.

Don Pedro del Castillo et Henri de Vasconcellos se retirèrent alors dans un cabinet contigu à la dernière salle, après quoi don Pedro se disposa à sortir pour aller à la recherche du second néophyte.

Toutefois, avant de s'éloigner, il prit Henri dans un coin, et lui tint à peu près ce langage :

— Mon cher Henri, de graves déterminations vont être prises cette nuit par les *Communeros;* vous y assisterez sans témoigner la moindre surprise, la moindre indignation. Il y a parmi les *Communeros* une partie turbulente, audacieuse, sanguinaire, dont nous ne pouvons pas toujours régler les instincts féroces; c'est pour eux que les cérémonies occultes et les simulacres de massacres ont été inventés; ne vous laissez donc étonner de rien, mon ami; regardez tout d'un œil stoïque, et songez que de la manière dont vous assisterez à tous ces spectacles dépend peut-être votre avenir et le bonheur de votre vie.

— Mais que va-t-il donc se passer, don Pedro? dit Henri vivement intrigué.

— Qu'importe!

— Mais encore...

— Eh bien! apprenez que cette nuit les *Communeros* tirent au sort pour savoir à qui reviendra l'honneur de tuer la reine.

Et en parlant ainsi, don Pedro del Castillo disparut, laissant Henri de Vasconcellos stupéfait.

Une heure plus tard, l'ordre le plus parfait régnait dans la seconde salle; chacun avait pris la place qui lui revenait, la cloison qui séparait cette salle de la troisième avait été enlevée, et il restait un espace libre entre les *Communeros* et le trône où se tenaient les trois vénérables.

Alors un grand bruit se fit entendre à la porte du fond, et presque aussitôt les deux battants s'ouvrirent, et don Pedro del Castillo entra, conduisant par la main le mystérieux personnage de la veille, auquel on avait eu soin de bander les yeux; derrière eux marchait un second récipiendaire, qui avait également les yeux bandés.

Quand les deux récipiendaires se furent approchés du trône, le vénérable se leva, et, après les premières questions d'usage, il ordonna à don Pedro de s'éloigner, et adressa les questions suivantes :

— Que penses-tu du gouvernement actuel? dit-il à haute voix.

— Qu'il est traître au peuple et au pays, répondit le frère supposé de don Pedro.

— Dans quel intérêt fonctionne-t-il?

— Dans celui d'un petit nombre de privilégiés.

— Quels sont aujourd'hui les aristocrates?

— Ce sont les hommes d'argent, banquiers, fournisseurs, monopoleurs, gros propriétaires, agioteurs, en un mot, les exploiteurs qui s'engraissent aux dépens du peuple.

— Quel est le droit en vertu duquel ils gouvernent?

— La force.

— Quel est le vice dominant dans la société?

— L'égoïsme.

— Qu'est-ce qui tient lieu d'honneur, de probité, de vertu?

— L'argent.

— Quel est l'homme qui est estimé dans le monde?

— Le riche et le puissant.

— Quel est celui qui est méprisé, persécuté, mis hors la loi?

— Le pauvre et le faible.

— Qu'est-ce que le peuple?

— Le peuple est l'ensemble des citoyens qui travaillent.

— Comment est-il traité par la loi?

— Il est traité en esclave.

— Quel est le sort du prolétaire sous le gouvernement des riches?

— Le sort du prolétaire est semblable à celui du serf et du nègre ; sa vie n'est qu'un long temps de misères, de fatigues et de souffrances.

— Quel est le principe qui doit servir de base à une société régulière ?

— L'égalité.

— Quels doivent être les droits du citoyen dans un pays réglé?

— Le droit d'existence, le droit d'instruction gratuite, le droit de participation au gouvernement. Les devoirs sont le dévouement à la société, et la fraternité envers les citoyens.

— Faut-il faire une révolution politique ou une révolution sociale?

— Il faut faire une révolution sociale.

— Le citoyen qui t'a fait des ouvertures, t'a-t-il parlé du but de nos travaux?

— Chaque membre a pour mission de répandre, par tous les moyens possibles, les doctrines républicaines; de faire, en un mot, une propagande active, infatigable.

— Promets-tu de joindre tes efforts aux nôtres?

— Je le promets.

— Plus tard, quand l'heure aura sonné, nous prendrons les armes pour renverser un gouvernement traître à la patrie. Seras-tu avec nous, ce jour-là ! Réfléchis bien, c'est une entreprise périlleuse; te sens-tu la force de braver le danger?

— J'ai bien réfléchi aux engagements que je prends, et je promets de vous suivre.

— Prononce donc le serment de l'association?

— Je jure d'obéir aux lois de l'association, de poursuivre de ma haine et de ma vengeance tous les traîtres qui se glisseraient parmi nous; d'aimer et de secourir nos frères, et de sacrifier ma liberté et ma vie pour le triomphe de notre sainte cause! Si je manque à ces promesses, que ma tête tombe sous la hache, et que mes restes soient consumés par le feu, et mes cendres jetées au vent!

Quand le frère supposé de don Pedro del Castillo eut répondu à toutes les questions qui lui furent posées, ce fut au tour d'Henri de Vasconcellos.

Les mêmes cérémonies eurent lieu, et ces cérémonies finirent comme les précédentes, par le serment prêté sur le bureau, aux acclamations de toute la foule assemblée.

Le vénérable se leva presqu'aussitôt et ayant réclamé le silence.

— Frères, dit-il d'une voix forte et vibrante, depuis assez longtemps l'Espagne gémit sous le joug de ses tyrans; il est temps, enfin, de songer sérieusement à la vengeance, et c'est à cet effet que vous avez été convoqués cette nuit. Une grande détermination a été prise par votre *tribunal secret;* le peuple a montré assez de patience jusqu'à ce jour; le moment de la vengeance est venu, et il importe de savoir si vous êtes bien réellement décidés à sacrifier votre vie au triomphe de la sainte cause.

— Oui! oui! nous le jurons! dirent en même temps mille voix.

— Eh bien! l'heure attendue a enfin sonné... tous les noms des membres de notre association ont été introduits dans cette urne; le premier qui en sortira, aura pour mission de tuer le marquis de Miraflores; le second devra tuer la reine!

Il y eut alors un moment solennel de silence; le vénérable plongea la main dans l'urne; tous les regards se fixèrent avec anxiété sur lui, toutes les oreilles étaient tendues; enfin, le vénérable retira un premier billet, le déplia lentement, et lut à haute voix le nom qui s'y trouvait inscrit :

Don Henri.

Un frémissement parcourut l'assemblée, et les regards cherchèrent près du trône le jeune Henri de Vasconcellos; ce dernier s'était senti pris d'un singulier frisson en entendant prononcer son nom; il tendit la main à don Pedro qui était près de lui, et la serra silencieusement.

Cependant un autre nom allait sortir de l'une; celui-là devait avoir une mission encore plus difficile et surtout plus dangereuse; le silence se rétablit comme par enchantement, et on épia le vénérable qui tenait déjà le second billet ouvert dans sa main.

— Don Francisco del Castillo! dit le vénérable de la même voix ferme.

Et celui dont on venait de prononcer le nom, se contenta de se retourner vers son frère, et de lui jeter un singulier sourire.

— Tel est l'ordre du destin, dit alors le vénérable; don Francisco del Castillo, et vous, don Henri, jurez vous d'accomplir la mission qui vient de vous être confiée?

— Je jure, répondit Henri, qu'avant deux jours, le marquis de Miraflores sera mort, où j'aurai cessé d'exister.

— Et vous, don Francisco, poursuivit le vénérable?

— Moi, répondit celui qu'on interpellait, je vous raconterai dans quelques jours ce que j'aurai fait pour le bonheur de l'Espagne et pour son repos... et j'ai tout lieu d'espérer que vous en serez satisfaits.

L'assemblée s'écoula alors lentement, jusqu'à ce qu'enfin il ne resta plus que don Pedro del Castillo, et don Henri de Vasconcellos. Le mystérieux personnage avait disparu des premiers.

— Eh bien, dit don Pedro del Castello, en frappant familièrement sur l'épaule de Henri, que dites-vous de tout cela?

— Je dis, répliqua Henri, que si j'avais pu penser que vous me meniez dans une société pareille, je ne vous aurais pas suivi.

— Et pourquoi cela!

— Parce que maintenant me voilà engagé par serment à tuer le marquis, et que je ne sais, en vérité, comment m'y prendre.

— C'est là ce qui vous embarrasse?

— Sans doute, et je ne vois qu'un bon duel qui puisse me sortir d'embarras.

— Savez-vous au moins manier une épée?

— Comme don Juan.

— Eh bien, que craignez-vous alors?

— Tout! mon ami, je crains; le marquis de Miraflores est puissant, la reine le protège, dit-on, et si je le tue, je vais soulever contre moi tous les conseillers ordinaires de sa Majesté, et puis.

— Quoi encore?

— Qui sait si le marquis de Miraflores voudra consentir à croiser son épée contre la mienne.

— Oh! quant à cela, rassurez-vous, mon ami, le marquis est un gentilhomme parfaitement élevé, il manie admirablement l'épée, et ne croira pas déroger en se battant avec un Vasconcellos; sous ce rapport, vous pouvez donc vous tenir parfaitement rassuré, mais comme vous, ce sont les suites de cette affaire qui me semblent désagréables.

— Je m'y perds...

— Mais laissez-moi me charger de tout; le duel aura lieu demain ou après, Isabelle sera prévenue, une chaise de poste vous attendra, et dès que vous aurez tué le marquis de Miraflores, vous pourrez gagner la frontière sans le moindre obstacle.

— Mais si c'est moi qui suis tué, objecta Henri de Vasconcellos en souriant tristement.

— Que voulez-vous, mon ami, j'aurai de cet accident un chagrin mortel, croyez le bien, mais je me consolerai en songeant que vous laisserez après vous quelqu'un qui vous vengera.

— Qui cela?

— L'homme qui est chargé de tuer la reine!...

CHAPITRE II.

Suite des Communéros. — Isabelle et don Pedro del Castillo. — Le duel. — L'enlèvement. — Coup d'épée. — Un ministre d'état. — En chaise de poste. — Chez la reine. — Histoire d'un jeune seigneur. — Le complot. — Don François de Paule. — Les VENGEURS D'ALIBAUD.

Deux jours après, dès que les premières ombres de la nuit eurent enveloppé Madrid, Isabelle, les épaules couvertes d'une mante de soie brune, s'échappa furtivement du palais de la reine, et courut dans les allées du jardin, vers le lieu ordinaire de ses rendez-vous, avec Henri de Vasconcellos.

Dès qu'elle y fut arrivée, elle aperçut un homme qui semblait attendre, et ne doutant pas que ce fût son amant, elle alla à lui, les mains étendues.

— Henri ! dit-elle d'une voix émue.

Mais elle s'arrêta presqu'aussitôt interdite et stupéfaite.

Ce n'était pas Henri.

— Pardon, senora, répondit aussitôt don Pedro del Castillo, Henri de Vasconcellos est retenu ce soir par une affaire de la plus haute importance, et il m'a prié de venir vous exprimer tous ses regrets, et vous faire connaître en même temps les résolutions qu'il a dû prendre depuis qu'il ne vous a vue, pour votre sûreté commune.

— Mais il ne lui est arrivé rien de fâcheux, au moins...

— Mon Dieu, senora, les circonstances dans lesquelles nous nous trouvons sont graves, et l'on ne peut répondre de rien.

— Mais qu'y a-t-il alors? dites, ne me cachez rien, je veux tout savoir...

— Eh bien, senora, je vous dirai tout, puisque vous paraissez le désirer si vivement... Cette nuit, Henri de Vasconcellos se bat en duel avec le marquis de Miraflores.

— Se battre, lui, avec le marquis, mais c'est impossible...

— Ce duel aura lieu dans une heure.

— Mais le marquis le tuera.

— Oh ! ce n'est pas certain ; Henri manie très-bien l'épée, j'ai fait, ce matin, des armes avec lui, et je vous assure, qu'à moins d'événements extraordinaires, il s'en tira à son honneur.

— Ah ! n'importe, seigneur, vous connaissez Henri, vous êtes son ami, il faut empêcher à tout prix ce duel.

— Je m'en garderai bien.

— Mais si on le tue.

— Voyons, senora, permettez-moi de vous parler franchement, permettez-moi d'espérer, surtout, que vous voudrez bien me répondre sans détour. Vous aimez Henri de Vasconcellos, n'est-il pas vrai?

— Sans doute.

— Vous aimeriez mieux vous-même mourir, que de le voir aimer une autre femme?

— Pourquoi cette question?

— Répondez.

— Mais certainement.

— Eh bien, il n'y a pas d'autre alternative dans ce moment; si Henri meurt, tout sera dit, vous pourrez faire éclater ouvertement votre douleur, vous retirer dans un couvent, renoncer au monde; personne ne trouvera à redire à cette douleur, chacun la respectera, quand on la verra si profonde et si sincère; s'il vit, au contraire, et qu'il tue le marquis de Miraflores, rien ne s'oppose plus à votre bonheur; une chaise de poste est préparée et vous attend, et avant que la police soit instruite de ce qui s'est passé, vous aurez le temps de fuir et de gagner la France.

— Comment, vous me proposez de fuir, de quitter la cour, mon père, de me sauver avec Henri, dit Isabelle.

— C'est le seul parti raisonnable qui vous reste à prendre.

— Pardonnez-moi, monseigneur, car je vous comprends mal, ou, le marquis de Miraflores une fois mort, il n'y a plus pour moi aucun danger, les obstacles disparaissent, et je puis attendre que mon père soit amené peu à peu à consentir à mon union avec Henri.

— Eh bien, c'est ce qui vous trompe, senora, repartit don Pedro del Castillo, car si Henri de Vasconcellos vit, si après avoir tué le marquis de Miraflores, il reste à la cour d'Espagne, sachez-le bien, mon enfant, vous êtes perdus tous les deux, vos amours sont finies, et jamais ni votre père, ni la reine ne consentiront à votre hymen.

— Mais expliquez-vous?...

— Voyons, senora, il y a dans votre situation bien des choses que je ne puis vous expliquer bien clairement; mais supposez un moment avec moi, que Henri de Vasconcellos soit aimé par une grande dame de la cour d'Espagne.

— Une grande dame, répéta Isabelle.

— Une très-grande dame, ajouta don Pedro del Castillo. Que l'obstacle qui s'oppose à cet amour, soit un homme comme le marquis de Miraflores, par exemple, et que cet homme vienne tout à coup à disparaître, comprenez-vous que le danger naisse précisément à ce moment, et qu'il n'y ait de salut que dans une fuite prompte.

— Vous m'en dites beaucoup trop ou trop peu, monseigneur, dit Isabelle, qui devint rêveuse.

— Je vous dis tout ce que je puis dire.

— Une très-grande dame.

— Une dame qui peut tout à la cour d'Espagne.

— Et vous croyez qu'elle l'aime?

— J'en suis sûr...

— Vous me faites peur, monseigneur...

— Viendrez-vous, senora?...

— Je n'ose.

— Songez qu'il y va de votre bonheur, de celui d'Henri.

— Dites-moi encore une chose...

— Laquelle?

— Henri sait-il qu'il est aimé?

— Il l'ignore.

— Vous me l'assurez?

— Sur ma vie... et vous comprenez qu'il importe de le lui laisser ignorer toujours....

— Le croyez-vous donc capable?...

— Eh! que sait-on, senora, le cœur de l'homme est fragile; pourrait-on assurer qu'il resterait insensible à de pareilles séductions?

— Oh! vous avez raison, monseigneur, vous avez raison, il faut prévenir à tout prix une pareille catastrophe...

— Ainsi, vous consentez?

— Je consens.

— Ce soir, la chaise de poste stationnera à la porte du palais.

— J'y monterai, seigneur, je suivrai Henri de Vasconcellos, et que Dieu nous protège l'un et l'autre.

Don Pedro del Castillo se hâta de quitter Isabelle; il sortit du palais, et alla prendre Henri de Vasconcellos qui l'attendait avec la plus poignante anxiété.

Dès que ce dernier le vit, il courut à lui, et lui prit les mains.

— Eh bien, lui dit il, vous l'avez vue?

— Je l'ai vue.

— Et elle refuse, sans doute?

— Elle consent.

— Que dites-vous?

— Je dis, mon cher ami, que cette nuit, vous serez le plus heureux des hommes, à moins que le marquis de Miraflores ne vous passe son épée au travers du corps.

— Ah! rassurez-vous, don Pedro, l'assurance que vous venez de me donner relèvera mon courage, doublera mon adresse... Dès ce moment, le marquis de Miraflores est un homme mort!

Ils partirent aussitôt, et arrivèrent peu de temps après à un endroit écarté et désert de Madrid, où l'on était certain, en tout temps, de ne rencontrer aucun promeneur, où les alguazils se gardaient bien de venir s'aventurer.

Henri et don Pedro y trouvèrent le marquis de Miraflores et les témoins qui venaient d'y arriver.

La nuit était belle et calme, mille étoiles resplendissaient dans le ciel; la lune jetait doucement sur le sol les pâles rayons de sa clarté vaporeuse.

Le marquis de Miraflores alla droit à Henri de Vasconcellos, et lui tendit la main. Henri de Vasconcellos la lui serra silencieusement.

— Ceci est un duel à mort, lui dit-il, il faut qu'un de nous deux reste sur la place.

— C'est ainsi que je l'entends, répondit Henri.

— Cependant, nous n'avons l'un contre l'autre aucun motif de haine, et pour mon compte, je serais désolé qu'il vous arrivât aucun mal.

— Pardonnez-moi, repartit don Pedro del Castillo, qui s'avança alors, il y a à ce duel des motifs sérieux, mais qu'il est inutile d'expliquer ici... Henri aime Isabelle, ajouta-t-il plus bas, vous devez l'épouser, voilà la raison pour tous.

Puis il prit le marquis de Miraflores à part.

— Et si vous voulez tout savoir, continua-t-il à voix plus basse encore, ce n'est peut-être pas à cause d'Isabelle qu'il vous hait, mais bien à cause...

Et il lui dit à l'oreille un mot qui fit monter le rouge de la colère au front du marquis.

— S'il en est ainsi, reprit ce dernier, ne perdez pas un temps précieux en paroles inutiles, mesurez les épées, messieurs, et éloignez-vous!

On mesura aussitôt les épées, et les deux adversaires se mirent en garde.

Pendant quelques minutes, les deux combattants s'attaquèrent et se défendirent avec un égal acharnement, sans recevoir la moindre blessure; si Henri de Vasconcellos était habile, le marquis de Miraflores ne l'était pas moins, et tous les deux savaient quelle influence ce duel devait avoir sur leur existence.

Les deux témoins étaient là, debout, attentifs, en proie à mille émotions poignantes, faisant des vœux, l'un pour Henri, l'autre pour le marquis.

Autour d'eux, le silence le plus profond régnait, et l'on n'entendait, dans cette morne solitude, que le cliquetis des deux épées.

Enfin, un cri partit; le marquis de Miraflores venait d'être frappé en pleine poitrine, et il s'affaissa sur lui-même, avant que son témoin eût eu le temps d'accourir pour le recevoir dans ses bras...

Henri était resté stupéfait, anéanti, hébété, sachant à peine ce qui se passait à ses côtés.

Don Pedro courut à lui, et le secoua vivement.

— Allons! allons! mon ami, lui dit-il d'une voix rapide, ne nous oublions pas dans l'étonnement et la stupéfaction ; hâtons-nous, au contraire, nous n'avons pas un instant à perdre, et la chaise de poste vous attend avec Isabelle.

— Isabelle! fit Henri, comme au sortir d'un rêve pénible.

— Venez vite!

— Et le marquis?

— Le marquis est entre les bras de son témoin; mais ce n'est pas de lui qu'il s'agit, c'est de vous... Partons, partons sans tarder, car la police ne tardera pas à être prévenue, et dans une heure peut-être il sera trop tard.

Henri comprit enfin de quel intérêt il était pour lui de s'enfuir au plus vite, et il n'hésita pas davantage à s'éloigner.

Il était temps, car cinq minutes après son départ, les alguazils arrivaient sur le lieu du combat, et mettaient la main sur don Pedro del Castillo, qui était resté pour donner ses soins au marquis.

Quant à Henri, il avait trouvé la chaise de poste prête, était allé prendre Isabelle, et avait fui, sur la route de France, au galop de ses quatre chevaux.

Don Pedro avait été conduit devant le ministre de la police espagnole qui l'attendait, et qui ne put s'empêcher de froncer le sourcil en le voyant.

— Ah! ah! dit-il d'une voix sévère, c'est vous, maître don Pedro del Castillo?

— Moi-même, répondit ce dernier, qui n'avait rien perdu de son aplomb ni de sa belle humeur.

— J'aurais été très-surpris, en effet, poursuivit le ministre, de ne point vous trouver mêlé à cette affaire, et je suis bien aise que l'occasion se présente de causer un peu avec vous ; il y a longtemps que j'attendais cette occasion.

— Je regrette infiniment, répliqua don Pedro d'un ton railleur, que monseigneur ne m'ait pas fait plus tôt part de son désir, je me serais fait un devoir de me rendre à son invitation.

— Très-bien ! maître Pedro, très-bien ! vous avez la repartie vive, et vous ne manquez pas d'esprit ; mes alguazils m'ont déjà dit beaucoup de bien de vous.

— Ces messieurs sont trop bons.

— Eh bien ! seigneur don Pedro del Castillo, prenez ce siége, asseyez-vous, et veuillez m'accorder quelques instants d'entretien... Seulement, n'oubliez pas, mon ami, que les hommes qui vous ont amené vont rester à cette porte, que vous ne cessez pas d'être mon prisonnier, et que votre liberté et votre vie sont en mon pouvoir ; ceci bien établi, commençons.

Don Pedro s'assit nonchalamment sur le fauteuil qu'on lui offrait, croisa ses jambes, joignit ses mains sur ses genoux, et fit un signe de tête, comme pour annoncer qu'il était prêt à écouter.

Le ministre ne put s'empêcher de sourire de tant d'audace et de laisser-aller, et il commença :

— Il y a longtemps, seigneur don Pedro, dit-il, que vous êtes à Madrid, et, depuis votre arrivée, je vous ai fait surveiller avec assez de soin pour que je sache aujourd'hui à quoi m'en tenir sur votre compte....

— Monseigneur me porte, en vérité, trop d'intérêt ! dit don Pedro.

— L'intérêt que je vous porte, poursuivit le ministre, tient au dévouement que j'ai voué à la reine d'Espagne ; elle m'a chargé de veiller à la tranquillité et au repos du royaume, et vous êtes un des hommes les plus capables de compromettre cette tranquillité et ce repos...

Don Pedro s'inclina sans répondre.

— Je sais donc tout ce que vous faites à Madrid, et chaque jour un compte fidèle m'est rendu de vos actions...

— Je m'étonne alors, interrompit don Pedro, que monseigneur n'ait point encore jugé à propos de me faire jeter au fond de quelque prison.

— J'ai voulu voir jusqu'où vous iriez...

— Dites plutôt, monseigneur, que, malgré l'habileté de vos agents, vous ignorez encore beaucoup de choses sur mon compte, et que vous attendiez qu'un hasard, un événement comme celui d'aujourd'hui, vous permît de m'appréhender au corps sans commettre d'imprudence.

— Supposez tout ce que vous voudrez, seigneur Pedro; je sais ce que je sais, et j'ai en main assez de documents pour vous faire pendre.

— Soit! monseigneur; vous pouvez dire vrai, mais je gage que, malgré tout cela, je sortirai de vos mains sans avoir été pendu.

— Vraiment!

— Oh! j'en suis certain!

— Et qui vous rend si sûr de vous-même?

— C'est mon secret.

— Et vous ne le dites à personne?

— Je le garde.

— Fort bien!... mais cette digression nous a éloignés du but de notre entretien, et je désire que nous ne nous en écartions plus.

— Comme vous voudrez!

— Je disais donc que je savais beaucoup de choses sur votre compte, et une, entre autres, qui a suffi à me fixer.

— Laquelle?

— Vous conspirez.

— Moi!

— Je le sais.

— Oh! je ne m'en défends pas.

— Vous l'avouez?

— Je n'avoue rien.

— Cependant...

— Cependant, monseigneur, je connais à fond les mœurs de la justice espagnole, et je ne suis pas certain qu'il n'y ait pas en ce moment caché là, dans quelque cabinet, un homme chargé d'enregistrer mes réponses et mes aveux, et vous avez assez d'armes contre moi pour que je ne commette pas encore l'imprudence de vous en donner de mes propres mains.

— Je vois qu'on ne m'avait pas trompé sur vous.

— Comment?

— Vous êtes adroit, rusé, et il vaut mieux vous avoir pour ami que pour ennemi.

— On me l'a dit quelquefois, monseigneur.

— Qui cela?

— Mes amis.

— Eh bien! cette fois, c'est un ennemi qui vous parle, et qui vous parle franchement. Don Pedro del Castillo, vous êtes un homme comme j'en ai souvent cherché un; vous seul êtes capable de me suppléer dans les importantes fonctions qui me sont confiées; voulez-vous cesser d'être notre adversaire, et nous être ami?

Don Pedro sourit et promena son regard autour de la chambre.

— Monseigneur est il bien sûr qu'il n'y ait personne dans les cabinets qui nous entourent?

— Parfaitement sûr.

— Voudrait-il me permettre de m'en assurer?

— Vous doutez de ma parole?

— Dieu m'en garde! monseigneur; mais quelquefois il se pourrait faire qu'à votre insu il se fût glissé là quelqu'un que mes paroles pourraient contrarier. Ah! il n'y a pas que votre police à Madrid, monseigneur.

— De quelle autre voulez-vous donc parler?

— De la mienne, monseigneur.

— Eh quoi! vous aussi!...

— Que voulez-vous! il faut bien faire un peu de tout... Seulement, la nôtre est mieux payée, mais plus active; nous avons des agents dans tous les quartiers de Madrid, et Dieu sait ce que j'ai déjà appris depuis quelques mois!

En parlant ainsi, don Pedro del Castillo alla successivement ouvrir et fermer toutes les portes, interroger toutes les cloisons suspectes, et revint enfin, satisfait de son examen, auprès du ministre.

— La proposition que vous me faites, monseigneur, dit-il, est sans contredit fort honorable, et j'avoue qu'elle me touche profondément; malheureusement, le moment choisi par vous n'est pas précisément heureux, et je ne puis que vous exprimer tous mes regrets...

— Mais quelle raison?...

— Oh! une raison fort simple; c'est que dans ce moment je suis à la veille du triomphe, et que je serais bien niais, vous l'avouerez, si j'abandonnais la partie à une heure pareille.

Le ministre ne put s'empêcher de sourire, et il regarda don Pedro pour s'assurer qu'il ne plaisantait pas; don Pedro était sérieux et grave.

— Ah çà! voyons, dit le ministre, j'espère bien que le duel du marquis de Miraflores ne vous a pas troublé l'esprit?

— Rassurez-vous.

— Cependant, vous ne devez pas ignorer que vous êtes ici en mon pouvoir, que dans une heure peut-être vous serez entre les murs étroits d'une prison, que demain vous pouvez être jugé, qu'après demain vous serez pendu; devant cette perspective, je m'étonne que vous restiez aussi calme, aussi entêté...

— C'est que tout cela est loin de m'effrayer.

— Espérez-vous donc vous sauver?

— Pardieu!

— Et qui vous en donnerait les moyens?

— Vous, monseigneur.

— Moi!... Ah! cela est trop fort!

— Vous en doutez?

— Expliquez-vous.

— Tenez, monseigneur, il faut ici user de franchise, et ne plus parler à demi mot; je fais partie d'une association secrète connue sous le nom de *Communeros;* cette association a échappé jusqu'ici à toutes les recherches des alguazils, et elle conspire dans l'ombre, et étend son pouvoir occulte, mais réel, sur toute l'Espagne. Vous ignorez, monseigneur, et les noms des membres qui composent cette réunion, et le lieu où elle tient ses séances; en un mot, vous ignorez tout ce qu'il serait important de savoir, et par conséquent vous ne pouvez rien contre l'association. Eh bien! moi, je veux vous édifier à ce sujet, afin que vous gourmandiez sciemment vos agents, et que vous les invitiez à faire à l'avenir beaucoup mieux leur devoir.

— Parlez!

— Avant-hier, monseigneur, il y a eu une réunion solennelle des membres de l'association des *Communeros;* il s'agissait de recevoir deux nouveaux affiliés, et de prendre les résolutions les plus importantes.

— Eh bien?

— Eh bien! les deux membres nouveaux ont été reçus, et quant aux résolutions...

— Achevez!

— Voici comment on s'y est pris... Une urne contenant le nom de chacun des membres a été apportée dans la grande salle, le vénérable y a plongé la main et en a retiré deux noms : le premier devait tuer le marquis de Miraflores, le second devait tuer la reine.

— La reine! ce que vous me dites-là est impossible!

— Monseigneur, c'est le jeune Henri de Vasconcellos qui devait tuer le marquis de Miraflores, et le marquis a cessé d'exister.

— Mais la reine?

— Ah! la reine subira le sort du marquis de Miraflores, et cela avant demain peut-être, à moins que...

— A moins?

— A moins que vous ne me relâchiez immédiatement, afin de me donner le temps de donner des ordres en conséquence.

— Mais c'est affreux!... Le jeune Henri de Vasconcellos!... Par ma foi! il m'en a bien pris d'envoyer à sa poursuite; à cette heure, il doit être entre les mains de mes alguazils, et demain...

— Demain, la reine sera assassinée.

— Que dites-vous?

— La vérité.

— Ah! n'importe! seigneur don Pedro del Castillo, tout ceci passe la plaisanterie; je veux bien permettre aux conspirateurs de faire des émeutes : les émeutes raffermissent les gouvernements qui les compriment; mais l'assassinat... c'est trop fort!... et je vais de ce pas...

— Où allez-vous donc, monseigneur?

— Au palais, prévenir la reine.

— Prenez garde!

— Prendre garde! et à quoi?

— Ah! c'est juste, j'oubliais de vous dire qu'il y a une troisième personne vouée aux poignards des *Communeros*.

— Encore! et cette troisième personne?...

— N'est autre que le ministre de la police.

— Moi!... Vous voulez m'effrayer.

— Allez, monseigneur, allez... mais en montant les marches du palais royal vous tomberez sous le poignard de quelque obscur assassin.

— Vous voulez railler.

— Il n'y a pas de quoi!

— Mais que faire donc?

— Il y a un moyen.

— Lequel?

— Emmenez-moi avec vous; ayez l'air de vous faire accompagner par un ami; en me voyant près de vous, les poignards se baisseront pour nous laisser passer.

— Au fait! c'est un moyen, cela... Et puis, de la sorte, je ne vous quitte pas, et vous ai toujours sous la main.

— Comme vous le dites, monseigneur, de cette manière, je ne vous quitterai pas.

Le ministre fit aussitôt avancer sa voiture, y monta en compagnie de don Pedro del Castillo, et tous les deux partirent, au galop de leurs chevaux, pour la résidence de la reine.

II.

Cependant, Henri de Vasconcellos avait déjà fait quelques lieues sur la route de France; Isabelle était près de lui, il tenait ses mains dans les siennes, son cœur battait contre le sien; une ivresse souveraine emplissait son âme, il était heureux.

Isabelle était profondément troublée; elle songeait à tout ce qu'elle abandonnait, au scandale qui allait suivre sa fuite, à la reine, à son père, et elle n'osait se laisser aller à la joie qu'elle éprouvait d'être seule auprès d'un amant tendrement aimé.

Cependant la route fuyait derrière eux avec une rapidité qui tenait du prodige ; on n'entendait plus que le bruit des roues qui sillonnaient le chemin, on ne voyait plus que les plaines paisibles et calmes sur lesquelles la lune répandait au loin les doux rayons de sa pâle clarté.

Henri de Vasconcellos se tourna alors vers la jeune fille, et serra ses deux mains tremblantes dans les siennes.

— Isabelle, lui dit-il, nous sommes libres ! nulle contrainte ne pèse plus sur nous ; nous pouvons nous aimer et nous le dire devant Dieu.

Isabelle ne répondit pas, mais elle se serra avec une instinctive terreur contre la poitrine de son amant.

— Isabelle, reprit Henri aussitôt après, dès que nous aurons atteint la frontière, un prêtre bénira notre union ; alors, sans doute, vos dernières appréhensions cesseront, et vous ne craindrez pas de laisser paraître sur votre front l'amour qui est dans votre cœur.

— Henri ! murmura Isabelle.

— Ah ! si vous saviez, mon enfant chère, quelle reconnaissance et quel amour je vous ai voués pour votre touchant abandon ! Moi, Isabelle, je vous aime avec toutes mes facultés, je vous aime avec mon cœur tout entier ; s'il me fallait renoncer à vous, j'en mourrais, et si j'ai eu le courage d'aller jusqu'au bout, c'est que je savais le bonheur qui m'attendait ; mais Dieu a béni nos amours, et maintenant nous n'avons plus rien à craindre.

Pendant que le jeune Vasconcellos parlait, la jeune fille s'était redressée tout à coup ; elle s'était débarrassée vivement de l'étreinte de Henri, et, le regard fixe, l'oreille tendue, elle écoutait.

Depuis quelques secondes, un bruit singulier s'était fait entendre, et l'on eût pu croire que ce bruit était causé par quelques chevaux qui suivaient la voiture.

— Écoutez ! dit-elle en frémissant à Henri.

Et Henri écouta comme elle, et comme elle il sentit un frisson glacé parcourir tous ses membres.

— Qu'est-ce que cela signifie? murmura t-il.

— Nous sommes suivis!

— C'est impossible!

— Oh! Henri! Henri!... notre amour est maudit!

— Ah! ne vous effrayez pas ainsi, Isabelle; je suis armé, d'ailleurs, et l'on ne vous arrachera pas de mes mains sans combat.

— Non! non! Henri, poursuivit la jeune fille, gardez-vous bien de résister; si les hommes qui nous suivent ont reçu l'ordre de nous arrêter, soumettez-vous, au contraire, car votre mort ne changerait rien à notre sort, et elle jetterait à jamais le désespoir dans ma vie.

Henri ne répondit pas, et continua d'écouter.

Le bruit approchait toujours; maintenant on démêlait distinctement le galop de quelques chevaux; quelques minutes plus tard, ils entouraient la voiture, et les hommes qui les montaient ordonnaient au postillon de s'arrêter, ce que ce dernier fit immédiatement.

— Le comte Henri de Vasconcellos! dit alors le chef de la bande, qui s'avança vers la portière de la voiture.

— C'est moi! répondit résolument le jeune homme, pendant qu'Isabelle se rejetait plus morte que vive au fond de la berline.

— Que monseigneur me pardonne de le déranger au milieu de son voyage, poursuivit l'alguazil, mais j'ai ordre de le ramener à Madrid.

— Et de qui est cet ordre?

— Du ministre de la police.

— Faites donc comme vous voudrez! répondit Henri, qui referma lui-même la portière et s'abandonna entièrement à leur volonté.

La voiture fit aussitôt demi-tour, et reprit, quelques secondes après, la route de Madrid, vers laquelle elle retourna avec la même célérité qu'elle avait mise à la fuir.

Quelques heures plus tard, il arrivait dans la capitale, et était immédiatement conduit chez la reine.

Bien que Henri ne sût point précisément à quelle cause attribuer son arrestation, cependant il s'étonna profondément d'être conduit vers la reine, quand il s'attendait à avoir affaire au ministre de la police seul.

La reine le reçut avec une certaine froideur pleine de dignité fière; elle ordonna à ceux qui l'amenaient de se retirer, et l'invita à s'approcher dès qu'elle se trouva seule avec lui.

Pendant les premières minutes, Henri se trouva fort embarrassé de sa contenance; il n'osait lever les yeux, craignant de rencontrer le regard irrité de la reine; il n'osait ni avancer ni reculer, et se demandait quelle excuse il pourrait présenter en présence de la douleur que la reine devait éprouver par suite de la mort du marquis de Miraflores.

Cependant, peu à peu le courage, la hardiesse lui revinrent; il se dit qu'en tout cas, il ne pouvait pas aggraver sa position; qu'après tout, il n'était coupable que d'avoir aimé Isabelle, et d'avoir tué un rival importun; il pensa qu'il valait mieux agir franchement et tout avouer à la reine; il releva donc le front, et demeura comme stupéfait.

Le visage de la reine n'était en rien altéré; son regard n'avait rien d'irrité; une certaine bonté bienveillante et douce éclatait même sur son front pur.

Henri de Vasconcellos respira, Isabelle était sauvée; la reine protégeait évidemment leurs amours; un aveu complet allait tout arranger.

— Comte de Vasconcellos, dit enfin la reine, avec un pâle et triste sourire sur les lèvres, savez-vous que depuis que vous êtes à la cour d'Espagne, votre conduite a laissé beaucoup à désirer; vous avez commencé cependant par vous attirer les sympathies des personnes les plus influentes ; mes conseillers ordinaires, eux-mêmes qui ne se prennent pas facilement d'engouement, cependant, m'avaient parlé de vous avec éloge ; j'étais enfin toute disposée à protéger vos débuts dans la carrière, et voilà que vous blessez dangereusement un des hommes les plus illustres de l'Espagne, et que vous fuyez, après cet exploit, comme un coupable, un malfaiteur ; voilà une conduite que je ne saurais réprimander trop sérieusement...

— Que votre Majesté me pardonne, mais...

— Mais... mais... oh ! vous avez sans doute de fort bonnes raisons à m'opposer ; les jeunes gens sont vifs, ils ne sont pas maîtres d'un premier emportement ; une épée est bien vite tirée du fourreau ; mais à ce compte, monseigneur, nous serions toujours en guerre ouverte, et il ne se passerait pas un mois avant que ma cour ne fût dépeuplée.

Henri ne savait que répondre ; il s'inclina, rougit, et supplia la reine de lui pardonner.

— Et où alliez-vous ainsi, quand on vous a arrêté ?

— Je gagnais la frontière.

— Vous désertiez l'Espagne?

— Mon intention était de revenir, dès que le ressentiment de sa Majesté serait apaisé.

— Et qui vous l'aurait appris?

— Les amis que je laissais à Madrid.

— Vous avez donc des amis ici, comte?

— Un seul, madame.

— Et vous l'appelez?

— Don Pedro del Castillo.

— Ah ! vraiment... un serviteur dévoué du roi?

— On le dit.

— En douteriez-vous?

— Nullement.

— Cependant...

— Don Pedro del Castillo est un garçon plein de bravoure, de loyauté... il est au moins aussi dévoué à la reine qu'il l'est au roi.

— Je n'en crois rien, on m'en a dit beaucoup de mal.

— On l'a calomnié.

— Je veux le croire, mais qu'importe; je me félicite, comte, que mes alguazils vous aient arrêté, avant que vous ayez passé la frontière; j'espère qu'une pareille fantaisie ne vous prendra plus désormais, et que je n'aurai plus de pareils reproches à vous adresser... Allez-donc, comte, demain j'aurai à vous entretenir d'un autre sujet.

La reine fit alors un geste qui congédiait Henri de Vasconcellos, mais celui-ci, au lieu de se retirer, restait debout et ne bougeait pas.

Enfin, il parut faire un effort sur lui-même, et s'avança quelques pas.

— Que votre Majesté me pardonne, dit-il d'une voix profondément émue, mais j'avais une grâce à lui demander avant de me retirer.

— Une grâce, vous?

— Moi-même, madame, et de cette grâce, je ne vous le cacherai pas, dépend le bonheur de ma vie.

— En vérité... fit la reine, en lui jetant un regard singulier.

— Depuis que je suis à la cour d'Espagne, reprit Henri, encouragé par ce regard, un singulier changement s'est emparé de moi, je ne suis plus le même; j'habitais un château désert, au milieu des grands bois et de la solitude, je m'étais fait une vie pour ainsi dire sauvage, je ne voyais personne, je n'avais pas d'ami, je m'oubliais dans les seuls plaisirs de la chasse et de l'étude; depuis que je suis à Madrid, tout cela a changé.

— Comment cela !

Le sais-je moi-même; j'arrivais à la cour jeune, naïf, ignorant des choses de ce monde, je n'avais rien vu encore, rien éprouvé; je fus ébloui des spectacles qui frappèrent mes yeux, et je ne pus passer au milieu des fêtes splendides de la capitale, sans que mon cœur se sentît profondément ému... mais ces détails...

— Non, continuez, comte Henri de Vasconcellos, dit la reine avec bienveillance, ces détails m'intéressent, continuez...

— Eh bien, parmi toutes ces fêtes, poursuivit Henri, qui chantaient autour de moi, une musique et une harmonie nouvelles; parmi toutes ces fleurs qui embaumaient l'air où je passais, toutes ces femmes qui embellissaient cette nouvelle vie qui m'était faite, une femme, une femme belle comme un ange de Dieu, arrêta mon regard, et troubla mon âme jusque dans ses plis les plus profonds! — Malheureusement cette femme appartenait à une famille importante de l'Espagne, et malgré toute l'ambition dont mon esprit était plein, tout l'amour dont mon âme était éprise, je désespérai bientôt de pouvoir atteindre jusqu'à elle.

— Mais cette femme vous aimait-elle, du moins?

— Je l'espérais.

— Et vous n'avez pas su?

— Je l'ignorais... Et cependant, madame, quand par hasard son regard rencontrait le mien, quand je me trouvais sur son chemin, et qu'une parole tombait de ses lèvres, oserai-je le dire, bien souvent la pensée m'était venue que j'étais aimé.

— Vraiment !

— Pardonnez-moi.

— Dites-moi encore, comte, cette femme, où l'aviez-vous rencontrée?

— Ici même.

— Et c'est au palais seulement que vous pouviez la voir?

— Au palais seul.

— C'est qu'il y a beaucoup de femmes au palais?

— Si sa Majesté me permettait, dit Henri enhardi.

— Je vous permets.

— Eh bien!...

Henri de Vasconcellos allait poursuivre, le moment lui semblait favorable, la reine paraissait favorablement disposée à l'écouter; un peu d'audace encore et son pardon était obtenu, et son union avec Isabelle ratifiée sans doute; mais au moment où il allait continuer, la porte de l'appartement dans lequel il se trouvait s'ouvrit, et le ministre de la justice s'avança rapidement vers la reine, suivi de près par don Pedro del Castillo, qui s'arrêta toutefois sur le seuil de de la porte.

La reine avait froncé le sourcil et semblait demander au ministre le motif d'un tel oubli de l'étiquette, mais ce dernier ne prit garde à rien; ses traits étaient tout bouleversés, et il se précipita plutôt qu'il ne s'agenouilla aux pieds de la reine.

— Qu'est-ce à dire, demanda vivement cette dernière, et pourquoi cet air effaré?

— Ah! que votre Majesté me pardonne, s'écria le ministre éperdu, mais ses jours sont menacés, et je n'ai pas cru devoir.

— Mes jours sont menacés! fit la reine en se levant.

— Oui, Majesté.

— Un complot!

— Un complot.

— On en veut à ma vie?

— Je l'ai appris de source certaine, il n'y a qu'un instant, et le comte Henri de Vasconcellos, ici présent, pourrait à ce sujet donner à la justice des renseignements précieux.

— Le comte ! fit la reine avec étonnement et en regardant Henri qui baissa les yeux, qu'est-ce que cela signifie?

— Hier, reprit le ministre, dans une de ces réunions de *Communeros*, que ma vigilance a su découvrir, le sort a désigné deux membres, dont l'un devait tuer le marquis de Miraflores, l'autre devait assassiner la reine d'Espagne !...

— Tant d'infamie !... est ce possible, murmura la reine.

— Ah ! votre Majesté ne sait encore que la moitié de la vérité, poursuivit le ministre, car le premier de ces deux membres, n'est autre que le comte Henri de Vasconcellos !...

— Lui !

— Lui-même, qui pour se soustraire à la justice, avait tenté de fuir vers la France... mais Dieu merci, mes hommes sont arrivés à temps, et on a pu l'arrêter avec sa complice.

— Sa complice, répéta la reine, dont les lèvres devinrent pâles.

— Votre Majesté ignore-t-elle ?

— Sa complice.

— Eh sans doute, la jeune Isabelle, dont M. le comte est amoureux, et qu'il devait épouser au terme du voyage.

La reine lança à Henri, qui restait abasourdi sous toutes ces révélations, un regard plein de colère.

— C'est bon, dit-elle au ministre, je suis contente du zèle que vous avez déployé dans cette circonstance, et je saurai vous en récompenser; mais il importe que de pareils scandales ne restent pas impunis, et je veux que M. le comte Henri de Vasconcellos...

— Oh ! une prison étroite...

— Qu'on s'assure de sa personne, dit enfin la reine après un moment d'hésitation, je verrai plus tard quelle suite il convient de donner à cette affaire !...

Le ministre s'inclina jusqu'à terre, il fit signe aux gardes qui le suivaient d'avancer, mais au moment où il allait donner l'ordre de l'emmener, don Pedro del Castillo se pencha à son oreille.

— Monseigneur, lui dit-il à voix rapide et basse, n'oubliez pas les paroles que je vous ai dites; demain vous serez assassiné sans pitié, si le comte Henri de Vasconcellos n'est pas mis immédiatement en liberté.

Le ministre le regarda avec stupéfaction, mais il n'y avait pas à hésiter, et il donna l'ordre du départ.

A peine avait-il franchi le seuil de la porte, qu'un bruit singulier se fit entendre dans les appartements voisins, et peu après le roi entra chez la reine.

C'était un événement.

Depuis quelques mois, don François de Paule s'était retiré du palais de Madrid; toutes les prières des courtisans, toutes les supplications des ministres, rien n'avait fait; il s'était obstiné, avait repoussé toute proposition, et nul ne l'avait revu.

Son retour renversait bien des projets, bien des intrigues; c'était tout un événement politique.

La reine ne se montra pas moins étonnée que son entourage; elle ordonna vivement à tout le monde de se retirer, et les deux époux restèrent seuls.

Don François de Paule garda d'abord le silence; il invita la reine à s'asseoir, et se tint quelques secondes debout devant elle, sans proférer une parole; la reine était émue, le silence de don François lui imposait; elle ne savait que penser de cette attitude muette; il y avait des moments même où elle avait peur.

Enfin, don François de Paule se décida à rompre le silence.

— Madame, dit-il d'une voix émue, mais ferme, nous sommes seuls, et nous pouvons nous expliquer sans crainte d'être entendus par les importuns qui nous entourent. Si j'ai quitté la retraite que j'avais choisie, c'est que des événements importants se sont accomplis, et que ma présence en ces lieux était indispensable pour y rétablir l'ordre et la régularité.

La reine regarda don François de Paule avec étonnement; le visage de ce dernier était pâle; une suprême mélancolie se lisait sur son front; mais une volonté inébranlable éclatait dans ses regards.

Il poursuivit :

— Le marquis de Miraflores a été grièvement blessé cette nuit, dit-il, et les médecins qui lui ont donné leurs soins, et que j'ai consultés, m'ont laissé peu d'espoir; le marquis mourra cette nuit, et demain cette mort, connue de toute l'Espagne, y répandra la joie et l'espérance d'un meilleur avenir... Mais, vous ne l'ignorez pas, madame, les hommes qui vous conseillent sont intéressés au désordre, ils ne cessent d'entretenir votre esprit de rêves impossibles; et si j'en crois les quelques amis que j'ai conservés à la cour, le marquis de Miraflores aurait déjà reçu un successeur.

— Je m'étonne que de pareils propos... balbutia la reine.

— Je sais le cas qu'il faut faire de pareilles calomnies, interrompit le roi avec un sourire ironique, aussi n'ai-je point ajouté foi à ces bruits; mais il n'en est pas moins vrai que l'opinion publique s'en préoccupe, et qu'il serait utile, dans votre intérêt et pour mon honneur, que vous fissiez quelque chose qui aidât à les faire tomber.

— Et qu'exige-t-on de moi?

— Oh! je n'exige pas, je conseille, dit don François; vous avez assez prêté l'oreille à des hommes qui veulent vous perdre, il est bien juste que vous écoutiez quelquefois aussi les paroles de votre époux, qui n'a, lui, d'autre désir que de vous rendre heureuse, d'autre ambition que de donner le bonheur à l'Espagne.

— Mais, enfin, que faudrait-il faire?

— Le comte Henri de Vasconcellos aime la jeune et charmante Isabelle; qu'il l'épouse.

— Mais le comte conspire!

— Lui!

— Je l'ai appris.

— C'est un conte absurde!

— Non! non! détrompez-vous, le comte fait partie de l'association des *Communeros*, il veut renverser le gouvernement établi, il travaille à notre perte.

— Qui donc a pu?...

— Oh! mes renseignements sont précis, dit la reine; cette nuit, le sort a désigné deux victimes, le marquis de Miraflores, et il est mort...

— Et la seconde?

— La seconde, c'était moi-même!

— Et qui doit vous frapper?

— Je l'ignore.

— Eh bien! madame, je suis en mesure de compléter les renseignements que vous a donnés votre ministre de police; car l'assassin qui a reçu pour mission de frapper Votre Majesté...

— Achevez!

— Je le connais.

— Vous le connaissez!... et vous ne l'avez pas encore dénoncé à la justice!

— Je m'en garderai bien!

— Comment?

— Sans doute, car cet assassin n'est autre que moi.

— Vous!... s'écria la reine; c'est impossible!... vous voulez m'effrayer.

— A Dieu ne plaise! repartit don François de Paule; et, je vous le demande, quel autre assassin les *Communeros* eussent-ils pu choisir, qui se trouvât dans de meilleures conditions que le roi?...

mon rang me donne l'entrée libre des appartements où vous vous tenez... la nuit même, alors que les gardes se sont éloignés, ne suis-je pas seul avec vous?... quel obstacle peut m'arrêter, et qui donc, si je l'avais résolu, viendrait mettre sa poitrine entre la pointe de mon poignard et ma victime?

— Ah! c'est horrible!

— Réfléchissez-y, madame. J'ai beaucoup souffert, vous l'ignorez sans doute, depuis que vous êtes en Espagne, et cependant je me suis tu!... ai-je jamais proféré une plainte, un reproche?... Voici la première fois qu'une menace sort de mes lèvres; mais sachez-le bien, cette menace, je me tiendrai prêt à l'exécuter, dans le cas où les mêmes douleurs, les mêmes désespoirs viendraient me frapper.

Pendant que don François de Paule parlait, la reine, le sein oppressé, l'œil fixe, se sentait envahir par une mystérieuse et profonde épouvante : ses joues avaient pâli, ses lèvres s'étaient décolorées; enfin elle se leva.

— Eh bien! dit-elle d'une voix tremblante, voyons, que voulez-vous, qu'ordonnez-vous pour éloigner cette menace qui m'effraie malgré moi, et quoique je fasse?

— Le mariage de Henri de Vasconcellos et son éloignement.

— Demain, ce mariage aura lieu, et il partira pour la province la plus éloignée de l'Espagne.

— Le changement des ministres, qui, jusqu'ici, m'ont été hostiles, et ont empêché un rapprochement entre la reine et le roi.

— Ils seront changés.

— A ce prix, madame, je quitterai la retraite que je m'étais choisie, et je ferai cesser un état qui jette inévitablement le trouble dans le royaume...

Le lendemain de cet entretien, Henri de Vasconcellos épousait Isabelle, et partait pour la France... les ministres étaient changés;

enfin, le roi quittait définitivement sa retraite, et venait s'établir au palais.

Quant aux *Communeros*, il n'en est plus question à partir de ce moment; ils se fondirent vraisemblablement dans une autre société, dont les membres prirent, peu après, le nom de *Vengeurs d'Alibaud.*

FIN DU SEPTIÈME VOLUME.

TABLE.

LES MOLLY MAGUIRES.

LES ÉTRANGLEURS.

LE BURSCHENSCHAFT,

LE TUGENDBUND, LES LANDS MANNSCHAFTEN.

LES CARBONARI.

LES COMMUNÉROS.

FIN DE LA TABLE DU SEPTIÈME VOLUME.

Paris. — Typographie de E. et V. PENAUD frères, 10, Faubourg-Montmartre.

www.ingramcontent.com/pod-product-compliance
Lightning Source LLC
LaVergne TN
LVHW011110300926
849160LV00008B/338
* 9 7 8 2 0 1 2 1 9 0 4 9 8 *